LA MORT,
SIMPLEMENT

DU MÊME AUTEUR

aux Éditions du Masque

La Femelle de l'espèce, 1996
(Masque de l'année 1996)
La Parabole du tueur, 1996
Le Sacrifice du papillon, 1997
Dans l'œil de l'ange, 1998
La Raison des femmes, 1999
Le Silence des survivants, 2000
De l'autre, le chasseur, 2001
Un violent désir de paix, 2003

aux Éditions Flammarion

Et le désert..., 2000
Le Ventre des lucioles, 2001
Le Denier de chair, 2002
Enfin un long voyage paisible, 2005

aux Éditions Calmann-Lévy

LA DAME SANS TERRE
t. I : *Les Chemins de la bête*, 2006
t. II : *Le Souffle de la rose*, 2006
t. III : *Le Sang de grâce*, 2006
t. IV : *Le Combat des ombres*, 2007

Un jour, je vous ai croisés, 2007

Monestarium, 2007
La Croix de perdition, 2008

Dans la tête, le venin, 2009
Une ombre plus pâle, 2009

Andrea H. Japp

LA MORT, SIMPLEMENT

calmann-lévy

ISBN 978-2-7021-4068-0

« La tâche d'un bon militaire consiste à feindre de se conformer aux desseins de l'ennemi. »

Sun Zi (VIe siècle av. J.-C.),
L'Art de la guerre

Résumé
des enquêtes précédentes

Dans la tête le venin

Cannes, avril 2008 : Élodie Menez, une technicienne de laboratoire, est étranglée par son ancien amant qui avait pourtant disparu de la circulation.

Paris, juin 2008 : Deux adolescents satanistes, dont l'ultime objectif est le meurtre, poursuivent leur « initiation » sur Internet grâce à l'influence d'un mentor canadien. La jeune femme est poignardée, le jeune homme assassiné avec une rare sauvagerie.

Oaxaca, Mexique, juin 2008 : Constantino Valdez, à la tête d'un réseau de pornographie pédophile, est retrouvé écorché vif et brûlé avec ses cassettes vomitives.

États-Unis, 2008 : Tous ces meurtres, commis par un certain Nathan Hunter, éveillent l'attention de Diane Silver, l'une des meilleures profileuses au monde, qui traque les tueurs en série. Il s'agit pour elle d'une affaire personnelle – sa fille, Leonor, onze ans, a été torturée et tuée.

Yves, un flic français formé par Diane aux techniques du profilage, reste l'une des rares personnes dont elle accepte l'amitié. C'est par lui qu'elle apprend le meurtre des deux adolescents français. Parallèlement, elle traque un tueur en série qui s'attaque à des prostituées à Boston, tandis que son esprit revient constamment sur l'assassinat de sa fille, survenu douze ans plus tôt. Une femme est impliquée, elle en est persuadée. Diane est déterminée à la retrouver. Tout comme Sara Heurtel est décidée à faire toute la lumière sur le meurtre de sa fille, l'adolescente sataniste, quitte à rencontrer Diane aux États-Unis.

Diane va reconstituer le puzzle et remonter jusqu'au prédateur des prédateurs : Rupert Teelaney, une des cinquante plus grosses fortunes de la planète, *alias* Nathan Hunter. Qu'il soit – lui aussi – un sociopathe dangereux importe peu à Diane.

Cette vague de meurtres perpétrés par Nathan n'avait pour but que d'attirer l'attention de la profileuse et de lui proposer une sanglante collaboration : qu'elle apporte son flair et ses méthodes en échange de la détermination et de l'argent de Rupert/Nathan. Leur première mission : éliminer le tueur de prostituées de Boston. La deuxième mission de Nathan, la plus cruciale aux yeux de Diane : retrouver la « rabatteuse » qui a conduit tant de fillettes, dont Leonor, dans les griffes de leur meurtrier.

Une ombre plus pâle

États-Unis, juillet 2008 : un charnier est découvert dans un charmant cottage à la faveur d'une rupture de canalisation. La cave de la maison a été aménagée en cages. Dedans, deux corps presque à l'état de squelette et un cadavre. Enterrées sous les cages, six autres victimes.

Aidée de deux agents du FBI, Mike et Gary, Diane finira par comprendre : elle a affaire à un couple père-fils qui enlevaient et séquestraient durant des mois des femmes pour leur satisfaction sexuelle sadique, avant de les laisser mourir de faim et de soif… et de recommencer avec d'autres. Les tueurs avaient réussi à convaincre ces femmes qu'elles venaient d'être contaminées par le sida. Ainsi fragilisées, elles devenaient des proies aisées, le père leur faisant croire qu'il animait un groupe de soutien aux séropositifs. Et puis, celui-ci a compris que son fils n'avait plus besoin d'un « mentor dans le crime » et qu'il allait se débarrasser de lui. Il a été contraint de le tuer. Il sera arrêté, et Diane, avec sa poigne de fer, se fera un plaisir de le terroriser.

En parallèle à cette enquête officielle, Diane poursuit avec Nathan la traque très officieuse de la rabatteuse, Susan Brooks, qui a conduit sa fille et quatorze autres jeunes victimes vers leur tortionnaire et qui a elle-même noyé une petite fille en Angleterre. Nathan retrouve sa trace à Las Vegas, et offre à Diane l'occasion de faire justice elle-même. Elle exécute Susan Brooks. Diane sait alors qu'elle vient de franchir le pas irréversible de l'extrême solitude, et du même coup de perdre l'amitié d'Yves Guégen, flic français à l'intégrité inébranlable.

Paris, été 2008 : Yves commence à tomber sous le charme de Sara Heurtel et de son fils Victor, qu'il a rencontrés au cours de l'enquête sur le meurtre de la fille de Sara. Mais ce coup de cœur contrarie Nathan, qui « veille » sur la famille Heurtel. Il va devoir se débarrasser de Guéguen, un meurtre qui lui déplaît, mais, pour lui, nécessité fait loi…

Cambridge, États-Unis, septembre 2008

La journée était radieuse. Attablé à la terrasse d'un restaurant prisé par les étudiants de cette ville jouxtant Boston, qui pouvait se vanter de posséder deux des universités les plus prestigieuses du monde – Harvard et le MIT –, Pat McGee tentait de conserver son calme. Il avait juré d'être un néo-père attentif et responsable dès que Vanessa lui avait annoncé son début de grossesse. Il n'avait simplement pas imaginé que cette tâche prendrait tant de temps, se révélerait si complexe.

Pat avait été fou de joie lorsque Karina était née. Sa fille était la plus belle, la plus intelligente, parfaite. De fait, Karina était ravissante, avec ses adorables cheveux roux frisés et ses grands yeux bleus. Elle était vive et avait su parler très précocement. Sa dernière évaluation montrait que, à quatre ans, elle possédait l'intelligence d'un enfant de six à sept ans. Les gènes étaient là, certes, Pat et Vanessa jouissant tous deux de QI bien supérieurs à la moyenne. Cependant, à l'évidence, leur investissement dans l'éducation de leur fille payait. Ils n'avaient pas renâclé sur les sacrifices, l'un prenant le lundi et l'autre le vendredi afin de pouvoir s'occuper de leur enfant quatre jours pleins par semaine. Un choix risqué pour deux ingénieurs de recherche spécialisés dans l'intelligence artificielle, d'autant que les scientifiques de pointe sont supposés mener une vie privée réduite à sa plus simple expression. Ils avaient dévoré les plus récentes parutions en matière de pédagogie, de soins, passant au crible les jeux les plus pertinents.

Assise face à son père, sur une chaise dont on avait rehaussé l'assise grâce à un épais coussin, Karina papillotait des paupières. Dans un sourire contraint, Pat désigna les trente-six cartes du Memory étalées sur la table[1]. Pointant du doigt vers la seule carte retournée qui figurait un papillon stylisé, Pat demanda :

– Donc, là, nous avons de nouveau un papillon. Où se trouve le premier que nous avions retourné ? Il faut que nous trouvions la paire de cartes qui représentent la même chose.

La fillette plissa les lèvres et hocha la tête en signe de dénégation. Son père insista :

– Mais si, tu le sais !

À son âge, et au vu de ses capacités, elle était théoriquement capable de se souvenir de la position des cartes, même après six ou sept tirages. Au demeurant, elle y parvenait d'habitude très bien.

– Nooon, geignit-elle, exaspérée, fatiguée.

Tentant de conserver un ton doux, Pat proposa :

– Allez, un petit effort. Ensuite, nous irons visiter l'aquarium. Il y a plein de poissons magnifiques et nous pourrons aussi assister aux tours des dauphins.

– Papa…

– Oui, papa t'aime. Allez…

Elle le regarda tout en tapant du bout de son petit index sur une carte, au hasard.

1. Le Memory est un jeu de mémoire, constitué de dix-huit paires de cartes représentant le même dessin et qu'il faut associer. On retourne deux cartes à la fois. Si ce ne sont pas les mêmes, on les remet face vers la table, mais il faut se souvenir de leur position afin de les associer avec leur double lorsqu'on tombe de nouveau sur le même dessin.

Il s'en voulut de sa repartie très sèche :

– Non, là, tu le fais exprès, Karina. Je suis déçu. Tu t'en es très bien tirée hier.

Il vit les grands yeux bleus se remplir de larmes. Merde, leur bible, un bouquin de pédopsychologie, était formelle : l'enfant doit apprendre dans la joie.

Il se leva et contourna la table pour la soulever et la serrer contre lui.

– Là, ma chérie, là... Karina ? Tu es fatiguée, hein ? Bon, on arrête.

Il sema ses joues et son cou de baisers. Excédée, Karina hurla, se débattant, donnant des coups de pied, au point que des passantes tournèrent un regard méfiant et réprobateur vers Pat. Un grand type brun, d'une trentaine d'années, pila sur le trottoir d'en face. Pat, qui détestait les conflits ou même les explications tendues, craignit qu'il n'intervienne.

Gêné, il réinstalla sa fille sur la chaise. Le type s'éloigna. Pat annonça :

– Tu ne bouges pas. Je fonce aux toilettes et on s'en va. Tu préfères qu'on rentre plutôt que d'aller à l'aquarium ?

Reniflant, son petit visage crispé de colère et de fatigue, elle acquiesça d'un signe de tête.

Une silhouette se pencha vers la petite fille qui boudait en regardant d'un air mauvais les cartes du Memory abandonnées sur la table.

– Ah, ton papa... qu'est-ce qu'il peut être fatigant. Il est gentil, pourtant... Il a toujours été comme ça. Y a que lui que ça amuse ce jeu de cartes. Même pas drôles, ces dessins. Je connais bien ton papa. Toi aussi, je te connais bien. Oh, et puis la barbe, avec son aquarium ! Bon, il y a des poissons qui nagent, mais, quand tu en as vu un, tu les as tous vus. Tu viens, Karina, ma chérie ? Je te ramène chez toi, à la maison – tu sais, dans Kirkland Street. Mais avant, on va s'acheter une bonne glace, d'accord ? Et on regardera des dessins animés à la télé, si tu veux, et puis papa nous rejoindra.

Karina sourit. Une glace ! Vanessa, sa maman, disait que c'était mauvais pour le ventre et les dents. Pourtant, c'est si bon, une glace, et elle n'avait jamais eu mal au ventre ou aux dents les rares fois où on l'avait autorisée à en manger une. Prudente, elle vérifia :

– À la fraise et à la vanille ?

– Promis. Moi, je préfère le chocolat et la pistache. Avec des petits éclats d'amande dessus. C'est super bon ! Il fait chaud. Il faudra la manger vite, parce que ça va dégouliner partout et on va cochonner nos vêtements. Ta maman ne serait pas contente ! Oh, lala, on se ferait gronder !

Karina gloussa et sauta de sa chaise. Elle serra la main qui se tendait.

Brookline, États-Unis, septembre 2008

Steve Damont attendit que sa femme Eve descende du nouveau 4 × 4 qui les ravissait toujours autant. Certes, le gros Range Rover était sans doute abusif pour cette banlieue chic de Boston, en dépit des fréquentes excursions du couple vers le nord.

Évidemment, Eve et Steve avaient eu droit à quelques réflexions acerbes, les épinglant comme pollueurs. Sans s'énerver, Steve avait expliqué que les constructeurs de SUV avaient fait de gros progrès, qu'ils avaient choisi un diesel équipé d'un filtre à particules, donc peu polluant, que ce type de véhicule avait une longue durée de vie, ce qui impliquait moins de recyclage. Il avait ajouté d'un ton affable que, étrangement, l'écologie semblait surtout être devenue la responsabilité du citoyen, beaucoup moins celle des industries et des États. Il est vrai que le citoyen ne possède pas de puissant lobby. Que représentait son 4 × 4, tous les 4 × 4 du Massachusetts, au regard de ces centrales à charbon qui poussaient de par le monde à la manière de champignons, en regard des millions de tonnes de substances polluantes produites ou répandues chaque année ? Steve concluait invariablement que son épouse et lui se sentaient très concernés par l'avenir de la planète. Ils triaient avec soin leurs déchets, avaient fait équiper leur maison de vacances du Vermont d'une pompe à chaleur et de récupérateurs d'eau. Toutefois, ils n'allaient pas se pourrir leurs retraites, assumer tous les efforts, se priver de ce Range Rover, pour que d'autres continuent à s'en mettre plein les poches en polluant sans vergogne et dans des proportions qui n'avaient rien de comparable. Eve souriait à son mari, de ce sourire qui l'avait séduit quarante ans plus tôt, un sourire qui étirait ses magnifiques yeux bleus vers les tempes. Elle ajoutait : « L'écologie ? Cent pour cent d'accord et tout de suite. Mais pour et par tout le monde. Pas seulement sur le dos du citoyen… celui que ma mère appelait le "cochon de payant" ! »

Il lui tendit la main et elle entrelaça ses doigts aux siens. Une brise légère caressait les beaux cheveux argentés et bouclés d'Eve. Désignant d'un mouvement du menton le grand supermarché diététique dans lequel ils faisaient leurs courses, elle affirma, taquine :

– Je sais bien que ça t'ennuie. Tu préférerais lire un bon bouquin. Pourquoi insistes-tu pour m'accompagner ? Tu sais, à soixante-trois ans, je suis une grande fille. Je peux me débrouiller toute seule.

– Oui à tout. Cependant, comme ça m'ennuie encore plus d'être sans toi, de deux maux, je choisis le moindre, rétorqua Steve.

Ils s'avancèrent, heureux, paisibles l'un avec l'autre, vers la file de chariots vert gazon.

Les Damont formaient un de ces couples que l'on citait en exemple avec une sorte de nostalgie, en se demandant comment une telle longévité sentimentale était possible et pourquoi l'on était passé à côté. Tombés fous amoureux l'un de l'autre presque quarante ans plus tôt, ils n'avaient jamais douté de la solidité de leurs sentiments. Eve avait abandonné ses études de linguistique sans regret pour devenir l'assistante de Steve, un chirurgien-dentiste prisé.

Trois ans après leur mariage, Steve avait décidé que l'heure de la conversation cruciale était arrivée. Eve souhaitait-elle un enfant ? Venant d'une famille désunie, dans laquelle personne n'aimait personne, il avait avoué que son désir d'enfant à lui était ténu, Eve comblant sa vie au-delà de ses espoirs les plus fous. Elle avait réfléchi quelques jours. Au demeurant, elle pesait le pour et le contre depuis trois ans. Elle s'était décidée : ils n'auraient pas d'enfant. Ils se suffisaient admirablement. La décision pouvait paraître égoïste. Néanmoins, elle était généreuse. Ils n'infligeraient pas à un petit être un couple si uni qu'il ne restait aucune place pour une tierce personne, pas même par goût des convenances, besoin de se fondre dans le lot, crainte des jugements et des regards réprobateurs. Ils n'avaient pas manqué, à cette époque, en ce milieu de la bonne bourgeoisie protestante de Boston. À l'instar de pas mal de femmes ayant opté pour la non-maternité, Eve avait trouvé la parade, contre la volonté de Steve. D'un ton digne, quoiqu'un peu douloureux, elle avait commencé à évoquer ses prétendus problèmes de stérilité. Peu lui importait de passer pour une femme dysfonctionnelle, bref une sorte de « sous-femme », puisqu'ils avaient enfin la paix. Steve avait subi une discrète vasectomie au Canada afin que sa femme évite de prendre un contraceptif durant toute sa période de fertilité. Jamais ils n'avaient regretté leur choix. Parfois, certains enfants d'amis les avaient conquis, au point qu'ils en étaient devenus les transitoires parrain et marraine. Mais il s'était agi d'émerveillements, de tendresse, pas de regrets.

Eve remarqua enfin l'homme très brun, d'une bonne trentaine d'années, les fesses appuyées contre le coffre de sa Ford bordeaux, les bras croisés sur le torse. Il détaillait le couple depuis quelques instants, un sourire narquois aux lèvres. Du moins le qualifia-t-elle ainsi. Lorsque Eve le fixa, il détourna la tête, faisant mine de scruter au loin, d'attendre quelqu'un. Elle se souvint soudain que la Ford se trouvait juste derrière eux lorsqu'ils avaient pénétré sur le parking du supermarché bio.

Elle se pencha vers Steve qui introduisait un jeton dans la fente du chariot et murmura :

– Sois discret, mais derrière... ce type, je le trouve bizarre.

Son mari tira le chariot et se tourna. L'homme avait disparu.

Ils progressèrent dans les allées du supermarché, Eve déchiffrant les étiquettes avec un soin maniaque qui amusait son mari, lui proposant des menus pour le soir ou le lendemain :

– Je peux nous préparer un curry de légumes avec des lentilles à l'indienne. Auquel cas, nous achetons un bon petit poulet ?

– Ce serait parfait, approuva son mari.

– Tu dis cela à chaque fois, le gronda-t-elle.

– Parce que tout ce que tu prépares est délicieux.

Elle pouffa et déclara :

– Affaire conclue ! Allons aux légumes secs.

Lorsqu'ils débouchèrent dans la travée, l'homme brun détaillait une femme aux cheveux châtain clair mi-longs, accompagnée d'un petit garçon, et qui, de toute évidence, n'avait pas remarqué l'insistance avec laquelle elle était observée. Sans qu'Eve comprenne au juste pourquoi, ce type la mettait mal à l'aise, déclenchant une sorte d'alarme dans son esprit. Cela étant, que pouvait-elle faire ? Prévenir la femme qu'un homme l'examinait ? Elle avait toutes les chances de passer pour une idiote. Elle s'en rapprocha au prétexte d'étudier les différents riz proposés dans le rayon. La femme tourna la tête vers Eve, lui sourit et découvrit la présence de l'homme. Ses lèvres se serrèrent et elle attira son fils vers elle dans un geste protecteur. Elle hésita un instant et interpella l'homme d'une voix sèche :

– On se connaît ?

Eve vit les mâchoires du brun se crisper de colère sous sa barbe naissante. Il leur jeta un regard peu amène et disparut dans un autre rayon.

Eve se fit la réflexion que la femme était très jolie, avec cette belle peau lumineuse qui mettait en valeur un visage fin, ces beaux yeux d'un bleu sombre. Celle-ci commenta :

– Ahurissant ! Ça fait cinq minutes qu'il nous colle aux talons !

– Il n'arrêtait pas de nous dévisager sur le parking. Il a quelque chose de pas net, ce gars, renchérit Eve.

– On ne peut même plus avoir la paix lorsqu'on fait ses courses, pesta l'autre. C'est vrai qu'il est bizarre. Si je le revois encore derrière mon fils et moi, je préviens un des employés du magasin !

– Et vous aurez bien raison !

Un charmant sourire lui répondit. Puis la jeune femme prit congé :

– Au revoir, madame. Bonne journée.

– À vous aussi.

Les Damont continuèrent leur promenade entre les linéaires. Eve s'étonna d'être à ce point sur ses gardes, de chercher l'homme brun du regard. Bien sûr, Steve l'avait déjà oublié. Les hommes étant plus aptes à se défendre, leur vigilance est moins persistante que celle des femmes. Ils ne le revirent pas et, lorsqu'ils rejoignirent leur beau 4 × 4, la Ford bordeaux avait disparu.

Fredericksburg, États-Unis, septembre 2008

Une fillette à genoux lui enserrait les jambes, suppliant : « Vous... Vous ne pouvez pas m'abattre comme un chien. »

Elle se penchait, caressait les longs cheveux de la petite en souriant et abaissait la gueule de son arme vers le front de l'enfant. Une détonation, sèche. Le corps léger était arraché d'elle sous la violence de l'impact, et s'affaissait au sol. Le sang dévalait sur le visage mort, aux yeux grands ouverts. Pourtant, la fillette répétait : « Vous ne pouvez pas m'abattre comme un chien. »

Elle tombait à genoux à son tour, abrutie de fatigue. Elle appuyait le canon du revolver sur sa tempe, sans trop savoir ce qui motivait son geste.

Une silhouette au loin tentait de la rejoindre, courait vers elle en agitant les bras. Nathan.

Diane Silver se réveilla en sursaut, son tee-shirt trempé de sueur collant à ses seins.

Elle inspira avec difficulté, tentant de calmer les battements anarchiques de son cœur.

Susan Brooks, son élimination, ne valait pas un cauchemar. Susan Brooks était une aberration malfaisante et très dangereuse qui ne méritait que la mort. Simplement.

La profileuse star du FBI se reprit, s'étonnant de ce rêve malsain et récurrent. Brooks avait hanté plusieurs de ses nuits. Pourquoi elle et jamais ce jeune cambrioleur défoncé que Diane avait aussi abattu ? Parce qu'il était armé et la menaçait, jusqu'à ce qu'il découvre son revolver ? Pourtant, elle ignorait au moment des faits qu'il avait déjà tué une femme dans des circonstances similaires. Pourtant, lorsqu'il avait voulu fuir, elle ne lui en avait pas laissé l'occasion. Il ne s'agissait plus de légitime défense. Pourquoi, alors, cela ne la hantait-il pas ? Diane n'en avait pas la moindre idée. En toute lucidité, en toute sincérité, elle n'éprouvait aucun remords. Dès qu'elle avait acquis la certitude que Richard Ford, le beau Rick, le massacreur de sa fille de onze ans, Leonor, avait bénéficié de la complicité d'une rabatteuse dévouée qui avait mené vers lui quinze fillettes, elle avait décidé d'abattre cette femme. Apprendre que Brooks était également une meurtrière d'enfant n'avait fait que conforter Diane Silver dans sa détermination.

Une hypothèse déplaisante l'effleura. Et si, au fond, Susan Brooks avait été son plus convaincant argument de survie ? Si, avant même qu'elle en arrive à la certitude de l'implication d'une rabatteuse, Diane avait senti que Ford n'aurait jamais été aussi « efficace » seul ? Si l'élimination de Brooks avait été un but tellement puissant qu'il avait occulté l'envie de mort de Diane ? Pas de mort, vraiment. De dissolution, plutôt. Devenir une particule de néant.

Diane hésita, conclut qu'elle ne se rendormirait jamais sans l'aide d'un autre somnifère. Trop tard. Elle passerait la matinée dans une espèce de torpeur désagréable. Elle se leva.

Elle descendit pieds nus vers la cuisine et alluma la cafetière, prête chaque soir. Préparer le café au lever lui paraissait au-dessus de ses forces. Elle s'appuya au long comptoir et tira une cigarette du paquet abandonné non loin de l'évier.

Elle était confrontée à un choix étrange, presque absurde : vivre ou ne plus vivre, la différence dans son cas étant devenue si ténue qu'une possibilité équivalait à l'autre.

Elle ne craignait pas la mort. Au demeurant, depuis douze ans, la mort était devenue sa vie. Au contraire de la plupart de ses confrères profileurs qui se lavaient de leurs vomitives fréquentations avec l'esprit meurtrier en s'émerveillant des plus infimes manifestations de la vie, Diane s'accommodait sans heurt de sa permanente cohabitation avec la mort. La mort épouvantable. Le supplice de Leonor, un supplice de presque quatre heures, avait ravagé jusqu'au moindre germe de vitalité en elle. Ne lui restait qu'une sorte d'obstination presque indépendante de sa volonté.

Elle se servit une tasse de café fumant. Vivre ou pas ? Adressée à elle, la question était inepte. Elle ne vivait pas vraiment. Elle continuait sur sa lancée, telle une mécanique bien huilée, un état ou son contraire lui étant indifférent.

Elle avala une gorgée de café brûlant. Exagérait-elle ? Se leurrait-elle ? Nous sommes programmés pour vouloir vivre. Une multitude de messagers chimiques nous incitent à la survie. Il faut toute la puissance d'un cerveau humain pour y renoncer, pour lutter contre ce fol appétit d'existence. Était-elle toujours atteinte par cette frénésie de persistance, sans même en être consciente ? Se berçait-elle d'illusions en songeant qu'elle ne mettait pas un terme définitif à son histoire uniquement par sens du devoir ? Le devoir de protéger des victimes qui ne savaient pas encore qu'un prédateur de la pire espèce – *Homo sapiens* – était sur leur trace, et qui ne le découvriraient que bien trop tard.

Diane Silver soupira en haussant les épaules. Assez avec ces questions ! Leurs réponses fluctuaient au gré de son humeur.

Elle opta pour un peu de perfidie, beaucoup plus amusante à quatre heures du matin qu'un volatile débat sur la vie et la mort. Elle imagina avec délices la tête que ferait Bob Pliskin, dit Bob la fouine, le secrétaire de leur directeur suicidé, lorsque Gary Mannschatz – un des deux agents qui travaillaient sur les enquêtes de la profileuse – pousserait vers lui son incriminant dossier. Mannschatz n'avait d'autre but que d'empêcher Pliskin de devenir le successeur d'Edmond Casney Jr à la tête de la base de Quantico. Bob la fouine s'envoyait en l'air depuis des années avec Linda Casney, la veuve. Très vilain ! Un gros scandale en perspective, de quoi faire rugir le père adoré de la belle Linda, le sénateur Murray, une ordure aux bonnes manières qui n'omettait jamais de remercier Dieu à chaque repas. De quoi casser les reins de Pliskin au-delà du réparable. Diane savoura cette perspective. Après tout, cher Bob lui avait assez savonné la planche depuis des années. Toutefois, il n'était pas assez intelligent, et se révélait bien trop prévisible pour venir à bout d'elle.

Edmond Casney Jr. Pourquoi avait-il franchi le pas en reliant le pot d'échappement à la portière de sa voiture ? Un méga ras-le-bol, avait diagnostiqué Mannschatz lorsqu'il avait prévenu Diane. L'interrogation de la profileuse était théorique. La mort de Casney lui était assez indifférente, autant que l'avait été sa vie, du moins lorsqu'il n'aidait pas son âme damnée de « cher Bob » à lui faire la peau. Aux yeux de Diane, Casney avait fini par devenir une sorte de dessin animé muet. Un petit personnage qui allait, venait, s'agitait sans qu'on se pose la moindre question sur ses mobiles, ses attentes, ses déceptions. Bref, une remuante inexistence. D'ailleurs, sans doute était-il mort de cela. De son inexistence. On peut vivre sans exister. Il convient toutefois de ne jamais s'en rendre compte.

Une sorte d'aigreur s'immisça dans ses réflexions. Pliskin, lui, existait et pour une seule raison : pourrir la vie des autres. Tous les monstrueux tordus qu'elle chassait existaient, et dans un seul but : massacrer leurs victimes. Pourquoi faut-il que ce soit ceux qui sécrètent la destruction et la mort qui nous ramènent à la certitude de la vie ? Ou alors, s'agissait-il d'une dérive propre à Diane ?

Yves. Le colonel Yves Guéguen, un défenseur acharné de la vie. Le grand flic français qu'elle avait formé au profilage lui manquait. Parfois. Elle n'avait pas répondu à ses derniers e-mails, de plus en plus insistants, pour ne pas dire comminatoires, se contentant d'expédier le reçu demandé. Une façon de montrer à Yves qu'elle ne souhaitait pas discuter avec lui. Il avait dû se lasser puisqu'elle était sans nouvelles depuis une semaine.

L'intelligence, la bienveillante insolence du flic français avaient séduit Diane. Elle avait toléré son approche. Il ne lui avait jamais posé de questions sur Leonor, sans doute parce qu'il connaissait les réponses. Yves, le seul à avoir compris qu'elle refusait de se défaire de son deuil, qu'elle en repoussait toute atténuation. La mort de sa fille, son calvaire, était devenue la vie de Diane.

Cependant, Yves n'approuverait jamais le choix de la profileuse. Un choix irrévocable, irréparable. Collaborer avec Nathan Hunter – autrement dit Rupert Teelaney troisième du nom, l'une des cinquante plus grosses fortunes de la planète. Aux yeux d'Yves, Nathan était un tueur psychopathe, l'un de ceux qu'avec Diane ils pourchassaient. Diane l'admettait : elle refusait de s'appesantir sur la véritable personnalité de Nathan. Justicier ou meurtrier jouissif en recherche de prétextes à ses jeux sanglants ? De fait, Nathan n'avait éliminé que des tueurs avérés ou en devenir. Un exécrable éclat de lucidité arrêta Diane : en était-elle certaine ? Nathan avait tué deux pédophiles violents, deux grands adolescents satanistes, dont l'un avait étouffé un bébé, l'autre s'apprêtant à suivre son exemple, et un étrangleur de putes. Il avait affirmé n'avoir partiellement écorché vives ses proies qu'afin d'attirer l'attention de la profileuse. Néanmoins, un doute tenace habitait Diane. Ainsi que l'avait souligné Mike Bard, le partenaire de Gary Mannschatz, un gouffre existait entre exécuter et torturer.

Elle reposa d'un geste sec sa tasse sur le comptoir. L'aube achevait de diluer la nuit. Elle avait besoin de Nathan, ce que n'admettrait jamais Yves, ni les deux super-flics qui travaillaient pour elle. Nathan possédait des moyens illimités qu'il rêvait de mettre au service de leurs chasses aux prédateurs. Il était dépourvu de tout vestige de crainte, de pitié, de remords vis-à-vis d'eux. Nathan ne redoutait ni les hommes ni les lois, sans doute parce que sa famille avait pris l'habitude de se situer au-dessus. Il était intelligent et implacable. En bref, il était l'atout qui avait manqué à Diane depuis le début de sa carrière de profileuse. Combien de tordus étaient passés entre les mailles du filet parce qu'un mandat de perquisition ou d'arrêt avait traîné, parce que les failles de la loi les servaient, parce qu'un avocat encore plus retors que ses confrères était parvenu à insinuer que la chaîne des indices avait été rompue, rendant toutes les preuves inutilisables, parce que, parce que… Combien d'autres victimes avaient-ils ensuite abandonnées le long de leurs sanglants parcours ?

Elle avait eu raison, même si cela revenait à perdre l'amitié d'Yves.

D'une monstrueuse façon, le martyre de Leonor avait simplifié la vie de Diane. Elle n'avait plus qu'un but : retirer les prédateurs du circuit. Ceux qui ne concouraient pas à cette unique préoccupation n'avaient nulle place dans sa vie.

Ces tordus jouissifs, violeurs, tortureurs, tueurs multirécidivistes ne devaient jamais retrouver la liberté, le plus souvent à cause d'un vice de procédure. Ils recommenceraient aussitôt à semer leurs carnages, le passé l'avait amplement prouvé. L'institution, la loi avait donné la preuve de ses failles à leur égard. À sa décharge, la loi avait été créée pour des humains commettant des crimes d'humains dans un moment de fureur, d'amour, de peur. Or, selon Diane, ces sujets n'étaient plus humains. Ne restait que l'enfermement à vie, pratiquement impossible, ou la mort, simplement.

Une mort clinique, sans vengeance, sans déballage de haine. Une élimination de protection pour leurs futures victimes. Une mort sans souffrance, même lorsqu'ils avaient aimé plus que tout l'infliger aux autres.

Yves, en croyant, en Français, s'accrochait à la possibilité d'un enfermement à perpétuité. Cher Yves. Les prisons étaient engorgées au-delà de l'acceptable. On y entassait de pauvres types qui n'avaient pas commis grand tort avec des psychopathes terriblement violents. On fermait les hôpitaux psychiatriques, remettant en liberté de vraies bombes à retardement, dont la seule excuse était d'être irresponsables, ce qui n'enlevait rien à l'horreur de leurs actes. Pas d'argent. Encore moins depuis qu'on avait dû filer des milliards à des banques, des banquiers, qui avaient lessivé nombre de leurs clients de leur retraite et de leurs économies d'une vie. Une remarquable construction : les impôts de ceux qui avaient été plumés servaient à payer les primes de ceux qui les avaient plumés.

Brookline, États-Unis, septembre 2008

Ce lundi matin, Luisa Lopez poussa le portail en fer forgé du jardinet qui entourait la belle maison de ville des Damont. Il était neuf heures moins le quart. Elle aimait bien arriver un peu en avance, pour boire un fond de café dans la cuisine en bavardant avec Eve. D'une probité maniaque, il était hors de question que Luisa prenne sur son temps de travail pour s'offrir ce petit plaisir renouvelé deux jours par semaine.

La lanterne extérieure allumée l'étonna. Monsieur Steve était un homme précis et soigneux, réglé comme une horloge. Lorsqu'elle s'aperçut que la porte n'était pas fermée à clef, la surprise de Luisa vira à l'inquiétude. Comment avait-il pu oublier de verrouiller hier soir ? Certes, Brookline était une banlieue résidentielle et assez paisible. Cependant, les cambrioleurs l'appréciaient pour ces mêmes raisons.

Elle poussa le battant et pénétra. Une odeur déplaisante, lourde et ammoniaquée, provenait de la droite. De la cuisine. Luisa avança dans cette direction. La table était dressée. En son centre trônait un bouquet de roses du jardin et de tiges de menthe. Eve était très attentive aux jolis détails, arguant qu'ils rendaient la vie plus agréable. Luisa s'approcha du four et ouvrit la porte vitrée. Une puanteur de poisson avarié lui fouetta le visage. Un recoin de son cerveau sut qu'une chose affreuse s'était produite. Pourtant, elle refusa de l'admettre. Sans réfléchir, elle fonça vers le salon qui donnait sur le jardin. Deux verres, dont l'un contenait un fond de vin, trônaient sur la table basse, non loin d'une bouteille. Steve et Eve avaient pris leur habituel petit apéritif avant le dîner. Un bourdonnement insistant lui fit tourner les yeux. Une multitude de mouches volaient au-dessus du coin d'un des deux canapés qui se faisaient face. Sans même avoir conscience de ses mouvements, Luisa le contourna. Ce qu'elle découvrit la figea. Steve était écroulé derrière, sur le flanc. Une mince langue de sang sec et brunâtre zébrait la peau cireuse de son visage.

Luisa ne sut combien de secondes s'étaient écoulées avant qu'un cri muet ne retentisse dans son esprit : *Eve !*

Affolée, elle grimpa quatre à quatre les marches de l'escalier qui conduisait aux chambres, son cœur cognant dans sa poitrine. Elle ne remarqua d'abord pas l'odeur écœurante qui prenait en force à chaque degré qu'elle gravissait. La porte de la chambre du couple était large ouverte. Elle pénétra dans la pièce, ne sachant pas encore qu'elle le regretterait toute sa vie. Une « boucherie » fut le seul mot qui lui vint à l'esprit. Elle voulut fermer les yeux, fuir, oublier ce qu'elle avait vu, et pourtant elle resta là, tétanisée, enregistrant le moindre détail de la scène. Du sang. Le guéridon en bois de rose et sa petite chaise renversés. Le téléphone sans fil qui gisait non loin du lit en désordre. Les éclats de verre du vase qui s'était brisé en tombant sur le plancher. Sur les lattes du parquet, la marque plus sombre de l'eau qui avait fini par s'évaporer. Les roses éparses au sol, fanées. Les mouches qui s'affolaient, piquaient vers le cadavre, rampaient sur lui, grouillante et répugnante vermine. Eve. Eve ! Eve couverte de sang, étendue sur le dos. Ses vêtements, ses bras, ses jambes, son visage avaient été tailladés au point que Luisa ne distinguait plus ses traits, rien qu'une sorte de pulpe de chair maltraitée dont émergeaient des yeux d'un bleu vitreux. La femme de ménage s'écroula au sol, sanglotant, une main plaquée sur la bouche et le nez. Une question une seule tournait dans sa tête :

– Mais pourquoi ? Pourquoi ?

Base militaire de Quantico, États-Unis, septembre 2008

Mike Bard s'immobilisa à deux mètres de la porte du bureau de Bob Pliskin. Le grand flic trop lourd, d'une bonne quarantaine d'années, aux cheveux poivre et sel coupés très court, se tourna vers son partenaire et ami, Gary Mannschatz, et demanda d'une voix plate :

– C'est qui, le méchant garçon ?

Mannschatz, plus jeune, un grand blond au visage émacié, qui serrait un dossier beige sous son bras, haussa les épaules en souriant :

– Comme tu le sens… Bon, être le vilain avec Bob la fouine me fait pas mal saliver.

– Je te laisse le rôle. En contrepartie, tu me paies une bière, parce que je me prive, là, ironisa Mike.

– Ça marche. Ça vaut bien ça.

Redevenu sérieux, Mike Bard précisa :

– Fais gaffe, Gary. Il est mauvais.

– Oh ouais ! Mais le Dr Silver dirait qu'il est assez intelligent pour savoir quand il doit sauver la peau de son cul. Et c'est maintenant !

Gary frappa. Quelques secondes s'écoulèrent. Bob Pliskin ne pouvait jamais répondre aussitôt, même à l'occasion d'une visite prévue depuis trois jours. Cela faisait partie de son image d'homme très occupé, très important. Enfin, la voix un peu lasse, un peu excédée, les invita à entrer.

D'assez petite taille, blond, poupin, ce qu'il tentait de gommer en adoptant une coupe en brosse afin d'avoir l'air plus viril et militaire, Pliskin était assis dans un fauteuil de direction trop vaste pour lui. Mike songea qu'il s'agissait là d'une cruelle, quoique très juste métaphore. Pliskin raffolait de tout ce qui était trop grand pour lui. Pliskin était incapable d'évaluer sa véritable épaisseur.

– Bonjour, monsieur, salua Mike d'un ton de respect qu'imita Mannschatz.

– Mike, Gary… Asseyez-vous, je vous en prie… C'est un peu la panique… Avec le décès de ce cher Edmond… quelle perte immense… mais on s'en sort… j'ai l'habitude !

Mike remarqua le ruban de deuil cousu au revers de son veston. On aurait pu croire qu'il venait de perdre un fils, un père ou un frère. Savoureux.

Cher Bob semblait inoffensif, avenant au point que nombre de ses victimes n'avaient compris qu'il était à l'origine de leur perte que lorsqu'il avait été trop tard pour réagir. Diane Silver était formelle : Bob Pliskin était un sociopathe à tendances paranoïdes. Un de ces individus bien intégrés à leur environnement, difficiles à repérer. Dominateur, cohérent, en apparence rationnel – même et surtout dans ses raisonnements biaisés –, psychorigide soutenu par la conviction d'avoir toujours raison. Selon Pliskin, les autres ne pouvaient le comprendre et ne l'aimaient pas parce qu'ils lui enviaient son écrasante supériorité. Ne lui restait qu'une insupportable inconnue : Silver. Il la haïssait. En dépit de sa malhonnêteté intellectuelle – avec laquelle il vivait en excellente intelligence –, Bob Pliskin ne parvenait pas à se convaincre qu'elle l'enviait. Pire, il était certain qu'elle le méprisait. C'était inacceptable.

Quoi, sa fille avait été martyrisée au-delà de l'imaginable ? Et alors ? À cause de cela, elle n'avait plus peur de rien ? Surtout pas de lui ? Elle le ridiculisait depuis des années, comme si cette fillette morte était devenue un indestructible bouclier. Rien à foutre du passé de Silver. Il allait lui réapprendre le goût de la peur. Dès qu'il serait nommé directeur, grâce au sénateur Murray auquel il faisait une cour assidue depuis des années, aidé en cela par Linda Casney, Silver devrait plier. Enfin. Elle allait ravaler son ironie et son insolence, et qu'elle s'étouffe avec ! Conne qui n'avait pas encore compris que ce monde, *leur* monde, était dirigé par le pouvoir et le pognon, pas par la dignité ou les valeurs. Qui avait besoin d'états d'âme ? Ça pourrit les soirées à la campagne, entre amis, les états d'âme.

– Monsieur, nous souhaitions vous voir… Euh… c'est un peu gênant, hésita Mike Bard. Chacun se demande, bien sûr, à quelle sauce il va être mangé depuis… le décès de M. Casney…

Le regard de Gary balaya le bureau et il retint un sourire. À chacune de ses rares visites, l'autosatisfaction qui s'étalait partout, dans le moindre détail, le réjouissait. S'il n'y prenait garde, il allait finir par penser avec la tête de Silver. Non, jamais. Il ne voulait jamais entrer dans les tréfonds de son esprit. Il aimait trop la vie.

Mannschatz détailla la multitude de photos flatteuses et de diplômes qui tapissaient un mur du sol au plafond. Pliskin qui tendait le cou comme un poulet pour qu'on le distingue derrière Clinton, puis Bush, bien plus grands que lui. Pliskin qui tentait de se rapprocher du dalaï-lama, on ne sait jamais, ça peut servir. Pliskin en short de pêche, riant en compagnie de Casney Jr, alors qu'il couchait avec sa femme. Pliskin discutant avec le sénateur Murray. Un homme à dorloter, Murray. Il avait plus de pouvoir que son allure falote ne pouvait le laisser supposer.

– Mike, Mike… Vous savez que je vous apprécie tous les deux. (Pliskin prit l'air important de l'homme qui détient des informations confidentielles et de la plus haute importance.) Je me doute des inquiétudes de tous. Cela étant, nous vivons une difficile période de transition. C'est tellement inattendu... affreux !

– Je comprends, monsieur. Toutefois... Enfin, on se demandait, Gary et moi... si... vous savez qu'on est des tombes et on va certainement pas aller se confier au Dr Silver. Les psys et moi... je vous apprendrai rien. On bosse ensemble parce qu'on peut pas faire autrement, mais ça veut pas dire qu'on pieute ensemble.

Cette sortie contre Silver rasséréna cher Bob. D'un ton gourmand, il admit :

– Bon, si j'ai votre parole d'hommes. Ma nomination devrait être annoncée la semaine prochaine. Ça reste entre nous. J'ai l'intention de faire un peu de ménage. Edmond était un homme... remarquable. Mais bon... il faisait parfois preuve d'un peu trop de sentimentalité... Tout à son honneur, certes. Toutefois, il aurait dû trancher dans le vif... vis-à-vis de certains... éléments. Paix à son âme.

– Paix à son âme, répéta Gary.

Il inclina le torse vers le grand bureau luxueux et adressa un sourire à Pliskin avant de balancer le dossier beige en expliquant :

– Non, vous n'êtes pas nommé. Pour votre confort. Dans le cas contraire, ce dossier part à la presse et au sénateur Murray.

Sans comprendre, Pliskin ouvrit la chemise cartonnée. Les deux agents le virent blêmir, crisper les mâchoires. La sueur trempa la racine blonde de ses cheveux très courts. Il se leva d'un bond, éparpilla les photos très compromettantes de sa liaison avec Linda Casney et feula :

– Enfoirés de mes deux !

– Vous en avez ? ironisa Mannschatz. Peu importe. Bon, on va trouver un truc qui explique votre départ... Je ne sais pas... Vous avez reçu la révélation. Le dalaï-lama, Sharon Stone, le fantôme de Casney, ce que vous voulez. Bref, vous disparaissez.

La rage faisait trembler Pliskin au point qu'il ne fut pas certain de parvenir à articuler une phrase. S'il l'avait pu, il les aurait abattus sur-le-champ. Eux et cette Silver. Il éructa :

– C'est elle, n'est-ce pas ? C'est elle qui est derrière tout ça. Cette salope !

Calme, Mannschatz ramassa les photos et les diverses pièces du dossier. D'un ton presque tendre, il déclara :

– Non, « elle » n'y est pour rien. Ce que vous ne voulez pas admettre, c'est que vous êtes une merde. Difficile d'accepter sa nullité. Edmond Casney en est mort. Pas vous. Jamais.

– On fera pas de pot pour votre départ ? lâcha Mike Bard d'un ton faussement dépité.

– Cassez-vous, connards !

Base militaire de Quantico, États-Unis, septembre 2008

Diane Silver étala les photos de scène de crime sur la plaque de Plexiglas de son bureau. Bien que le connaissant déjà par cœur, mot à mot, elle relut le rapport du département de police de Boston et celui du légiste de l'institut médico-légal.

Quatre jours auparavant, un couple de retraités très aisés de Brookline, les Damont, avaient été découverts à leur domicile par leur femme de ménage, une certaine Luisa Lopez, tous deux assassinés. L'enquêteur Gavin Pointer du Boston PD, chargé de l'enquête, précisait :

« … le couple s'apprêtait à dîner, ce que corrobore l'estimation de l'heure de la mort, vendredi soir. Nous avons retrouvé dans le four un poisson en voie de putréfaction, à l'évidence prévu pour le repas. L'appareil devait être programmé et s'est arrêté tout seul. Selon moi, le mari – Steve Damont – a été abattu en premier dans le salon. La femme – Eve Damont – a sans doute fui vers l'étage mais elle n'a pas eu le temps de verrouiller la porte de la chambre avant que l'agresseur ne pénètre à sa suite. Elle a dû tenter d'appeler les secours, comme en témoigne le téléphone de la table de chevet que nous avons retrouvé par terre. Il y a probablement eu une courte lutte si l'on en juge par les meubles renversés. On lui a tiré dessus, un projectile de 9 mm, comme dans le cas de son mari, puis on l'a tailladée avec sauvagerie à d'innombrables reprises. Selon moi, le meurtrier a éliminé Steve Damont afin de pouvoir "s'occuper" de sa femme. Son meurtre à elle traduit une véritable fureur. Nous avons aussitôt fait le lien avec trois autres affaires impliquant des couples de seniors, affaires qui se sont produites au cours des deux dernières années dans le Massachusetts. L'enquête préliminaire n'a mis en évidence aucun lien personnel entre les différentes victimes. Toutefois, l'arme utilisée dans tous les cas est la même, ainsi que nous l'avons vérifié dans l'IBIS[1] grâce aux stries portées par les projectiles. Dans toutes ces affaires, le meurtrier a utilisé un silencieux à huile, comme en témoignent les traces graisseuses sur les balles. Autre similitude, le soin pris par le meurtrier : il ne laisse aucune trace. Nous avons quand même eu un peu de chance cette fois-ci puisque nous avons retrouvé un emballage de préservatif roulé en boule sur une des dernières marches de l'escalier, marque Durex, parmi les plus vendus. En revanche, il a embarqué le préservatif utilisé. Une empreinte digitale partielle a été révélée sur l'enveloppe. Sa comparaison dans l'IAFIS[2] n'a rien donné.

« Aux dires de la femme de ménage, Mme Luisa Lopez, employée depuis treize ans par les Damont, peu de choses ont été dérobées. C'est également le cas dans les trois autres affaires. Un cadre en argent ciselé qui protégeait une photo du couple, une boîte à bijoux en nacre et turquoise dans laquelle Mme Damont rangeait ses bijoux de tous les jours, les plus précieux se trouvant dans un coffre, à la banque. Nous avons retrouvé près de deux cents dollars entre le portefeuille de M. Damont et le sac à main de son épouse, tous deux posés en évidence dans le dressing. Ces petits larcins ne semblent pas

1. L'Integrated Bullet Identification System, un système d'expertise balistique, stocke les données et permet des comparaisons des déformations laissées par les projectiles.

2. L'Integrated Automated Fingerprint Identification System : stocke et compare les empreintes digitales.

être le mobile des meurtres. Quantité d'objets assez précieux se trouvaient dans la maison...

« Une rapide enquête de voisinage n'a rien donné. Les Damont jouissaient d'une réputation de gens calmes et affables. Personne n'a entendu de détonations, sans doute en raison de l'utilisation d'un silencieux. Même dans le cas contraire, il n'est pas évident que nous aurions récolté des témoignages : la maison est un peu à l'écart des autres et le quartier se vide dès le vendredi soir, moment où le double meurtre a été commis, pour le week-end. Ces différents paramètres expliquent que le meurtrier a pu opérer en toute tranquillité.

« Les proches contactés et Mme Lopez sont unanimes : les Damont formaient un couple très uni, sans enfant, vivant l'un pour l'autre. Des gens très bien. »

Diane parcourut ensuite les rapports concernant les trois autres affaires, se demandant pourquoi le FBI n'était prévenu que si tardivement. Peut-être parce que tous les meurtres avaient eu lieu dans l'État du Massachusetts.

Les Styler, Ben et Barbara, âgés respectivement de soixante-trois et soixante ans, avaient été abattus, chez eux, au mois de juin 2008. Fin décembre 2007, les Grant, Steven et Michelle, tous deux cinquante-neuf ans, avaient été assassinés. Le premier couple, Stuart et Susan Carpenter, soixante et un et soixante-deux ans, avait été retrouvé à son domicile en février 2007. À première vue, le modus operandi était identique. Dix mois s'étaient écoulés entre le premier et le deuxième meurtre. Six mois entre le deuxième et le troisième, et trois séparaient les deux derniers. S'agissait-il d'une surenchère de la part du tueur ? Diane n'en était pas certaine. Toutefois, la possibilité était réelle.

On n'avait retrouvé aucun indice sur les quatre scènes de crime, ni empreinte digitale, ni ADN [1], ni cheveux, ni fibre

1. La découverte de l'ADN n'est pas récente (1868). Pourtant, il fallut attendre pour comprendre sa fonction exacte et en tirer des applica-

utilisable, à l'exception de quelques poils de chat sur les deux dernières victimes féminines qui ne possédaient pas d'animaux. Diane songea aussitôt à un transfert passif, les poils s'échappant des vêtements de l'agresseur pour se coller au sang des femmes. Une question l'obsédait depuis quelques instants. Elle balaya du regard les clichés étalés devant elle, s'attardant sur ceux du cadavre d'Eve. À en juger par les blessures, la façon dont elles avaient été infligées, le meurtrier était en pleine crise de fureur, d'incontrôlable passion sanguinaire, donc d'aveuglement. Comment expliquer dans ces conditions qu'il n'ait laissé aucune trace, hormis les poils de chat et l'enveloppe de préservatif qui avait dû tomber d'une poche ou d'un sac ?

Elle passa ensuite au rapport du légiste, qui ne fit que conforter les déductions de l'enquêteur Gavin Pointer.

Steve Damont avait été abattu à bout portant à l'aide d'un 9 mm. La première balle avait perforé l'aorte, la deuxième avait fait exploser l'os temporal. Le meurtrier voulait tuer, et vite. Steve n'était pas sa véritable cible. Il se réservait pour Eve, comme il s'était réservé pour les trois autres femmes avant elle. Il l'avait poursuivie dans l'escalier alors qu'elle tentait de trouver refuge dans la chambre. Une mauvaise idée, très classique. Elle aurait dû foncer vers la sortie, casser une fenêtre, hurler. Mais Steve était mort, sans doute sous ses yeux, elle était terrorisée, incapable de réfléchir. Le meurtrier l'avait rejointe.

« ... Aucun sévice sexuel n'a été mis en évidence. Les nombreuses plaies défensives sur la paume des mains indiquent que la victime a essayé d'arracher l'arme coupante à son agresseur. Selon toute vraisemblance, il s'agissait d'un large cutter, comme ceux qu'utilisent les tapissiers, si j'en juge par la netteté et la finesse des coupures. La balle a

tions. C'est en 1985 qu'Alec Jeffreys, un Anglais, et ses collègues mirent au point la première méthode d'utilisation des empreintes génétiques, qui fut ensuite améliorée pour être acceptée en cour de justice.

perforé le foie et s'est logée entre deux vertèbres lombaires (L2-L3). La mort n'a pas été instantanée. C'est souvent le cas dans les blessures par arme à feu. Le meurtrier a bâillonné la victime à l'aide d'un large morceau de Scotch, afin d'étouffer ses cris. Nous avons retrouvé des traces d'adhésif sur le pourtour de la bouche qui a, du reste, été relativement épargnée par les coups de lame. Il s'est ensuite acharné sur la victime, tailladant au cutter toutes les parties dénudées, notamment le visage, au point qu'il est impossible de compter les coupures. Le tueur s'est également, mais dans une moindre mesure, attaqué aux vêtements qu'elle portait. Il a ensuite récupéré le morceau de ruban adhésif. Les plaies ont été infligées peri-mortem, comme en témoignent les réactions tissulaires et l'hémorragie qui en a résulté. Il est possible qu'elle ait été inconsciente à ce moment… ».

Diane referma le dossier et rajusta les deux barrettes qui retenaient ses cheveux blond-roux, peu à peu envahis par des mèches grises. Gentil légiste, qui espérait-il convaincre avec cette dernière phrase ? Certainement pas lui, ni Diane. Peut-être les proches, s'ils demandaient un jour le rapport d'autopsie. Bien sûr qu'Eve était consciente. Elle gisait au sol, sans doute incapable de bouger en raison de la balle qui s'était logée dans la moelle épinière, ni même de crier, mais elle sentait, elle voyait, elle pensait. Elle avait su qu'elle allait mourir d'épouvantable façon. Elle avait vu la lame du cutter se rapprocher de son visage. Elle l'avait sentie trancher les chairs, encore et encore.

La haine, vieille et fidèle compagne, suffoqua Diane. Tordu !

La fureur. Des meurtres personnels. Il s'agissait de cela. Tout le temps du meurtre, il avait détesté Eve, et les autres femmes. Pourquoi ? Les connaissait-il ? Lui avaient-elles porté tort un jour, du moins dans son esprit ? Une piste à creuser ? Toutefois, cet enquêteur, Pointer, du Boston Police Department précisait dans son rapport que les différents couples semblaient ne posséder aucun lien.

Diane alluma une cigarette, jouant avec le capuchon de son Zippo. Elle exhala une longue bouffée en tournant la tête afin que la fumée n'atteigne pas les photos du martyre d'Eve. Des victimes de substitution ? Ces femmes avaient-elles payé pour une autre ? Si tel était le cas, et d'après leur âge, la probabilité pour que le véritable objet d'exécration du tueur soit la mère devenait écrasante. Peut-être également la femme d'une famille d'accueil, une belle-mère, bref un être proche, détesté. Une déduction qui n'avançait guère Diane. On rendait les femmes et les mères responsables de tant de choses ! À croire que les pères n'existaient pas ou qu'ils étaient tous angéliques ou dominés, incapables de protéger leurs enfants, notamment leurs fils. Les mères anthropophages, phagocyteuses, destructrices. Certes, elles existent, mais les généraliser est aussi abusif que de nier l'existence de ce vampirisme maternel qui se déguise parfois sous les allures de l'amour.

Quant à l'absence de sévices sexuels, Diane n'en tirait aucune conclusion, d'autant que l'enveloppe de préservatif indiquait sans ambiguïté qu'il y avait eu une excitation de cet ordre, et qu'elle avait été prévue par le meurtrier.

Le sexe violent, imposé, n'est qu'une illustration du pouvoir qu'on cherche à reprendre. Toutefois, l'équation entre sexe et domination ne se forme pas nécessairement chez les psychopathes les plus intelligents, qui prennent le pouvoir ailleurs : dans la terreur qu'ils inspirent et la souffrance, la mort qu'ils infligent.

La sonnerie du téléphone de son bureau la tira de ses spéculations. La voix de la réceptionniste du Jefferson Building annonça :

– Docteur Silver ? Un appel international. Une certaine Anne… Guéguen. Vous acceptez la communication ?

La jeune femme avait buté sur le nom, le massacrant au point qu'il avait fallu à Diane une microseconde pour reconnaître celui d'Yves.

Sans que Diane sache pourquoi, sans même qu'elle réfléchisse à ce que pouvait impliquer cet appel, son cœur s'emballa.

– Oui.

Un déclic. Une voix heurtée se déversa. La femme parlait dans un Anglais mâtiné d'un accent français prononcé.

– Euh… Docteur Silver ? Je suis la sœur d'Yves… J'ai trouvé votre numéro dans son répertoire… Il parle si… parlait si souvent de vous. Il est mort. Assassiné.

Une peine suffocante empêcha Diane de répondre. Le chaos dans son esprit. À l'autre bout de la ligne, à l'autre bout du monde, une femme qu'elle ne connaissait pas sanglotait, incapable de poursuivre.

La psychiatre inspira bouche ouverte, luttant contre le point de côté qui lui paralysait la cage thoracique. Enfin, elle parvint à demander :

– Assassiné ?

– À l'arme blanche. La police pense à un voyou… Yves a été détroussé. On l'a retrouvé dans le hall de son immeuble.

Diane sentit l'effort que fournissait Anne pour contrôler sa voix.

– Quand ?

– Il y a neuf jours. Je… Tout était si affreux… si soudain, si incroyable… mes parents, ma mère… tout… D'autant que mon frère cadet a disparu en mer, il y a quelques années… Enfin… je suis le dernier enfant en vie… j'ai tardé à vous prévenir.

– Je comprends.

Diane se détesta de songer au dernier message que lui avait expédié Yves, un message très incriminant pour elle.

Diane,

Un doute plus qu'inquiétant m'est venu parce que je ne gobe pas ton explication. [...] Alors, je vais te le demander sans détour : aurais-tu commis la connerie d'accorder du temps à ce psychopathe ? [...] Tu as tort, Diane. Un psychopathe, et c'en est un, reste un psychopathe. [...]

Je t'en prie, discutons-en. Tu sais comme je t'aime et combien je tiens à toi.

Je t'embrasse.

Yves.

Elle se détesta de chercher une ruse afin d'apprendre si les flics français avaient récupéré l'ordinateur portable d'Yves.

– Je... Je m'en veux... Il m'avait envoyé plusieurs e-mails, dont j'ai juste pris connaissance... j'ai été débordée et... Je ne sais même plus à quand remonte notre dernier véritable échange...

– Je ne pourrais pas vous le dire. Nous avons juste retrouvé les deux derniers reçus automatiques indiquant que vous aviez reçu et ouvert ses mails. L'ordinateur de mon frère est équipé d'un logiciel d'écrasement de données. Sa messagerie est nettoyée tous les dix jours. Yves est... enfin était d'une méfiance qui confinait à la paranoïa.

– Essentiel dans notre métier.

Diane se détesta encore plus du soulagement qu'elle ressentait. Un soulagement qui autorisait enfin son réel chagrin à suivre son cours. Si elle avait continué de craindre pour elle, aurait-elle éprouvé de la peine pour lui ?

Minable. Elle était minable.

– Écoutez... je suis si désolée... Pas mal sous le choc... Yves était... Enfin, c'était mon seul ami.

– Je sais.

Une pensée idiote traversa l'esprit de Diane. Pas si idiote que cela puisque Yves adorait son bouledogue bringé :

– Et la chienne ? Silver ?

– Je l'ai récupérée mais je ne peux pas la garder. Je suis hôtesse de l'air, sans arrêt en déplacement. En plus, je viens de divorcer. Je lui cherche un gentil propriétaire. Yves était très attaché à elle. Je ne peux pas... la balancer comme ça.

– C'est tout à votre honneur. Yves aimait énormément sa famille, vous savez.

– Oui…

Anne fondit à nouveau en larmes et balbutia :

– Il va tellement nous manquer… Ma mère est… dans un état épouvantable. Le décès d'Yves ravive le cauchemar de la disparition de Gaël… mon jeune frère… on n'a jamais retrouvé son corps… Mon père garde le cap parce qu'il faut bien que quelqu'un tienne les autres à bout de bras…

– Il va me manquer aussi… D'ailleurs, il me manque déjà, renchérit Diane.

Yves lui manquait depuis qu'elle avait choisi Nathan, dans une piscine écologique. Une éternité auparavant.

– Je prends la chienne, Anne. Je n'ai jamais vécu avec un chien… ma fille en voulait un à toute force. J'aurais dû céder… peu importe. Je m'occupe du transport par avion. Vérifiez qu'elle est en règle vis-à-vis des services vétérinaires des deux pays.

Une nouvelle quinte de sanglots lui répondit.

– Anne… je ne sais pas quoi vous dire. Yves était un être exceptionnel. Il le restera toujours dans nos souvenirs. Je… Enfin, assurez votre famille que je m'associe à votre terrible chagrin. Du fond du cœur. Je… reprendrai contact avec vous… pour Silver.

Lorsqu'elle raccrocha, elle se détesta des platitudes de convenance qu'elle avait débitées. Mais qu'aurait-elle pu dire à cette femme en deuil d'un frère aimé ? Qu'Yves et elle s'étaient flairés et rapprochés en raison de leur effroyable solitude, de leur certitude que personne ne devait entrevoir l'innommable dans lequel ils pataugeaient ?

Diane alluma une autre cigarette. Elle se serait volontiers saoulée.

Elle lutta contre la crise de larmes. *Cesse, Silver, pauvre fille ! Épargne-nous l'indignité de l'autoapitoiement ! Tu as commis deux irrécupérables péchés. Deux fautes indélébiles. Et tu voudrais sangloter sur ton sort ? Minable ! Tu as été infoutue de protéger ta fille. Tu as sangloté à côté du téléphone, en espérant un miracle, une demande de rançon, n'importe quoi. Pendant ce temps, Ford la découpait au scalpel et la brûlait au chalumeau sur fond de musique metal. Tu devais partir en chasse. Récupérer ton petit. Tu devais la reprendre, coûte que coûte.*

Sa deuxième faute : avoir trahi Yves. Le flic avait été assassiné et elle ne pourrait plus jamais réparer cela. Un constat définitif qui lui était insupportable. Étrange comme nos péchés nous semblent vivables tant que nous avons l'espoir de pouvoir un jour les effacer.

Elle paierait pour ses fautes. Elle le souhaitait.

Nathan ? Nathan avait-il quelque chose à voir avec la mort d'Yves ? Non, elle déraillait. Nathan ne savait presque rien de Guéguen, si ce n'était qu'elle l'avait formé au profilage, l'estimait, éprouvait même de la tendresse pour lui. Rien d'autre.

Une vague inquiétude s'empara d'elle. Et Sara Heurtel ? Comment allait réagir la Française ? S'obstinerait-elle à exiger l'arrestation de Nathan, le meurtrier de sa psychopathe de fille ? Sans doute. Yves décédé, Sara Heurtel allait s'en remettre à Diane. Or Diane n'avait pas besoin de la ténacité de cette femme. Vraiment pas.

Paris, France, septembre 2008

Sara Heurtel essuya leurs tasses de petit déjeuner et les rangea d'un geste mécanique dans le vaisselier à moitié vidé de la cuisine.

Le couple Baumier, à qui Sara avait acheté l'appartement dans le XVe arrondissement, des gens charmants, les avait autorisés à commencer leur déménagement avant la signature définitive, afin de mettre à profit la fin des vacances et une capitale moins encombrée. Sara n'en pouvait plus de descendre et de monter des cartons de livres, de vaisselle, d'objets divers et variés. Victor, son fils de douze ans, en avait profité pour balancer ce qu'il appelait ses vieilleries, arrachant un sourire à sa mère. Elle avait pourtant été surprise du peu de choses qu'il souhaitait conserver. On aurait dit qu'il voulait tirer un grand trait sur sa vie d'avant, se débarrasser de ses preuves matérielles. La même lancinante et angoissante question tournait dans l'esprit de Sara : Victor se doutait-il que sa sœur Louise avait eu la ferme intention de les tuer tous les deux ? Que le satanisme dans lequel elle avait versé en compagnie de son bon copain Cyril n'avait rien d'une farce ou d'une simple révolte adolescente ? Non, impossible. Comment le petit garçon aurait-il pu le deviner ? Il ne le fallait pas. Jamais.

La nouvelle du meurtre d'Yves Guéguen avait bouleversé Sara, pour plusieurs raisons, la plupart égoïstes, elle l'admettait. Elle aimait bien ce grand type solide et fiable. Sans doute avait-il été un peu amoureux d'elle, même si elle avait feint avec application de ne rien voir. Il n'y avait plus de place pour un autre amour dans sa vie. Elle avait adoré son mari, Éric, décédé cinq ans plus tôt, des suites d'un accident de moto. Elle s'interdit de revoir le tas de ferraille tordue, de repenser au chauffard qui avait percuté à pleine vitesse l'engin de son mari pour fuir sans appeler les secours. Éric était décédé d'un éclatement du foie, peu après son admission aux urgences. Elle n'avait eu que de rares amants depuis, si on pouvait qualifier ainsi ces amicales et très ponctuelles rencontres de peau. Toute son existence tournait maintenant autour de son fils, son unique pivot. Cela étant, la présence de Guéguen à leurs côtés l'avait rassurée. Lui savait. Il savait comment fonctionnait ce psychopathe, ce Nathan Hunter qui avait abattu Cyril et Louise, d'autres également. Il était capable de les protéger. Il avait peur de Nathan Hunter pour elle et pour son fils, certain que le tueur n'avait pas lâché leur piste. Cependant, en dépit de son extrême vigilance, Sara n'avait jamais surpris son ombre autour d'eux. De surcroît, et Guéguen l'avait admis, si Hunter avait voulu leur faire du mal, il en aurait eu mille fois l'occasion. Cherchait-elle à se rassurer ? Peut-être.

Sara se sentait prisonnière d'une inextricable nasse. Son congé sans solde du laboratoire se terminait la semaine suivante. Quant à son fils, il avait repris le chemin de l'école. Elle l'accompagnait chaque matin, allait le chercher après les cours. Elle ne pourrait pourtant pas continuer à veiller sur lui vingt-quatre heures sur vingt-quatre. À cette pensée, sa gorge se serra. Elle en avait discuté avec ce flic de la criminelle, un inspecteur divisionnaire, Patrick Charlet, venu lui annoncer le décès du colonel Guéguen. Un type pas très agréable, à la fois lisse et sec, qui mâchonnait son chewing-gum avec une exaspérante lenteur, le baladant d'une joue à l'autre. Face à son inquiétude, il avait rétorqué d'une voix plate :

– Madame Heurtel, rien ne nous permet de croire que Nathan Hunter se trouve sur le territoire français et qu'il cherche à se rapprocher de vous et de votre fils, bien au contraire. Toutes les polices ont sa photo. Si jamais il mettait un pied chez nous, il serait aussitôt appréhendé et il le sait. Dans ces circonstances, vous comprenez bien qu'on ne peut pas surveiller Victor en permanence, puisqu'il n'existe aucune menace, ni avérée, ni même hypothétique.

Sara n'avait pas insisté. À l'évidence, ce type n'avait pas grand-chose à faire de leurs problèmes. Ce n'était qu'après son départ qu'un trouble tenace l'avait envahie. Un loubard, avait-il dit ? Un petit voleur avait poignardé Yves Guéguen dans un moment de panique, sans doute parce que le flic avait résisté. À la réflexion, la théorie des policiers ne la convainquait pas. Guéguen était un chasseur. Il était méfiant, rusé. Il savait par expérience ce que les profanes tentent d'oublier : la mort rôde, elle peut surgir à n'importe quel moment. Si un petit voyou l'avait suivi ou s'il s'était déjà trouvé dans l'immeuble, le profileur l'aurait senti. Il avait fallu un autre chasseur, encore plus retors, pour venir à bout de Guéguen. Nathan Hunter ? Mais pourquoi ? L'idée s'imposa, effrayante de simplicité : parce que Guéguen veillait sur eux. Pour se rapprocher de Victor et d'elle.

La panique qu'elle était jusque-là parvenue à juguler déferla en elle. Elle tenta de se raisonner, de se convaincre qu'elle se laissait glisser à la paranoïa.

Son imagination dérapait. Réfléchir ! Guéguen se méfiait surtout de Hunter. Il était en permanence aux aguets, sachant à quoi le tueur de Louise ressemblait, grâce aux photos prises par la caméra de surveillance d'un hôtel particulier de Neuilly. Non, le meurtrier de Guéguen ne pouvait pas être Hunter !

Pourtant, le doute ne la quittait plus. Il fallait qu'elle contacte cette psychiatre profileuse de Quantico. Diane

Silver devait avoir appris le décès de son ancien élève et ami. Elle saurait si Hunter était impliqué.

Si tel était le cas, cela signifierait qu'un épouvantable étau se refermait sur elle et son fils. Pourquoi ? Elle avait fouillé ses souvenirs des heures durant : elle ne connaissait pas ce Nathan Hunter avant qu'il ne l'aborde dans ce café rue de Rivoli.

Environs de Boston, États-Unis, septembre 2008

Assis en tailleur dans l'un des trois profonds canapés en lin blanc qui entouraient une table basse en béton cru, Nathan/Rupert avait le regard perdu vers le parc. L'espèce de vacuité qu'il ressentait lui devenait désagréable. Un vide involontaire, qu'il maîtrisait mal. Rien n'envahit davantage que le vide.

Diane lui manquait. Sa voix grave, son débit lent, son regard en goutte de glace, et même son tabagisme lui manquaient. Son implacable intelligence lui était devenue nécessaire. L'absolue indifférence de Diane pour sa vie ou sa mort avait permis à Nathan de gommer les derniers vestiges de peur en lui. Grâce à elle, il s'était enfin su pleinement puissant. Pourtant, aujourd'hui, il se sentait presque désemparé, incertain de la conduite à tenir, une sensation très rare chez lui et qu'il associait aux individus de piètre volonté.

Son regard s'arracha à la contemplation des massifs de rhododendrons qui s'épanouissaient à l'orée du bois. Il se leva dans un soupir agacé et s'approcha des hautes bibliothèques en chêne lasuré de blanc qui couvraient un mur. Il déchiffra les titres de ses livres préférés sans y trouver l'habituel réconfort. Certains des ouvrages lui venaient de sa mère. Il baissa les yeux vers le bouleversant bronze, celui de la femme à genoux, nue, une main masquant ses yeux, l'autre protégeant son sexe. Sa mère. Elle avait tenu à cette pose lorsqu'un jeune artiste, fasciné par sa beauté, l'avait suppliée d'être son modèle pour quelques jours. Un souvenir vieux comme sa haine submergea Nathan/Rupert.

Il devait avoir cinq ou six ans. Un fracas, l'écho de meubles retournés, des hurlements, ceux de sa mère, l'avaient tiré du sommeil. Inquiet, il s'était levé. Il avait descendu pieds nus l'escalier qui menait à l'étage de ses parents, et avait collé l'oreille contre la porte à double battant de leur chambre, s'étonnant de l'absence de serviteurs dans le couloir. Le petit Rupert avait compris seulement bien après que ceux-ci savaient qu'ils ne devaient pas intervenir dans ces cas-là. Ils étaient également payés pour ne rien entendre.

Le cri de sa mère :

– Enfoiré, je vais prévenir les médias ! On verra la tête du grand Teelaney !

La voix de son père, d'un calme annonciateur de violence :

– Je te le déconseille, à moins que tu ne souhaites finir dans le caniveau. De plus, qui ajouterait foi aux délires d'une ancienne junkie alcoolo, au risque de se faire casser les reins devant un tribunal ? J'ai dit : penche-toi sur le lit !

L'éclat d'un vase ou d'une porcelaine qui se fracassait au sol.

Un son creux puis un cri, de douleur cette fois, celui de sa mère.

– Nooonnn !

– Ta gueule, sale pute !

Affolé, le petit Rupert avait cogné de ses poings contre le panneau ouvragé de la porte en s'époumonant :

– Maman… Maman… !

Un remue-ménage à l'intérieur. La porte s'était ouverte. Le visage de sa mère, une vision qu'il n'oublierait jamais.

Convulsé de rage et de peur, trempé de larmes. Elle était échevelée et un filet de sang très rouge dégoulinait de son nez. Elle tenait sa chemise de nuit déchirée plaquée contre elle.

Elle avait essuyé d'un geste machinal le sang qui mouillait ses lèvres, sans se rendre compte qu'elle en maculait sa joue.

Le petit garçon s'était blotti contre elle, lui enserrant la taille de ses bras, sanglotant de terreur. Le contact de son dos nu et tiède contre ses bras. Il avait balbutié :

– Maman, maman, j'ai peur…

Derrière, son père s'était approché, nu, le sexe dressé. Interceptant le regard ahuri de son fils, sa mère avait tourné la tête et feulé, mauvaise :

– Barre-toi, dégénéré ! Ferme cette porte. Épargne au moins ton fils, pauvre type !

Le battant avait claqué dans son dos et elle s'était agenouillée, serrant Rupert à l'étouffer, semant sa joue de baisers, en murmurant :

– Ce n'est rien, mon amour, mon bébé, le plus joli des bébés de tout l'univers. Je suis là, tout va bien.

– Mais qu'est-ce qu'il… qu'est ce que…

– Rien, mon bébé. Rien qui vaille la peine. Il n'en vaut pas la peine. Viens, je te reconduis dans ta chambre. Tu veux que je dorme avec toi ?

– Oh, oui !

Elle voulait l'apaiser et se donnait également une nuit de répit. Elle n'ignorait pourtant pas que la même scène se reproduirait le lendemain, et le surlendemain, et chaque jour qu'il plairait à Rupert Teelaney, deuxième du nom. Rupert, troisième du nom, savait maintenant qu'elle n'avait pas pu quitter son porc de mari à cause de lui. Jamais ils ne lui auraient laissé l'héritier. Ils : son père et sa grand-mère. Au fond, le petit Rupert avait été la prison de sa mère.

Elle avait rafistolé sa chemise de nuit comme elle l'avait pu et s'était couchée contre son fils. Après avoir eu si peur, il s'était senti bien contre ce corps adoré qui s'incurvait pour l'accueillir avec autant d'amour que lorsqu'il était un vrai bébé. Alors qu'il commençait à s'assoupir, qu'elle caressait ses cheveux frisés si semblables aux siens, elle avait expliqué d'un ton doux :

– Mon amour, tu sais que maman veillera toujours sur toi. Toujours, où qu'elle soit. Bébé... ne lui résiste pas. À ton père. Méfie-toi de ta grand-mère. C'est la pire des deux. Obéis et fais-toi oublier. Nathan... je t'aime tant. Plus que tout, que moi.

Le garçonnet avait souri dans son demi-sommeil. Nathan, le nom qu'elle lui avait choisi, juste pour eux deux, puisque l'unique héritier devait porter le prénom des mâles aînés de la famille, depuis des générations. Rupert.

Pressentait-elle déjà que son mari et son horreur de belle-mère, la grand-mère de Nathan/Rupert, allaient la tuer ? La meilleure façon de s'assurer de son silence puisque l'empire Teelaney était bâti sur quelques très vilains secrets qu'elle aurait pu révéler à l'issue d'un divorce. De fait, le petit Rupert de huit ans l'avait retrouvée morte noyée, flottant dans la piscine familiale. Ses cheveux blond doré, très frisés, formaient comme un voile précieux autour d'elle. L'enquête avait été vite expédiée. Après tout, on était dans le monde de l'immense argent, du véritable pouvoir, et on n'ennuie pas ces gens-là si on peut l'éviter. L'autopsie avait conclu à une overdose de cocaïne, amplifiée par une importante ingestion d'alcool.

Dès ses huit ans, le petit Rupert avait su qu'ils mentaient. Sa mère ne l'aurait jamais abandonné avec ces deux tordus. Elle l'aimait plus que tout. Jamais elle ne l'aurait laissé. Jamais !

À bien y réfléchir, sans doute avait-il indirectement été à l'origine de sa mort. Sans lui, elle serait partie, elle aurait vécu. Les larmes lui montèrent aux yeux.

Le jeune Rupert avait peu à peu compris les éléments qui lui manquaient, s'attachant à suivre le conseil de sa mère :

faire profil bas, survivre. Son père aimait le sexe brutal et imposé. Quant à son ordure de grand-mère qui jouait les modestes poissons pilotes, il s'agissait en réalité de la véritable inspiratrice des coups les plus foireux de la famille Teelaney, et ils étaient légion. C'était elle qui avait fait vérifier, dès que la technique avait été au point, du moins pour les privilégiés, la « pureté » des gènes du jeune Rupert. Il avait dû lui suffire de se fendre d'une dotation à un laboratoire pour obtenir un résultat qualifié d'« expérimental ». Rupert ne doutait pas que sa grand-mère l'aurait balancé sans état d'âme s'il n'avait pas été le fils de son père. Elle avait précisé d'un ton douloureux :

– C'est que, mon petit, ta mère... Eh bien... Elle était assez convaincante dans le rôle de la vierge effarouchée, mais on ne me la fait pas ! Bah, qu'attendre d'une droguée, ivrogne de surcroît, qui a traîné ses fesses un peu partout ? Enfin... heureusement, il semble que tu tiennes des Teelaney. Sauf cette forte myopie. Une tare héritée d'elle. Nous n'avons pas de tare !

Rupert avait acquiescé d'un mouvement de tête soumis, songeant qu'il ne détesterait jamais quelqu'un autant que cette femme dont il partageait aussi les gènes.

Rupert tira d'une étagère le livre préféré de sa mère, qu'elle avait dû lire cent fois : *Orgueil et Préjugés* de Jane Austen. Le besoin de rêver que le véritable amour existe et qu'il vaincra tous les obstacles. Diane aurait commenté : « L'espoir est le pire poison de l'esprit. »

Une bouffée d'émotion lui noua la gorge. Dieu, qu'il l'avait aimée. Dieu, qu'il l'aimait. Il replaça le volume, fatigué par de nombreuses lectures. Sa mère avait l'habitude de corner les pages pour marquer où elle en était restée. Une manie qui aurait agacé Rupert de la part de n'importe qui d'autre mais qu'il trouvait charmante venant d'elle. Il se souvenait : elle lisait, la bouche entrouverte de concentration, le livre plaqué sur le nez puisqu'elle refusait de porter des lunettes ou des lentilles.

Diane. Il devait lui expliquer certaines choses qu'elle ignorait encore de lui. Il ne pouvait pas tout lui révéler. Néanmoins, il avait besoin d'une réponse. Diane pensait-elle que ce pan infiniment haineux de son passé – sa grand-mère, son père – devait disparaître, ou du moins s'estomper, au profit de l'amour qu'il éprouvait pour sa mère et maintenant pour la profileuse ? Ou alors la haine était-elle constitutive de lui, de son aptitude à la chasse, au même titre que l'amour ? Diane avait détesté de toutes ses fibres cette rabatteuse, Susan Brooks. Était-ce pour cette raison qu'elle l'avait éliminée, ou par amour de Leonor ? Les deux sans doute. Elle avait détesté Brooks jusqu'au déraisonnable parce qu'elle aimait Leonor au-delà de l'imagination. L'humain peut-il concevoir le jour sans la nuit, la paix sans la guerre ? Certes, son entraînement bouddhiste rendait Rupert méfiant vis-à-vis de toute passion. Cela étant, gomme-t-on les passions parce qu'on l'a décidé ? Peut-être les grands lamas, qui s'y appliquaient une vie durant. Diane aurait rétorqué d'un ton sec : « Nous sommes le fruit de nos blessures et de nos pulsions. La grandeur de l'Homme – si on lui en concède une – est de dominer, de canaliser ses pulsions. Certainement pas de les nier, parce qu'elles deviennent pathologiques, pas non plus de les museler complètement parce que nos excès sont aussi notre splendeur. À votre avis, les limaces et les hannetons auront-ils un jour l'ahurissante idée de construire les pyramides, les jardins suspendus de Babylone ou le phare d'Alexandrie, d'inventer l'écriture, puis l'imprimerie ? Il fallait être dingue, non ? Dingue, mais génial. »

Étrangement, et alors que Nathan/Rupert n'aurait jamais consulté un psy – certains secrets ne doivent pas se partager, surtout lorsqu'on s'appelle Teelaney –, il se sentait une sorte de relation thérapeutique avec Diane Silver, relation qui l'amusait assez parce qu'il était certain qu'elle n'en avait pas conscience. Il l'aimait et elle le soignait de lui-même, de son passé, sans le savoir. Devait-il lui raconter cette soirée ? Un épisode de la saga Teelaney, rien de plus.

De fait, il ne haïrait jamais plus un être comme il avait exécré cette femme. Elle était assez frêle, un peu grelottante. Une ruse, une autre. Rupert savait déjà qu'elle possédait une volonté d'acier et qu'elle était impitoyable, mauvaise, rouée. Une sale tête dotée d'un sale esprit pour de sales stratagèmes. Sa grand-mère. La mère de son répugnant père. Cet après-midi-là, elle se tenait en haut de l'escalier en pierre de la vaste demeure familiale. Le jeune Rupert l'avait rejointe, l'interpellant d'un ton doux, ainsi qu'il avait appris à le faire.

– Mamie-chère, vous alliez vous promener dans le parc ? Puis-je vous accompagner ?

Elle s'était tournée vers lui, un air de franc déplaisir sur le visage. Certes, il était Teelaney, mais elle ne l'aimait pas. D'ailleurs, elle n'aimait rien ni personne – hormis le pouvoir –, pas même son fils. Du moins celui-là était-il utile et lui obéissait-il toujours. En revanche, Mme veuve Teelaney avait des doutes au sujet de son petit-fils. Agneau crétin ou jeune requin sachant qu'il devait encore fermer les mâchoires ?

Elle avait soupiré, tendant une main molle qu'il s'était empressé de baiser. Un sourire radieux avait éclairé le visage du jeune Rupert. Il avait déclaré, d'un ton heureux :

– Vieille salope, crève !

Avant de la pousser dans l'escalier, de toutes ses forces. Aux anges, il l'avait regardée dévaler les marches comme un culbuto, rebondir, s'affaisser, repartir, sa tête heurtant la pierre. Elle n'avait même pas crié. Plus rien. Elle ressemblait à un vieux pantin désarticulé, sur le dos, les jambes largement écartées, les bras étendus, grotesque. Il avait sautillé à pieds joints en bas de l'escalier, comme il le faisait lorsqu'il était petit, chantonnant « *You are my lucky star…* », la chanson préférée de sa mère, celle dont elle le berçait. La vipère respirait encore. Une moue agacée avait remplacé le sourire de Nathan. Il avait soulevé la tête aux cheveux bancs et l'avait basculée vers l'arrière avec violence, à angle droit. Un craquement, la rupture des cervicales, le coup du lapin. Lui était un « mignon lapin », un des surnoms d'amour que lui donnait sa mère. Son premier meurtre. Il n'avait pas dix-sept ans.

Il avait pleuré avec dignité aux funérailles, imitant, avec beaucoup plus de réserve, l'inconsolable chagrin de son père qui se sentait veuf pour la première fois, au point que le jeune Rupert s'était demandé si le fils et la mère ne couchaient pas ensemble. Certes, l'idée l'amusait. Toutefois, il n'y accordait que peu de crédit. Voyant son père éploré sangloter tel un bébé, il avait réfléchi à la manière dont il allait se débarrasser de ce gros porc-là.

Il devait raconter cette histoire à Diane. Celle-là, du moins. Ils partageaient tant de points communs, dont certains qu'elle ignorait.

Base militaire de Quantico, États-Unis, septembre 2008

Le coup sans douceur frappé contre la porte de son bureau fit lever le nez à Diane des larges feuilles sur lesquelles elle gribouillait depuis deux heures.

Mike et Gary entrèrent à son invitation. Mike Bard déposa devant elle la soucoupe qu'il tenait, deux parts de tarte aux fraises des bois, et Gary le gobelet de café du distributeur.

Diane leur jeta un regard interrogateur.

– La caissière du self nous a dit qu'elle vous avait pas vue à midi. C'est pas bon de sauter un repas, expliqua Gary Mannschatz. Ça stresse l'organisme.

– Vous devez être la bête noire de tous les nutritionnistes du pays avec vos habitudes alimentaires, alors on s'est dit que vous préféreriez un gros dessert à une petite salade, renchérit Mike.

Un peu prise de court face à cette attention, cette marque de cordialité, Diane hésita :

– Euh... Merci, c'est très gentil, d'autant que j'avais un creux. Merci.

– Ben, on a des liens maintenant. Alors faut qu'on s'occupe un peu les uns des autres, précisa Mike Bard.

Diane comprit le sous-entendu. Bard ne faisait pas seulement allusion à leurs mois de fructueuse collaboration dans la chasse aux tueurs. Ils étaient tous deux liés par un secret largement plus compromettant, voire dangereux : un meurtre avec préméditation, celui de Susan Brooks. Au regard de la loi, Mike était devenu complice en ne dénonçant pas Diane.

Elle le considéra un instant de son regard bleu pâle, puis acquiesça d'un mouvement de tête et attaqua la première part de tarte, nappée d'une gelée dont elle supposa qu'elle était confectionnée exclusivement de sucre, d'arômes artificiels de fruit et de colorants.

Pointant de la fourchette les feuilles raturées, semées de flèches, elle expliqua entre deux bouchées gourmandes :

– J'ai repris les rapports de police concernant les quatre affaires, à la recherche d'une éclatante ressemblance ou d'une différence majeure.

– Et ? s'enquit Mannschatz.

– Et rien. Enfin si, cela étant, tout est similaire au point que cela ne nous aidera qu'à une chose : définir un profil psychologique du tueur. Cependant, vous le savez, on ne le coincera pas avec ça.

– Allez-y quand même, suggéra Bard.

– Moi, ça me surprend que l'affaire ne nous arrive que maintenant, remarqua Gary.

– Je sais, renchérit Diane. Peut-être parce que tous les meurtres ont eu lieu dans le Massachusetts.

– Ou alors, l'enquêteur Pointer a fait de la rétention d'informations pour conserver une enquête de nature à favoriser sa carrière, du moins s'il se plante pas, ajouta Gary d'un ton un peu supérieur.

– Possible aussi. Quoi qu'il en soit, tous les couples étaient aisés, en activité ou retraités, blancs, avec ou sans enfants et petits-enfants, d'excellente réputation. Ils faisaient partie de la moyenne bourgeoisie plutôt intellectuelle. Tous étaient âgés de cinquante-neuf à soixante-trois ans. Ah, un autre détail qui selon moi n'est pas dû au hasard : il s'agissait dans tous les cas d'un premier mariage, donc, *a priori*, de couples unis, ce que confirment les différents témoignages de proches ou de connaissances.

– Ça vous suggère quoi ? demanda Gary en avalant une gorgée de son café.

– Si nous partons du principe que l'enquête de Gavin Pointer est bien faite – ce qu'il faudra vérifier, bien sûr –, et que les différentes victimes ne se connaissaient d'aucune façon, à l'évidence, il s'agit de meurtres de substitution. Les couples ont assumé le rôle des cibles que souhaite véritablement atteindre le criminel mais qui demeurent... intouchables à ses yeux, pour une raison ou une autre.

– Le père et la mère, surtout la mère, vu que les victimes féminines ont été massacrées avec une application particulière.

– Ça semble logique. Toutefois, nous manquons d'éléments et je me méfie des conclusions hâtives.

– Un viol ? Un inceste ? Commis par la mère ? Sur un garçon ? insista Bard.

– Les mères incestueuses existent, même si elles sont beaucoup plus rares que les pères. Si nous poussons notre hypothèse, le père n'a rien fait, soit parce qu'il ignorait les abus sexuels dont était victime son enfant, soit parce qu'il a préféré fermer les yeux. Le garçon s'est convaincu qu'il l'avait abandonné au pouvoir malsain de la mère. Encore une fois, il s'agit de spéculations, même si elles tiennent debout. Et ça ne nous dira pas qui, si ce n'est qu'il est blanc, âgé de vingt-cinq à quarante ans environ si l'on se réfère à l'âge des victimes, d'un bon niveau socioculturel et très dangereux.

Diane alluma une cigarette, faisant claquer le capuchon du Zippo d'un geste agressif.

– Quoi ? Un truc vous trotte dans la tête ? la poussa Mannschatz en plissant les paupières.

– Pas vraiment, mentit Diane. Ou alors, c'est trop flou...

Un bref silence s'installa, les deux hommes dévisageant la profileuse qui, détachée, termina la dernière bouchée de tarte.

– Et Erika Lu ? l'interrompit Bard en faisant référence à la meilleure anatomopathologiste de la base.

– Elle se démène. Toutefois, elle est confrontée au désert en matière d'indices. Je vous rappelle qu'on n'a rien retrouvé sur les scènes de crime, à l'exclusion de cet emballage de préservatif avec une empreinte digitale partielle inutilisable, et de quelques poils de chat.

– Justement, cette histoire de préservatif… si les victimes sont bien des… sortes de mères de substitution coupables d'inceste… ça ne vous paraît pas étrange, cette connotation sexuelle ? remarqua Bard.

– Non. On se venge souvent comme on a souffert. Le fameux « œil pour œil, dent pour dent ». Et je vous rappelle que, si on se fie aux différents comptes rendus d'autopsie, il n'y a pas eu de sévices sexuels.

– On prend l'enquête par quel bout ? s'inquiéta Mannschatz.

– C'est toute la question, en effet, concéda Diane. Pour l'instant, je ne vois pas de bout. Tout cela est si lisse que ça vous glisse entre les doigts. Je ne parviens même pas à déterminer si le tueur était un familier, enfin, du moins un visage connu des couples – ce qui expliquerait que les flics n'ont pas constaté d'effraction –, ou un individu étranger, inspirant confiance, ayant une raison de se présenter chez eux juste avant le dîner.

– Un religieux, un livreur, une femme, un faux handicapé…

– Tout est possible, sans oublier un ancien client, patient, une relation de travail… compléta Diane.

– Moi, une femme, j'ai des doutes, intervint Bard. Beaucoup trop sanguinaire, physique… sauvage. Ou alors une nana gonflée à je ne sais trop quoi.

– Et puis, on a retrouvé une enveloppe de préservatif, rectifia Gary.

– Juste ! Mike, Gary, à défaut d'une autre idée, je crois que le mieux serait que vous reconstituiez, minute par minute, les jours précédant le meurtre des Damont. Tout ce qu'ils ont fait. Ils ont pu croiser leur tueur à la faveur de n'importe quoi, une course dans un magasin, au lavage de voitures, dans une salle d'attente de médecin, chez un coiffeur… Vous essayez de croiser avec les autres couples, de trouver un lieu qu'ils fréquentaient tous, même si ça commence à remonter loin.

Ils se levèrent dans un bel ensemble. Diane les arrêta d'un geste de la main et alluma une cigarette sous leurs regards étonnés. Elle ne tergiversa qu'une fraction de seconde, exhalant une longue bouffée de fumée. Se taire en espérant que l'information ne s'ébruiterait pas était beaucoup trop risqué et risquait de raviver la méfiance de Bard. À nouveau, elle s'en voulut d'être incapable de dissocier la peine réelle qu'elle éprouvait des petits calculs pour préserver sa sécurité personnelle.

– J'ai une… très, très mauvaise nouvelle à vous apprendre. Le colonel Yves Guéguen est mort, à Paris. Je l'ai appris avec retard, par l'intermédiaire de sa sœur.

– Quoi ? s'exclama Mike Bard. Comment ça ?

– Un meurtre. Crapuleux selon la police française. Un petit voyou qui a paniqué.

Les deux hommes se consultèrent du regard. Gary contra :

– Et Guéguen n'aurait pas été de taille à se défendre ? J'ai du mal à y croire. Il était toujours sur l'affaire Nathan Hunter, non ?

– Oui, côté français. Il veillait sur Sara Heurtel et sur son fils Victor.

– Ça s'est passé où ? voulut savoir Mike.

– Dans le hall de son immeuble.

– Les flics ont retrouvé des empreintes, des indices, quelque chose ? Enfin, c'est un des leurs…

– Je n'en sais pas davantage. Je dois recontacter sa sœur. Je vous tiendrai au courant.

Gary vit l'ombre liquide envahir le regard de glace et n'insista pas, certain qu'elle luttait contre le chagrin et les larmes. Il se trompait : elle luttait contre elle-même.

Fredericksburg, États-Unis, septembre 2008

Diane avait un peu traîné, retardant le moment de rejoindre sa chambre. Elle avait été sourire au poster de la fillette à la marguerite orange, avait caressé sa moue coquine du bout des doigts. Les éléments d'enquête dont elle disposait étaient si diffus qu'une plongée dans sa tête, guidée par le rire léger de Leonor, ne lui servirait à rien. Diane n'imaginait pas. Son cerveau se contentait d'assembler les pièces éparses de monstrueux puzzles. Or, jusque-là, les données concernant les quatre doubles meurtres se caractérisaient par une telle concordance qu'aucune amorce de reconstitution ne s'offrait à elle.

En dépit des deux comprimés de somnifères qu'elle avait avalés à l'aide d'une généreuse rasade de whisky, le sommeil la fuyait. Elle somnolait puis se réveillait, flottant dans un interminable endormissement, cette phase au cours de laquelle le cerveau entreprend de vider ses poubelles neuronales, produisant des images dépourvues de sens qui se mêlent aux pensées conscientes, elles-mêmes perdant peu à peu de leur netteté et de leur cohérence. Des bribes de rien qui s'entrelaçaient.

Ce matin, sa place habituelle sur le parking du Jefferson Building était déjà occupée par un break bleu marine, ce qui l'avait agacée… Elle tendait un billet de dix dollars à une petite brune en échange d'un flacon de déboucheur pour les canalisations… Un chat ronronnait puis se mettait à cracher, se hérissant de colère ou de peur. Le pelage de l'animal changeait de couleur, de noir et blanc il devenait roux… Sa propre voix qui résonnait dans son cerveau, déformée et lointaine : « Tout cela est si lisse que ça vous glisse entre les doigts »… Rageuse, elle enfonçait la touche d'envoi pour expédier un reçu de message… Des doigts, une main… La main faisait de petits gestes de moulinet… Une main d'un mauve presque violet. Des gants de nitrile. Plus résistant que le latex… Une main gantée de latex blanc cassé, humide, qui serrait le goulot d'un flacon jaune… Le flacon tombait au sol, éclaboussant le carrelage d'une gerbe écarlate. Le déboucheur pour canalisations… Non, la soude n'est pas rouge. Le sang est rouge. Le sang est visqueux, glissant… Une main gantée rougie de sang qui levait un large cutter pour frapper encore et encore… Le manche du cutter dérapait, tailladait la paume de la main…

Diane Silver se réveilla en sursaut, la tête lui tournait. Elle inspira avec lenteur pour dissiper le vertige qui lui donnait la nausée.

Il manquait quelque chose, ou plutôt, elle passait à côté. Le tueur n'avait abandonné aucune trace de lui ? Impossible dans ces circonstances d'extrême violence, de crise de fureur. Il ne se maîtrisait plus, l'adrénaline déferlait dans ses veines, lui faisant perdre toute lucidité. Ou alors, il avait prévu avant chaque crime qu'il perdrait le contrôle et encadré, préparé avec minutie son délire sanguinaire afin que rien ne le trahisse. Auquel cas, Diane se retrouvait confrontée à un sujet particulièrement structuré, secondarisé, une vraie tuile. Ces psychopathes commettent peu d'erreurs, surtout lorsqu'ils savent juguler leur appétence pour la célébrité.

Elle allait téléphoner à ce Gavin Pointer afin de le prier avec fermeté de l'appeler sur la prochaine scène de crime, car il y en aurait une autre, et encore une autre. L'enquêteur du Boston PD ne serait sans doute pas ravi qu'elle débarque, même si l'affaire relevait maintenant du FBI. Peu importait. Diane avait l'habitude des rapports parfois tendus entre leurs représentants et ceux des autres forces de police. Les flics accusaient les agents du FBI d'arrogance, et leur reprochaient de rappliquer dès qu'une affaire devenait médiatique, parfois de façon pas totalement infondée. S'y mêlait aussi une certaine jalousie vis-à-vis de ce qui restait dans l'esprit du public une force d'élite. Diane n'en avait cure, pour une simple raison : elle n'appartenait à personne, à aucun groupe, bien que reconnaissant la valeur et la pugnacité de tous les agents avec lesquels elle avait travaillé jusque-là. Mike et Gary en étaient une autre preuve.

Boston, États-Unis, septembre 2008

Des petits pas, un à un, qui finissaient par couvrir de longues distances. Un pied devant l'autre. Un effort à chaque fois. Toutefois, la complexité de l'exercice s'atténuait. Il devenait moins pénible, moins douloureux. Bientôt, mettre un pied devant l'autre serait aisé. Il s'agissait d'une métaphore, bien sûr, assez jolie. Évocatrice, surtout.

Allez, un autre pas, et puis un autre. Tourner au coin de Salem Street dans le North End. Se récompenser d'un de leurs délicieux cannoli à la crème vanillée. Certes, il faudrait alors parler, demander, remercier. Un pas de géant, mais, en s'appliquant, c'était réalisable. La sueur ne dévalerait pas de son front. Sa voix demeurerait stable. Non, non, la parole n'était pas une impossibilité. Cependant, elle devenait parfois si laborieuse qu'on aurait cru qu'une sorte de ciment vous emplissait la bouche, bloquant les mots au fond de la gorge, au fond du cerveau. On peut sans doute mourir étouffé par les mots qu'on ne parvient pas à prononcer. Sans doute.

Pas à pas, mot à mot.

Obliquer à gauche dans Prince Street, rejoindre à petits pas la vieille église Saint Leonard, flâner le long des allées de son jardin, émouvant bien que ne présentant rien de très exceptionnel. Son église préférée. L'avantage des églises est qu'on ne s'y parle pas. On s'y sourit, on atteste de l'existence de l'autre d'un petit hochement de tête. Rien d'autre.

Parole, du latin *parabola*, « parabole ». De quelle parabole s'agissait-il ? D'un récit allégorique tiré des livres saints ? Ou plutôt d'une courbe dont chaque point était situé à équidistance d'un point de référence et d'une droite fixes ? Une courbe captive, en quelque sorte, prisonnière de deux données immuables, permanentes. Mais l'infinie permanence n'existe pas dans les affaires humaines, tout se transforme. Quel soulagement.

Parler, un gouffre sans fond. Pourtant, quelqu'un l'avait creusé, ce gouffre, avec acharnement.

Un insupportable vertige. Ce qui est dit existe soudain. Faux. Ce qui est dit existe soudain au-delà de notre silence, de notre peur. Ce qui refuse de s'exprimer génère notre peur.

Le cri joyeux d'un enfant lui fit lever la tête. Un sourire étira ses lèvres. La vie merveilleuse d'un enfant courant après un pigeon en frappant de bonheur dans ses mains.

Paris, France, septembre 2008

Allongée sur le canapé en cuir patiné, le regard perdu vers les bibliothèques vidées de leurs livres, vers les empreintes plus pâles laissées par les sanguines du XIXe siècle représentant des visages d'enfants et des angelots joufflus, Sara Heurtel réfléchissait à la meilleure façon d'aborder ce qu'elle devait faire rentrer dans le crâne de Victor. Étrange, cette expression, « question de vie ou de mort ». On n'y croit jamais vraiment. Hormis la maladie et les accidents, qu'est-ce qui nous paraît encore une question de vie ou de mort dans nos paisibles existences d'Occidentaux ? Nous avons repoussé la mort hideuse aussi loin de nous que nous le pouvions, au point que, d'inévitable, elle est devenue une désastreuse surprise. Du coup, n'avons-nous pas aussi perdu le sens de la vie, de son extrême importance, de sa terrible fragilité ?

Sara reposa sa tasse de café sur l'épais plateau de chêne de la table basse. Les meubles partiraient en dernier. Les déménageurs s'en occuperaient. Elle s'était chargée de la vaisselle, des livres, du linge, des petits objets pour réduire au maximum la facture.

Le fait que Victor change bientôt d'école pour celle du XVe arrondissement ne la rassurait pas. Ce détail topographique n'arrêterait pas un Nathan Hunter. Elle était sans nouvelles de Diane Silver, en dépit des deux e-mails qu'elle lui avait envoyés à Quantico. Certes, le Dr Silver ressemblait fort peu à une psy à l'écoute, et encore moins à une conseillère du cœur. De surcroît, à l'évidence, la visite de Sara à la base, en compagnie d'Yves Guéguen, l'avait importunée. Pourtant, Diane avait été d'un précieux secours pour Sara. Une sorte de providentielle bouée de sauvetage alors que Sara se sentait couler, happée, sans plus de force pour lutter contre l'idée qu'elle était peut-être – elle, la mère – à l'origine de la dérive meurtrière de Louise. Diane Silver avait été aussi claire qu'elle le pouvait et son raisonnement, né d'années de lutte contre les tueurs en série, avait convaincu Sara : Louise était une psychopathe. Elle avait réduit son frère et sa mère à des objets de haine. Rien d'autre. Ils n'existaient pas vraiment et rien de ce qu'ils pouvaient faire n'atteignait la jeune fille. Sara avait à nouveau pu respirer. Grâce à cette profileuse, au demeurant assez antipathique.

Sara avait souvent pensé à Guéguen depuis son meurtre. Elle en était arrivée à une conclusion peu élogieuse pour elle. Pour différentes raisons. Elle s'en voulait de ne pas avoir été plus affectée. Un homme, un être d'exception, avait été assassiné, et elle n'était pas étrangère à ce meurtre. Certes, elle avait eu de la peine, un chagrin assez dépersonnalisé, toutefois. Enfin, quoi ! Elle avait parlé à cet homme, se confiant un peu à lui. Sans doute avait-il été amoureux d'elle. Il s'était fait rempart pour les protéger, elle et son fils, et tout ce qu'elle éprouvait s'apparentait à une tristesse générique pour la mort d'un homme parmi d'autres.

Fallait-il y voir une modification drastique de comportement conséquente à l'état de traquée, ou se cherchait-elle des excuses ? Le fameux « *flight or fight*[1] » qui ne laissait plus de place aux sensations autres que celles liées à la survie ? Ahurissante, la pléthore de bouleversements hormonaux qui

1. La fuite ou la lutte.

survient lorsque notre vie est menacée. Toutes les fonctions biologiques qui ne servent ni à la lutte ni à la fuite s'arrêtent. La digestion est interrompue, le cycle urinaire aussi. En revanche, le sang afflue au cerveau et aux muscles, notre vision se fait d'une rare acuité. Le cerveau reptilien prend le dessus et il est dénué de sentiments. Il doit vivre, rien d'autre. Sara Heurtel s'était sentie devenir une proie et son fils avec elle. Dévastatrice constatation pour une femme civilisée, obéissante aux lois, et qui avait toujours voulu se convaincre que tout pouvait se régler par la compréhension et le dialogue. Éric aurait rétorqué d'un ton acide : « Parles-en aux juifs, aux tziganes, aux malades mentaux et aux homos qui se sont fait exterminer par millions. À tous les autres, au cours de l'histoire humaine. Il vient un moment où seule la force fait reculer la violence. » L'équilibre de la terreur, une des grandes théories d'Éric à laquelle elle n'avait jamais voulu adhérer, en dépit des justifications de son mari, assez recevables : « Quelques décennies de tranquillité relative nous ont rassurés. Nous nous sommes empressés d'oublier que durant quatre millions d'années nos options se résumaient à : fuir, attaquer, se défendre. » Éric pouvait devenir péremptoire. À sa décharge, une intelligence d'une rare puissance et une aversion pour le politiquement correct puisque, selon lui, il tuait le jugement, donc la morale. Il serinait : « Nous sommes équipés pour juger. Il ne s'agit pas d'y aller d'avis débiles sur tout et sur rien. Il s'agit de dire si une chose est bonne ou si elle est mal. Sans cette capacité de jugement, on ne peut plus vivre en société, dans le groupe, donc l'espèce humaine disparaît. »

Revenait-elle à une sorte d'état primitif ? Celui du choix entre la fuite et la lutte ? Or la fuite était exclue. Si Hunter voulait les prendre en chasse, il les retrouverait partout. Ne restait que le combat. Elle réprima un rire désespéré. Idiote. Lutter avec quoi ? Elle aurait été incapable d'égorger un lapin, sa vie en eût-elle dépendu. Une soudaine certitude, d'une implacable netteté, la figea. Pas la vie de son fils. Elle était capable d'égorger un homme pour sauver son fils. Ses hormones étaient là, depuis quatre millions d'années, et elles se contrefichaient du vernis civilisateur et des lois. Brusquement, Sara Heurtel sut qu'elle était devenue autre. Non. Elle était devenue ce que ses gènes portaient d'inscrit, sans qu'elle ne l'ait jamais soupçonné.

Elle commençait à mépriser un peu la femme qu'elle avait été. Elle s'en était toujours remise aux autres, en dépit d'une intelligence très supérieure à la moyenne et d'un caractère marqué. Elle s'en était remise à Éric pour régler leurs vies, à un patron de labo – un gars brillant et plutôt charmant – pour orienter leurs recherches, et même à Louise pour pourrir leurs existences à Victor et à elle. Ensuite, elle s'en était remise à Guéguen pour les protéger. Aujourd'hui, elle était seule pour défendre son petit, dans la peau de n'importe quelle femelle.

Elle avait fait preuve de paresse intellectuelle. Guéguen connaissait les tueurs en série, leurs modes de fonctionnement, et elle s'était sentie libérée de tout effort d'apprentissage, de compréhension. Une erreur inacceptable de la part d'une chercheuse. Son métier consistait à apprendre. Tout, même ce qui paraissait sans incidence, sans réelle importance sur le moment. Elle avait donc passé les derniers jours à fouiller tous les recoins d'Internet à la recherche d'informations à peu près fiables. Elle avait lu les ouvrages de Robert Ressler, de John Douglas, de Colin Wilson, et celui de Candice DeLong, sans oublier le Basic Forensic Psychiatry de Malcolm Faulk[1]. Elle avait lu les comptes rendus des conférences de Micki Pistorius, une des plus célèbres profileuses.

C'est une chose de songer que l'Homme est capable de tout, notamment du pire. Il s'agit de l'un de ces concepts que l'on ressasse sans chercher véritablement ce qu'il signifie. C'en est une autre de le constater dans le moindre détail

1. Oxford, Boston, Blackwell Scientific Publications, 1994.

sanguinaire, sadique. Et encore. Du moins avait-elle eu le privilège de ne pas voir leurs victimes, juste quelques photos prises selon des angles biaisés, de sorte à être tolérables pour le commun des mortels.

Elle y avait passé trois jours et quatre nuits, se relevant lorsque Victor était endormi. Elle avait appris. Il n'y avait aucune raison aux actes de ces êtres, hormis leur plaisir et leur goût du pouvoir délétère.

Certes, elle n'était pas prête. Loin s'en fallait. Mais Hunter ne lui demanderait pas sa permission. Le temps des larmes était passé. Celui de la fuite n'avait jamais existé. Ne restait que la lutte.

Elle sélectionna l'adresse du Dr Silver dans son carnet d'adresses et n'hésita qu'une seconde avant de taper l'intitulé d'objet :

<u>Objet : Je vous conseille de répondre !</u>

Dr Silver,

Dispensons-nous des formules de politesse, vous pourrez vous référer à mes deux précédents e-mails restés sans réponse. Votre silence commence à me paraître suspect.

Je suis presque certaine que Nathan Hunter a poignardé Yves Guéguen, votre élève et ami. J'ignore pourquoi au juste, mais il n'en demeure pas moins que je me retrouve totalement isolée avec mon fils, la police française ne croyant pas à une menace qui pèserait sur nous. Or, le colonel Guéguen pensait que Hunter était peut-être toujours « intéressé » par mon fils et moi.

Inutile de vous dire que je n'ai pas l'intention d'attendre pour savoir ce que cet homme nous veut au juste. Il s'agit d'un tueur. À défaut d'une réponse TRÈS rapide et utile de votre part, je me propose de vous rendre à nouveau visite à Quantico. Il serait maladroit de votre part de vous y opposer. Imaginez... la profileuse star du FBI qui éconduit une pauvre mère cherchant à défendre son fils de douze ans, à le protéger du serial killer qui a abattu sa fille ? Une enquête qui vous a été confiée et qui, par ailleurs, n'avance pas. Je vous certifie que je me sens capable de sangloter ce qu'il faudra devant les médias de votre pays, sans oublier le mien.

J'attends votre réponse TRÈS rapidement.

Sara Heurtel.

Elle attendit l'heure d'aller chercher Victor à l'école, ses pensées la ramenant encore et toujours à Nathan Hunter.

Plantée devant l'entrée principale du lycée, Sara répondit d'un sourire mécanique et assez pincé pour n'être pas engageant aux aimables banalités des autres mères. Elle n'avait aucune envie de conversations de sortie d'école, de relations, même vagues, avec ces femmes. Sara ne faisait plus partie de leur monde de normalité. Qu'avait-elle à faire maintenant des progrès scolaires des uns et des autres, de la médiocrité des repas de la cantine, d'une nouvelle infestation de poux ? Sa fille avait été abattue alors qu'elle se proposait de tuer sa mère et son jeune frère. Son tueur était maintenant sur leur piste. Sara ne tenta même pas d'imaginer la tête que feraient ces femmes, par ailleurs plutôt agréables, si elle déballait la vérité. Elle avait été arrachée de leur monde et propulsée dans un autre dont elle ignorait les règles.

Enfin Victor sortit et se précipita vers elle. L'obstination de sa mère à l'accompagner chaque matin et à venir le rechercher chaque après-midi l'embarrassait sûrement vis-à-vis de ses petits camarades. Il répéta, gentil et ennuyé :

– Tu sais, c'est vraiment pas la peine que tu te déplaces. Notre immeuble n'est même pas à trois cents mètres…

– Si, c'est la peine. D'ailleurs, je voudrais qu'on en discute.

Ils avancèrent, Victor adressant des petits saluts de la main à des copains.

Sara ne savait comment aborder ce qu'elle devait lui dire. Victor était très intelligent. Néanmoins, ce n'était encore qu'un enfant, même si la brutalité du monde adulte avait fondu sur lui. D'un autre côté, elle ne pouvait le protéger tout en le maintenant dans l'ignorance de certains faits, bien qu'elle fût décidée à en taire d'autres, les plus monstrueux, dont Louise.

– Chéri... Euh... tu sais que je retourne au labo la semaine prochaine. Bien sûr, je pourrais prolonger un peu mon congé sans solde, mais financièrement...

– Ça va, maman... je t'assure.

– Non, justement, ça ne va pas. Tu sais... Euh... ce Nathan Hunter... celui qui a tué Louise, qui nous a abordés dans le café de la rue de Rivoli...

– Celui que j'ai pas vraiment reconnu sur les photos que nous avait montrées M. Guéguen ? Pauvre M. Guéguen. Je le trouvais plutôt cool.

– Oui, c'est affreux. Eh bien... Je pense qu'il a été tué par Nathan Hunter. Je n'ai pas de preuves. Cependant, j'en suis presque certaine.

Victor pila, leva les yeux vers elle et la dévisagea. Elle se serait giflée pour son manque de délicatesse.

– Mais... Tu m'as dit que c'était un voleur...

– Il s'agit de la version de la police. Je n'y crois pas. Le colonel était trop méfiant, et trop bien entraîné.

– Pourquoi... Enfin, pourquoi Nathan Hunter aurait-il fait un truc pareil ?

Le grand regard bleu mouvant, si semblable au sien, la déstabilisa et elle hésita. Redouter de lui faire peur n'était plus de mise. Elle se lança :

– Le colonel Guéguen nous protégeait de lui. De Nathan Hunter.

Victor plissa le front et demanda incertain :

– Tu penses qu'il l'a tué pour pouvoir nous faire du mal ?

– Non... ce n'est pas ce que je veux dire, pas du tout, biaisa-t-elle avec maladresse. Enfin... La chose importante est que tu fasses très attention. Si jamais tu l'apercevais, tu m'appelles aussitôt, tu appelles la police. Je vais te donner le numéro de téléphone de ce gars, ce Patrick Charlet, l'inspecteur divisionnaire qui est passé à la maison. Je ne veux pas que tu traînes dans des endroits peu fréquentés. Ce genre de choses.

Le regard sérieux la contempla quelques instants puis le petit garçon sourit en approuvant :

– D'ac' ! T'inquiète pas, maman, je serai prudent.

Elle se pencha pour l'embrasser et répéta :

– Tu m'appelles au moindre doute, OK ?

– OK !

Victor était très embêté. Il percevait sa peur véritable, surtout pour lui, et elle n'avait vraiment pas besoin de cela en plus du reste. Il l'aimait tant. Elle était si courageuse. Il aurait voulu pouvoir la consoler, la détromper. Impossible, puisqu'il aurait dû admettre qu'il connaissait la vérité au sujet de cette verrue malfaisante de Louise. Or, il devait avant tout épargner sa mère et il n'était pas certain que la police l'ait informée des projets meurtriers de sa fille. Du coup, elle pensait que Nathan n'était qu'un assassin alors qu'il s'agissait de leur sauveur. Pourquoi donc leur ferait-il maintenant du mal ?

– Tu te souviens bien à quoi il ressemble ?

– Oui, oui.

– J'ai gardé un des tirages papier que nous avait apportés M. Guéguen. Celui sur lequel on le voit le mieux, lorsqu'il descend les marches du perron, en regardant vers le haut. On va bien l'étudier pour fixer ses traits dans nos esprits.

Victor hocha la tête.

Lorsque Nathan avait descendu les marches du perron, juste après avoir tué cette salope de Louise. Merci, cher Nathan. Merci de nous avoir sauvés d'elle, maman et moi.

Sa mère ne savait pas que Nathan pouvait ressembler à tout autre chose qu'à l'homme grand, mince et musclé, aux cheveux châtain clair raides, coupés au carré, de la photo de surveillance.

Lui, Victor, l'avait aussitôt reconnu rue de Buci, en dépit de ses cheveux frisés au point qu'ils semblaient presque courts, de ses lunettes de vue, de son allure un peu adolescente. Le jeune garçon espérait tant le voir, lui sourire, le remercier, qu'il le cherchait dans tous les hommes qu'il croisait.

Mais cela, il ne pouvait pas l'expliquer à sa mère. Elle ne comprendrait pas. Pas encore.

Base militaire de Quantico, États-Unis, septembre 2008

Diane Silver avait accepté de rejoindre Erika Lu dans son antre. L'argument de la légiste avait été imparable :

– Diane, je ne peux pas monter mon système informatique. Faites un effort, descendez. (Amusée, elle avait ajouté :) Et puis, tiens, empruntez l'escalier. Vous aurez fait un peu d'exercice dans la journée.

– C'est fou le nombre de gens qui s'inquiètent de ma santé en ce moment. Ça me réchauffe le cœur, avait ironisé la psychiatre.

Une remarque sans causticité puisque Erika était une des rares personnes de la base pour qui elle éprouvât de l'admiration professionnelle et une estime certaine.

Étrange femme qu'Erika, le splendide résultat d'un métissage entre une mère d'origine allemande et un père chinois. La longue silhouette aux muscles minces, le visage fin aux méplats bien dessinés, la petite bouche en cœur, les yeux étirés en amande, d'un gris intense pailleté de doré, ne passaient pas inaperçus, notamment auprès des messieurs. Difficile de lui donner un âge. Diane aurait dit trente-deux ou trente-cinq ans, ce qui paraissait improbable puisqu'elle la connaissait depuis dix ans. « Connaissait », un bien grand mot. « Côtoyait » semblait plus adapté. La psychiatre n'avait qu'une certitude au sujet de la légiste : elle excellait dans son domaine. Quant au reste, la vie familiale, amicale, les goûts et dégoûts d'Erika, elle en ignorait tout, hormis une passion pour le thé vert. Cela n'avait d'ailleurs pas grande importance aux yeux de la profileuse.

Elle sonna à l'Interphone qui défendait la rébarbative porte d'acier brossé de la morgue, située juste en dessous de son bureau, un des rares endroits où elle savait accéder, les boyaux aveugles qui sillonnaient les sous-sols du Jefferson Building la désorientant toujours autant. D'interminables couloirs moquettés – qui absorbaient tous les bruits hormis le ronronnement incessant de la climatisation – ponctués de portes, toutes semblables. Un claquement sec. Le battant, digne d'un coffre-fort, s'entrouvrit.

Debout devant son bureau, Erika Lu fixait l'écran géant d'un ordinateur.

– Diane, venez voir ça. Ce n'est pas un scoop, mais, à défaut d'autre chose…

La psychiatre se rapprocha. Deux cheveux, roux, fortement grossis, étaient alignés l'un à côté de l'autre.

– En dépit du fait que vous m'avez fâchée avec mon bon confrère qui dirige l'institut médico-légal de Boston, le Dr Rodney Steward, j'ai réussi à l'amadouer. Il a condescendu à m'envoyer les poils de chat prélevés sur les deux dernières victimes.

– Brave homme !

– Ce n'est pas ainsi que je le qualifierais, malgré ses indéniables talents professionnels.

– Ce serait plutôt quel genre ? « Vous reprendrez bien un peu de brosse à reluire » ?

– J'aime votre perspicacité et votre… sens de la diplomatie, plaisanta la légiste. Quoi qu'il en soit, il ne s'agit pas du même animal. Nous avons deux chats roux.

– L'ADN ?

– Ce serait possible. On peut amplifier, certains poils possèdent leur bulbe. Je pourrais aussi tenter l'ADN mitochondrial[1], qui ne provient que de la mère. Cela étant, je doute que cela vous soit d'une grande utilité.

– Il ne faut jamais jurer de rien dans ce métier.

– Très juste. Pour en revenir à nos chats, l'étude morphologique des poils est assez parlante. Du moins pour l'instant. Regardez (Elle désigna le poil de droite affiché sur l'écran et expliqua :) Le grossissement est identique, la préparation microscopique aussi, bien sûr. Il s'agit d'un de ceux retrouvés sur Barbara Styler, l'avant-dernière victime. Il est très fin, plus que celui de gauche. À première vue, il ne provient pas d'un angora, ni d'un persan, trop court… quoiqu'il puisse s'agir d'un fragment. Les chats ont une fourrure très électrostatique, ce qui favorise leur transfert sur des vêtements, des tapis ou autre. Si vous saviez ce que ces animaux peuvent en perdre dans la journée, sans compter ce qu'ils avalent en se léchant !

Diane tourna le regard vers elle. Erika sourit et précisa :

– J'ai une vieille chatte angora noire, Belle. Un amour, collante à souhait. Je vous parle donc d'expérience des transferts de poils sur les vêtements. Il s'agit d'une information hautement confidentielle sur ma vie privée, plaisanta la légiste.

– Je me ferais découper en rondelles plutôt que de la divulguer !

– Le poil de gauche, un de ceux prélevés sur Eve Damont, la dernière victime, est plus épais, assez court. Un chat de race européenne, le genre bien banal…

Erika Lu eut un petit geste désolé de main et déclara :

– … je doute que ça vous serve. Mais je n'ai rien d'autre. Au fait, et notre dîner de filles ? s'il vous tente toujours…

– Un peu ! On prend rendez-vous tout de suite.

1. L'ADN mitochondrial fut pour la première fois accepté comme preuve en 1996, dans le procès opposant l'État du Tennessee à Paul Ware, dans une affaire de meurtre.

Une fois remontée dans son bureau, Diane Silver lut à nouveau l'e-mail de Sara Heurtel. La profileuse ne doutait pas que la Française mettrait ses menaces à exécution. Une appréhension rampa en elle. Une sensation qu'elle avait cru disparue à jamais.

Elle s'en voulait. Elle avait fait taire sa lucidité parce que la cécité volontaire l'arrangeait. Elle-même avait pensé qu'Yves avait été assassiné par Nathan/Rupert. Elle s'était aussitôt acharnée à se convaincre du contraire, par facilité, pour s'épargner un choix, une décision de toute façon inacceptable. De fait, ne lui restait qu'une alternative d'une monstrueuse simplicité. Lâcher les chiens sur Rupert Teelaney, qui ne se laisserait pas faire et se retournerait contre elle dès qu'il aurait compris qu'elle ourdissait sa perte. Balader Sara Heurtel pour épargner Nathan et elle du même coup. Dans ce dernier cas, il lui faudrait être assez honnête pour admettre qu'après avoir bafoué son amitié avec Yves, après l'avoir trahi de son vivant, elle outrageait sa mémoire en protégeant son meurtrier. En bref, elle romprait tout lien avec la morale et y perdrait son âme.

Elle alluma une cigarette. Le léger tremblement de sa main l'agaça. La longue inspiration de fumée lui arracha une quinte de toux. La morale n'avait pas sauvé Leonor. La morale avait remis son tortionnaire en liberté. Quant à l'âme, Diane n'y croyait plus depuis qu'elle avait été identifier, à l'institut médico-légal, ce qu'il restait de sa fille.

Nathan pouvait encore l'aider, tout comme il pouvait devenir très dangereux s'il soupçonnait qu'elle œuvrait contre lui. L'idée qu'il la tue, elle, la femme, ne troublait pas Diane. Peut-être lui ferait-il l'amitié de ne pas l'écorcher vive. En revanche, qu'il élimine la profileuse lui semblait prématuré. Qui chasserait à sa place ? Qui protégerait des victimes ne sachant pas encore qu'elles allaient mourir ?

Yves n'était plus et rien ne le ferait revenir.

La décision de Diane Silver était prise, inacceptable mais logique. De surcroît, elle n'avait plus le choix.

Son regard glissa à nouveau sur le message de Sara Heurtel. La Française pouvait leur causer beaucoup d'ennuis, à Nathan et à elle.

Elle termina sa cigarette et répondit :

Objet : Nathan Hunter.

Dr Heurtel,

La mort d'Yves m'a beaucoup affectée, vous vous en doutez. Croyez que je mesure l'ampleur de votre inquiétude. Cela étant, la police française ne se trompe pas. Je ne crois pas non plus à la réalité d'une menace pesant sur vous et votre fils, pour une raison très simple : Hunter est très « efficace » et vous seriez déjà morts tous les deux si tel avait été son projet.

Hunter a-t-il abattu Yves de sorte à faire croire à un meurtre crapuleux ? Je ne le pense pas non plus, bien que n'ayant pas eu accès au rapport de votre police criminelle. Hunter recherche une certaine théâtralisation. Or, l'assassinat d'Yves est d'une affligeante banalité, si vous me permettez ce commentaire dépourvu de cynisme.

Pourquoi Yves s'était-il mis en tête que le tueur de Louise pouvait toujours être « intéressé » par vous et votre fils ? Je l'ignore. Toutefois, cette théorie est incohérente. Peut-être Yves a-t-il été ému par votre histoire, par vous. J'avais remarqué, lors de votre venue à Quantico, la « vigilance » disproportionnée dont il vous entourait. Son attendrissant côté « preux chevalier ». Peut-être y a-t-il donc mêlé un affect qu'il aurait dû éviter. C'est un risque que nous courons tous et il est parfois ardu de laisser ses sentiments de côté.

Concernant maintenant l'enquête que je mène au sujet de Nathan Hunter. Croyez bien que je ne la lâche pas. Sans doute savez-vous qu'il a souvent fallu de longues années avant de coincer un tueur en série. Dans bien des cas, seul un extraordinaire coup de chance a permis leur arrestation, comme ce fut le cas pour Peter Sutcliffe [1] et

1. Dénommé « l'éventreur du Yorkshire ». Il fut arrêté par hasard, en compagnie d'une prostituée. Il aurait tué au moins seize femmes.

le fameux fils de Sam [1]. Nombre sont passés, passent toujours, au travers des mailles du filet. Hunter est intelligent et n'a aucune envie de se faire prendre. Au demeurant, il s'agit surtout d'un ressort de série télévisée. Ces types n'ont, en général, aucune envie d'être appréhendés parce qu'ils s'amusent trop. Je doute donc que Hunter commette une erreur de nature à nous aider. Toutefois, mon obstination reste entière.

Quant à votre venue à Quantico, pourquoi pas ? Elle ne servira à rien. Cependant, je vous y accueillerai bien volontiers.

Je ne suis pas très douée pour cela. Néanmoins, je voulais conclure en tentant de vous rassurer, en vous répétant ma certitude : Nathan Hunter n'est pas sur votre trace, animé de mauvaises intentions, sans quoi il vous aurait rejointe depuis très longtemps, même du vivant d'Yves.

Restant à votre disposition et avec mes sentiments cordiaux.

Diane Silver.

Elle se relut et cliqua sur « Envoi ». Cette série de mensonges, teintée de professionnalisme, allait-elle convaincre la chercheuse ?

Elle fit battre d'énervement le capuchon de son Zippo. Réfléchir.

Diane avait formé Yves. Lui seul avait été jugé digne d'apprendre ses méthodes. Même en admettant qu'Yves ait été ému par Sara Heurtel, il était assez structuré pour ne pas mélanger une paranoïa d'homme amoureux et son métier de profileur. Si donc il en était arrivé à la conclusion que Nathan tournait toujours autour des Heurtel, mère et fils, c'est qu'il avait de bonnes raisons.

Diane Silver restait avec une question cruciale, insoluble pour l'instant : qui Nathan avait-il tué dans le hall d'entrée de cet immeuble parisien ? Un flic pugnace qui se rapprochait trop de lui, devenant dangereux ? Ou alors l'homme qui lui

1. David Berkowitz. Il fut condamné en 1978 à la prison à perpétuité pour six meurtres.

barrait le chemin jusqu'à Sara ? Dans ce dernier cas, quelle était l'importance de la chercheuse à ses yeux ? Nathan avait-il fait une fixation amoureuse sur elle ? Ce qui expliquerait qu'il ait abattu sa fille pour les protéger, elle et son fils ? La Française était très jolie femme, intelligente, courageuse, veuve, mère dévastée, un « catalogue » qui pouvait séduire Nathan tout comme Yves, des chevaliers défenseurs de la veuve et de l'orphelin, une locution goguenarde et pourtant applicable au pied de la lettre dans le cas de Sara et de Victor. Un des grands mythes masculins. Un joli mythe.

Elle récupéra le téléphone portable à carte dont seul Nathan/Rupert avait le numéro, hésita et le balança dans son sac à dos. Trop tôt.

Diane repensa à Silver, le bouledogue bringé d'Yves. Elle avait hâte que la petite chienne débarque, de l'adopter, de s'en occuper, elle qui oubliait parfois, souvent, de se nourrir. Avait-elle l'inconsciente mais crasse imbécillité d'espérer qu'elle se rachèterait un peu en s'occupant de la compagne à quatre pattes d'Yves ? Consternant !

Quelques centaines de kilomètres au nord, dans sa splendide maison qui ressemblait à une arrogante nef spatiale entourée de la forêt, Nathan/Rupert se leva et contourna son vaste bureau en wengé, seule tache sombre dans la symphonie de blancs de sa salle de travail. Serrant entre les mains une tasse en raku, dont s'élevait la vapeur odorante de son thé, il s'approcha de l'écran géant de son système informatique, écran qui occupait presque tout un mur. Un sourire ravi aux lèvres, il lut – dans un corps énormes – le message électronique que Diane venait d'envoyer à Sara. Son logiciel de piratage, celui des services secrets, en avait fait une copie en une micro-seconde.

Les larmes lui montèrent aux yeux et il envoya un baiser du bout des doigts à la signature de Diane. Elle l'aimait. Elle mentait pour le défendre. Même contre la mémoire de ce flic obstiné qui, pourtant, avait été son ami.

Elle le protégeait, comme sa mère l'avait protégé de toutes ses forces. À ceci près que sa mère avait été une victime. Elle n'avait pas les moyens intellectuels de Diane pour contre-attaquer, pas non plus son implacable détermination et son mépris de la peur.

Mon Dieu, qu'il l'aimait ! Qu'il les aimait.

Il aimait les victimes, parce qu'il avait aimé sa mère.

Il aimait les fauves, parce qu'il aimait Diane.

Une larme, qu'il sentit à peine, coula le long de son nez. Une belle larme tendre. Identique à celles qu'il versait en pensant à sa mère. Une larme tiède et parfaite.

Contrairement à cet abruti de profileur français, Diane, l'éblouissante, savait. Elle savait que, s'il avait eu en tête de faire du mal à Sara et à son fils, ils seraient morts depuis longtemps.

Il soupira de bonheur. Il était l'homme le plus fortuné du monde. Rien à voir avec son colossal argent, si colossal qu'il en avait perdu la notion. Il était l'homme le plus fortuné du monde parce que deux femmes magiques avaient veillé, veillaient toujours sur lui. Deux perfections radicalement différentes.

Il eut soudain une impérieuse envie d'appeler Diane, puis se ravisa. Non. Elle se douterait de quelque chose. Elle était trop intelligente. Même pour lui. Cette certitude le remplit d'allégresse.

Il l'avait admirablement choisie.

Toutes ces années sans elle. Que d'années perdues ou du moins inachevées. Mais maintenant, ils étaient réunis.

Base militaire de Quantico, États-Unis, septembre 2008

N'ayant pas encore décidé si une nouvelle rébellion larvée s'imposait, si une courtoise insolence était de mise, Diane avait fait un effort de ponctualité. Elle frappa donc à huit heures précises à la porte du bureau de feu Edmond Casney Jr.

Un « entrez » ferme lui répondit.

Le général Lionel Parry se redressa, un livre à la main.

Diane jeta un regard circulaire aux piles de cartons entassées contre l'un des murs du spacieux bureau en murmurant un « bonjour, monsieur » respectueux.

– Docteur Silver, asseyons-nous. Pardon pour le désordre. Je range quatre livres entre deux interruptions, expliqua le grand homme noir.

Pour ce qu'elle en savait, Parry pouvait se vanter d'états de service prestigieux qui lui avaient valu de devenir conseiller militaire à la Maison-Blanche. Mesurant un bon mètre quatre-vingt-dix, d'une carrure de footballeur, n'eût été sa chevelure rase et presque totalement blanche, on ne lui aurait pas donné ses cinquante-huit ans.

Diane retint un soupir. Tout en lui respirait la santé, le grand air, l'hygiène de vie et le sport, un catalogue qui donna aussitôt envie à la profileuse de fumer une cigarette. Elle se demanda fugacement pourquoi ce type avait abandonné sa mission de conseil auprès du président des États-Unis pour prendre la tête de Quantico. Un poste moins glorieux et générant beaucoup plus d'emmerdements, hors conflits internationaux bien sûr. D'autant qu'il n'avait disposé que de fort peu de temps pour y réfléchir, Bob Pliskin ayant annoncé son « désistement » quelques jours auparavant, à la surprise de tous, sauf de Diane, de Bard et de Mannschatz. Qu'en avait-elle à faire ? Rien, si ce n'était qu'il lui fallait évaluer Parry au plus vite. Sa carrière de général et son dressage militaire n'auguraient rien de bon aux yeux de la profileuse, puisqu'ils sous-entendaient une passion pour le règlement et sans doute une certaine psychorigidité. On pouvait espérer qu'il fût intelligent pour être parvenu à ce grade et à ces fonctions. Toutefois, quelles facettes de l'intelligence avait-il développées ? Elle se défendit de tout *a priori* en s'installant sur l'un des fauteuils qui faisaient face à l'ancien bureau de Casney.

Le général la fixa quelques instants, puis attaqua d'un ton neutre :

– Je vous ai réservé un de mes premiers rendez-vous, docteur Silver.

– J'en suis flattée, monsieur.

– C'est probablement parce que vous en ignorez la raison, rétorqua-t-il.

Elle le fixa de son regard d'un bleu si pâle qu'il mettait mal à l'aise nombre de ses interlocuteurs.

– Bien sûr, j'ai épluché les dossiers de mes collaborateurs directs…

Il marqua une pause. Diane demeura muette. Sans lâcher le regard bleu-blanc, il poursuivit :

– J'ai discuté de la plupart d'entre vous avec mon ex-presque prédécesseur. La décision, ou plutôt le soudain retournement de Bob Pliskin, a surpris tout le monde. Il semblait si attaché à Quantico, si désireux d'en prendre la direction…

Elle hésita entre plusieurs pesteries, « Les voies du Seigneur sont impénétrables » ou « Souvent homme varie », mais songea qu'elles n'étaient pas encore légitimes. Elle se contenta d'un :

– Ah bon ?

– Je ne vous cacherai pas que son portrait de vous et de vos deux acolytes d'enquête n'était pas des plus flatteurs.

– Il ne s'agit pas d'« acolytes » mais d'« agents », rectifia-t-elle d'un ton plat. D'ailleurs, je n'ai pas d'acolytes et encore moins de complices.

– En effet, Pliskin a également insisté sur votre côté franc-tireur, votre habitude de la rétention d'informations et des coups à la limite de l'illégalité.

Elle haussa les épaules et observa d'un ton léger :

– Oh, si c'est juste à la limite, c'est moins grave...

Elle se demanda durant une fraction de seconde si elle devait tenter de se justifier, d'évoquer la personnalité déviante de Bob la fouine, et y renonça. Rien à foutre de ce que ce militaire pouvait penser d'elle. En revanche, elle n'allait pas permettre à cette ordure de Pliskin de poursuivre son travail d'anéantissement contre Mike et Gary.

– Quant à Bard et Mannschatz, ils font partie de vos meilleurs éléments. À n'en point douter, leurs dossiers vous l'ont démontré. (Elle n'hésita qu'un instant avant d'ajouter :) Certes, ils avaient un défaut majeur : ils ne ciraient pas assez les pompes de Pliskin.

Il écarquilla les yeux et admit :

– Ça a le mérite d'être clair. Et vous ?

– Vous verrez à l'usage.

– En d'autres termes, vous vous foutez de ce que je peux penser de vous ?

Faussement angélique, elle affirma :

– Oh non, monsieur ! Je serais désolée de faire mauvaise impression.

Il la contempla, impavide. Puis un mince sourire étira ses lèvres :

– Docteur Silver… Edmond Casney avait écrit dans votre dossier confidentiel : « L'impertinence est une seconde nature mais aussi une stratégie chez le Dr Diane Silver. Y répondre est une erreur parce que, au fond, ça l'amuse »…

Diane ne fut pas surprise. Casney était un homme intelligent. Si elle avait réussi à le faire sortir de ses gonds avec tant d'aisance, ce n'était qu'à cause du peu d'estime qu'il éprouvait pour lui-même, un mépris qu'elle lui renvoyait en pleine figure, sans même le souhaiter. Parry enchaîna :

– Cela étant, il n'avait pas été avare d'éloges à votre égard. J'ai connu Casney. Un type bien. Toutefois, il aurait été davantage à sa place dans un ministère que sur le terrain. Sachez donc que je me fous de votre insolence. Je veux des résultats, or vous en obtenez. Ce sera tout, docteur Silver.

Diane se leva, un peu agacée contre elle-même. Elle n'était pas parvenue à jauger leur nouveau directeur. Embêtant. Elle détestait les incertitudes au sujet de ses opposants ou alliés. Les connaître, savoir de quelle façon ils fonctionnaient lui permettait de les reléguer ensuite dans un coin de son cerveau.

Alors qu'elle ouvrait la porte du bureau, il asséna :

– Au fait, je connais également Bob Pliskin. C'est bien vous qui êtes à l'origine de son petit surnom de Bob la fouine, non ? Amusant, pas faux. J'ai hâte de connaître celui dont vous m'affublerez. Faites preuve d'imagination. J'ai déjà hérité de Hulk, Verdure – toujours en référence au personnage –, Mamie, Pâquerette, en raison de ma taille, sans oublier quelques sobriquets racistes, du moins durant les premières années de ma carrière. Après, c'est devenu dangereux, et leurs auteurs ont préféré la prudence. Je suis certain que vous ferez mieux.

– Comptez sur moi, monsieur. Quoique… j'aime bien Pâquerette. Bucolique…

– Pratiquez-vous un peu de sport, docteur Silver ?

– Vous me trouvez trop grosse ? plaisanta la femme presque maigre.

– Non. Toutefois, ça détend, ça remet les idées en place.

– Le whisky aussi, et c'est beaucoup moins fatigant. J'éprouve une vive aversion pour le sport.

– Le whisky est moins sain. À hautes doses.

Elle ne s'étonna pas qu'il fût au courant de ses excès en matière d'alcool, de cigarettes et de psychotropes. Pliskin avait dû se faire un plaisir de les monter en épingle afin de démontrer son prétendu manque de fiabilité. Elle répondit d'un ton détaché :

– Eh bien, disons que je vous laisse la santé. Cela étant, Casney ne fumait ni ne buvait et passait chaque soir au gymnase. Il est mort.

– Pourquoi, selon vous ?

– La lucidité. Une vraie plaie. Il faut être particulièrement résistant pour la pratiquer. C'est mon unique sport. Un sport d'endurance. Au revoir, monsieur.

Elle referma la porte derrière elle.

Lorsqu'elle rejoignit son bureau, elle constata que l'on avait mis son absence à profit pour apposer sur la porte un panonceau « Interdiction de fumer ». Un des premiers ordres de Lionel Parry. Elle fut d'abord un peu déçue puis une idée gamine la dérida. Elle alluma une cigarette dans un claquement de Zippo et souffla sa fumée sur l'autocollant en forme de sens interdit. Elle passa l'heure qui suivit à gribouiller sa propre interdiction afin de la coller sur l'autre : « Se faire tuer nuit gravement à la santé. »

Certes, la riposte manquait de subtilité. Cependant, elle s'était bien amusée, et songer à la tête de Parry lorsqu'on lui rapporterait son insubordination la réjouissait. Allait-il la condamner à faire cent pompes ? À moins qu'il ne rectifie le tir, et très vite. Elle était prête pour la fronde.

La réaction ne tarda pas. Diane Silver se préparait à monter déjeuner à la cafétéria en rotonde du rez-de-chaussée lorsque son téléphone de bureau sonna.

– Docteur Silver ? Général Parry. Vous faites aussi dans les graffitis ? Le panonceau était un des derniers ordres de Pliskin. Il n'en demeure pas moins qu'il est interdit de fumer dans la base, dans tous les locaux, même les bureaux individuels. Bon appétit, si ce n'est déjà fait.

Il raccrocha.

Fredericksburg, États-Unis, septembre 2008

Elles s'étaient donné rendez-vous chez Blake's à dix-neuf heures, un restaurant branché de Fredericksburg, sans pour autant devenir intimidant ou grotesque. S'y mêlait une clientèle de quadras ou de quinquas aisés, pour la plupart des post-bobos – ou quelle que fût cette mouvance qui ne disparaissait que pour renaître sous une autre appellation –, de jeunes créateurs, d'universitaires, d'étudiants, bref des gens plutôt agréables qui donnaient à l'endroit une ambiance détendue sans être relâchée.

Diane aimait assez Blake's. Le décor était réussi sans toutefois paraître sortir tout cru d'un magazine de décoration. Un vanille onctueux couvrait les murs faits de larges lattes de bois horizontales. Des tables american-folk, décorées de sets en lin écru et de vraies serviettes, ponctuaient l'espace. Des plantes en pot, à la santé si arrogante que Diane soupçonnait qu'on les remplaçait tous les mois, apportaient une touche de vitalité. Quant aux serveurs, ils étaient sympathiques dans le genre un peu lunaire.

Diane perçut la gêne d'Erika dès que la légiste la rejoignit à sa table. Le Dr Lu n'avait pas l'habitude de socialiser avec des collègues, et se demandait si elle n'avait pas commis une erreur en proposant cette invitation. La profileuse hésita. Elle n'avait pas à fournir d'efforts de conversation, ni à se préoccuper des craintes infondées de la légiste. Pourtant, elle éprouvait une sorte de cordialité pour Erika. Elle se fendit donc d'un :

– Vous savez que je pourrais vous faire chanter ? Comment ! Erika Lu dîne en compagnie de Diane Silver, avec qui elle collabore depuis plus de dix ans ? Attendez, c'est quand même vachement suspect !

Un sourire éclaira le joli visage.

– Je suis une grande paranoïaque, selon vous, n'est-ce pas ?

– Oh, vous pouvez difficilement l'être plus que moi, admit Diane. Votre seul handicap demeure la politesse.

– Comment cela ?

– Admettons que vous me cassiez les pieds. Je me lève et je m'en vais, ce que vous ne ferez jamais, de peur d'être grossière.

– Très juste.

– Contrairement à vous, je ne me sens jamais prisonnière d'une situation.

– Il faut donc que je cultive l'effronterie ?

– C'est un long entraînement, prévint Diane d'un ton soudain si sérieux qu'Erika fut soulagée lorsqu'un jeune homme souriant s'approcha de leur table pour leur tendre les cartes.

– Bonsoir. Je m'appelle Greg et j'aurai le plaisir de m'occuper de vous. Le menu de ce soir : filet de flétan au citron vert, accompagné de petits légumes, le tout en papillote, servi avec du riz basmati complet.

Diane fut certaine qu'Erika opterait en faveur de ce plat d'un parfait équilibre. Quant à elle, son choix était fait : T-bone bleu, nappé de béarnaise, et frites, suivi d'un dessert dégoulinant de calories, de lipides et de sucres rapides.

Elles avaient discuté de choses et d'autres, et Erika Lu s'était vite détendue.

La femme eurasienne considéra un instant Diane, hésita, puis :

– Ce que je vous raconte est-il protégé par le secret médical ?

Diane sentit qu'elle ne plaisantait pas vraiment.

– Non, par le secret *amical*, et dans mon cas, c'est aussi sérieux.

– Ma mère était une femme intelligente, cultivée, fine. Elle était professeur d'allemand à Boston University. Mon père était… est toujours physicien au MIT. Il l'a complètement éteinte. C'est un homme ultra-brillant qui, toutefois, supporte mal un autre rayonnement à ses côtés. Je ne suis même pas certaine qu'il en soit conscient.

– Et le rayonnement de sa fille ?

– Oh… sa fille a les mains dans le cambouis… Enfin, dans les viscères, le sang, la merde… pas un truc noble à ses yeux.

– L'*a priori* des gens qui n'y comprennent rien. Classique. Pourquoi vous êtes-vous dirigée vers l'anatomopathologie, la médecine légale ?

Erika Lu avala une gorgée de vin et Diane remarqua la roseur qui avait envahi ses joues caramel clair. Une petite buveuse, très occasionnelle, ce qui, ajouté à ses origines asiatiques, en faisait une candidate de choix pour la cuite express. Un danger très éloigné de Diane.

– Croyez-vous que… je vais vous sembler complètement incohérente… enfin, selon vous… peut-on mourir… d'aspiration ?

– Je suppose que vous l'utilisez au figuré. Je le pense. Toutefois, c'est compliqué à expliquer. Certains êtres pompent l'énergie vitale de leur victime, parfois sans s'en rendre compte, d'ailleurs. Dans ce sens, ils sont létaux. Alors, est-ce que cela possède une base moléculaire, je n'en ai pas la moindre idée. Est-ce que ça affaiblit l'immunité, est-ce que ça fait sécréter des hormones néfastes ? Après tout, il s'agit d'un stress comme un autre… Il existe des preuves indirectes, comme la survie augmentée des grands cancéreux dans un entourage propice à la vie. En fait, les médecins devraient conseiller aux malades sérieux de balancer tous les êtres négatifs, bouffeurs de vie, qui se trouvent autour d'eux.

– Vous êtes pour la paix des ménages, je vois.

– Pas particulièrement. En revanche, je suis contre les êtres mortifères, quelle que soit la façon dont ils saccagent la vie des autres.

– Elle... ma mère... C'était une femme adorable... Elle est morte à trente-quatre ans d'un cancer des os. Un cancer primaire, pas si fréquent que ça. Je suis scientifique. On n'insuffle pas le cancer, pas plus qu'on ne se le crée. Je crois à la génétique et à la biochimie. Pourtant, elle s'est laissé glisser si vite. On aurait dit qu'elle avait hâte d'en finir, malgré la douleur, la peur de la mort. J'avais huit ans.

– Parce qu'elle en avait déjà terminé dans sa tête. Le corps a suivi.

– Hum. Dès que je l'ai pu, j'ai demandé à partir en pension. J'avais peur que mon père ne m'aspire à mon tour. Une obsession, au point que, lorsque je passais des vacances avec lui, je surveillais mon poids chaque matin, de peur de maigrir, un signe d'aspiration. Ne pas m'avoir dans les pattes l'arrangeait tout à fait. Il pouvait se livrer corps et âme à sa passion : ses recherches.

Diane termina son T-bone saignant avec regret et piqua dans une des dernières frites.

– Vous ne vous êtes jamais mariée, n'est-ce pas ? demanda Diane. Si je suis trop indiscrète, ne répondez pas, je ne m'en offusquerai pas.

– Non, pas eu le temps.

– Oh, ça peut prendre un quart d'heure, vous savez.

Erika la fixa longuement de son déroutant regard gris pailleté d'or.

– Pas eu envie, rectifia-t-elle.

– Une peur permanente de l'aspiration ?

– Oui.

Diane ferma les yeux et murmura, réjouie :

– Erika, Erika... Personne ne peut plus vous aspirer. Vous êtes trop balèze pour cela. Celui qui s'y essayerait s'étoufferait. Bien fait pour lui, qu'il crève !

La légiste éclata de rire. Diane ne l'avait jamais vraiment vue rire.

– Vous êtes... un cas, pouffa la légiste.

– Vous aussi. Est-ce la raison pour laquelle nous nous sentons des atomes crochus ?

– Mike Bard affirme que vous avez un humour de chiottes que n'importe quel flic pourrait vous envier.

– Venant de lui, je le prends comme un compliment.

Redevenant sérieuse, la légiste demanda :

– Et vous, le mariage ?

– Jamais. Un truc clochait toujours. Mon exigence, mon impatience, sans doute. Et ça ne s'est pas arrangé avec l'âge. De brèves liaisons me suffisaient. Et puis, j'ai eu ma fille, Leonor. Le reste n'avait plus d'importance. Elle me comblait. Plus aucun espace libre pour autre chose.

Diane s'étonna, s'émerveilla. Parler de Leonor comme si rien d'effroyable ne s'était passé lui procurait un soulagement inattendu.

Erika Lu le sentit et abandonna le sujet. Bien sûr, elle était au courant du supplice de la fillette. Elles commandèrent le dessert.

– Allez, soyons folles, un banana split, décida Diane.

– Après ce que vous venez de vous envoyer, il faut aimer le risque !

Elles tombèrent ensuite d'accord sur le fait que le départ de Bob Pliskin s'apparentait à un miracle. Un peu ennuyeux quand même. De qui allaient-elles pouvoir médire sans remords ?

Erika Lu vida la dernière goutte de son unique verre de vin et, une moue futée sur le visage, s'enquit :

– Un miracle, Diane ? Pourtant, il était du genre crampon, le Pliskin.

Diane enfourna avec gourmandise sa dernière cuiller de glace, avec pas mal de crème fouettée, le tout soutenu par une moitié de banane, puis concéda d'un air sérieux :

– Les voies du Seigneur sont impénétrables.

Ce qui lui valut un autre éclat de rire, et un :

– J'ai passé une très bonne soirée. Il faut qu'on remette ça… avant dix ans.

Fredericksburg, États-Unis, septembre 2008

La sonnerie aigre du téléphone tira Diane Silver d'un sommeil chimique qui ne la reposait jamais. Elle jeta un regard au réveil à affichage digital : 5 h 38 du matin. Presque une heure normale, elle ne hurlerait pas.

– Diane ? C'est Erika.

– Ne me dites pas que vous avez passé la nuit à la base !

– Si. J'étais de très bonne humeur après notre dîner et le vin m'empêche de dormir.

– Vous n'avez bu qu'un verre.

– C'est de l'éthylisme, pour moi. Vous affirmez que je suis un cas. Le thé me calme, le vin m'excite. Bon, je vous appelais pour quelque chose de bien plus important que mes réactions aux substances à action pharmacologique. Je devais me sentir désœuvrée. J'ai repris les échantillons de poils de chats transmis par le Dr Steward et j'ai trouvé quelque chose d'intéressant.

Maintenant tout à fait réveillée, Diane demanda, pressante :

– Quoi ?

– Un cheveu. Humain. Parmi les poils du deuxième chat, celui d'Eve Damont, celui de race européenne. Roux, c'est sans doute pour cela que les techniciens de Boston sont passés à côté, d'autant qu'il ne mesure que deux centimètres de long, mais il a un bulbe magnifique.

– Des cheveux courts ?

– Possible. Ou alors une repousse. En tout cas, un cheveu fin.

– Un bulbe, ça veut donc dire de l'ADN nucléaire ?

– Tout à fait. Cerise sur le gâteau, nous avons fait une touche dans le CODIS[1]. Il s'agit d'une certaine Karina McGee.

– Si elle est enregistrée dans le CODIS, c'est qu'elle a déjà été appréhendée pour un délit grave ou un meurtre.

– Raté ! Elle a quatre ans et elle a été enlevée il y a neuf jours à la terrasse d'un restaurant de Cambridge. Son père s'était rendu aux toilettes. À ses dires, il n'a été absent que deux ou trois minutes.

– Dans ce monde de prédateurs, on ne laisse plus un enfant sans surveillance, pas même deux minutes ! On va pisser avec lui, s'il le faut, s'énerva Diane. Quatre-vingt-dix-neuf fois sur cent, c'est de la paranoïa, un déballage de surprotection. Mais il suffit d'une fois, et le gosse disparaît.

– Je sais. Toujours est-il que les McGee ont volontiers donné un effet de leur fille pour qu'une empreinte ADN soit réalisée. CODIS est prévu pour les criminels, mais il permet de repérer très vite une victime d'enlèvement. La fillette pourrait être remarquée à une frontière, alors qu'un réseau de trafic d'enfants tente de l'expédier hors de notre territoire.

– Oui… C'est ce que leur ont expliqué les flics du Boston PD. Ils ont eu raison et le discours est bien rodé. Ça valait beaucoup mieux que de leur dire la vérité. L'ADN de Karina sera comparé à celui des bouts de gamines qu'on retrouvera un jour dans un étang ou dans un buisson. Inutile

1. Le Combined DNA Index System stocke les empreintes génétiques et permet de les comparer avec un ADN retrouvé sur une scène de crime.

d'aggraver la panique et le chagrin des parents tant que ce n'est pas inévitable.

– Ah… je n'étais pas certaine que vous soyez au courant, crétin de ma part, avoua d'un ton gêné la légiste.

– Erika… Par la force des choses, je suis aussi un flic. Et puis, comment croyez-vous que ça se soit passé dans le cas de Leonor ? Elle était méconnaissable, d'autant que la décomposition avait commencé son travail de dissolution lorsqu'ils ont retrouvé son cadavre. L'ADN a permis aux flics de déterminer qu'il s'agissait de ma fille.

– Diane…

– Oui, je sais. Venant de vous, je sais. On passe à autre chose, d'accord ?

– D'accord. Si… Enfin, c'est débile, mais si…

Elle ne termina pas sa phrase. Diane enchaîna, gommant autant qu'elle le pouvait la sécheresse de son ton. Erika tentait de l'aider par amitié, parce qu'elle n'avait pas senti que l'apaisement était impossible. Seuls Yves et Nathan l'avaient compris.

– Entendu. Si un jour… Dans très longtemps… Je me souviendrai de votre proposition d'écoute. Pour l'instant, je vais mettre Gary et Mike sur le couple McGee. Je veux tout savoir d'eux. Jusqu'à leur marque de dentifrice.

– Diane… Je n'ai pas à vous apprendre votre métier, mais leur gamine a été enlevée, rappela la légiste.

La voix lente et grave lui répondit :

– Bien sûr. Bien sûr… Toutefois, pour l'instant, l'objet de mes préoccupations est Karina et Eve Damont, sans oublier les autres victimes. Et puis qui me dit que les McGee ne cachent pas quelque chose de trouble ? Des parents qui se débarrassent d'un enfant d'une façon ou d'une autre – faux enlèvement, infanticide volontaire, acte manqué provoquant la mort – parce que, brusquement, ils se rendent compte que ce n'est pas seulement une poupée avec laquelle on s'amuse une heure par jour pour la remettre ensuite dans le coffre à jouets, ça existe.

– Vous ne faites jamais confiance à personne, n'est-ce pas ?

Un rire étouffé lui répondit d'abord, puis :

– Avouez que, venant de vous, c'est assez savoureux. Pourtant vous vous trompez. J'ai une confiance aveugle en moi. Et je crois bien que je ne me méfie pas de vous.

– Alors là, j'en tombe à la renverse !

Environs de Boston, États-Unis, septembre 2008

Au volant de la petite citadine de location, Diane se demanda pour la centième fois si elle n'avait pas eu tort d'appeler Nathan, de lui proposer de venir lui rendre visite dans son magnifique fief de plus de quatre cents hectares, dont le cœur était protégé d'un haut mur d'enceinte, surmonté d'une menaçante guirlande de barbelés et d'un système de vidéosurveillance capable de rivaliser avec ceux des banques les plus exigeantes.

Une sorte de cloisonnement s'était opérée dans son esprit depuis qu'elle avait admis que Nathan/Rupert était probablement le tueur d'Yves. Elle était parvenue à faire un choix basé sur la logique, en s'interdisant toute sentimentalité, sans quoi elle aurait détesté Nathan. Sur une impulsion, elle avait sorti son téléphone à carte, celui dont seul Nathan possédait le numéro. Au moment où il avait décroché sur un « Diane » joyeux, elle avait retenu ce qu'elle comptait lui dire : vous êtes assez intelligent et contrôlé pour trouver d'excellentes excuses à vos jeux meurtriers, mais vous êtes quand même un tueur psychopathe et vous ne m'utiliserez pas pour parvenir à vos satisfactions. Au lieu de cette déclaration, elle s'était contentée de mentionner la série de meurtres de couples. Elle ne parvenait toujours pas à déterminer si sa dérobade procédait de l'appréhension, de la lâcheté ou d'un souhait de trêve avec elle-même.

De fait, elle redoutait avant tout d'être devenue l'outil de Nathan, une sorte de poisson pilote qui le menait sur son territoire de chasse préféré, et cette idée lui était insupportable. Elle, la traqueuse de tueurs en série, s'était-elle métamorphosée en éclaireur pour l'un d'eux ? Or Diane connaissait ces sujets. Si l'envie de tuer saisissait Nathan, il trouverait n'importe quel prétexte acceptable à ses yeux pour l'assouvir. Yves avait eu raison de la mettre en garde, d'insister sur le fait qu'un psychopathe restait un psychopathe. Mais, au fond, ne l'avait-elle pas toujours senti ? Nathan pensait-il vraiment qu'ils étaient de la même race ? Certes, puisqu'il était convaincu d'être un justicier, à l'instar de pas mal de ses semblables capables d'inventer n'importe quelle explication, honorable à leurs yeux, pour légitimer leurs actes.

Plongée dans ses pensées, elle ne vit qu'au dernier moment la femme sur un vélo avec un petit garçon sur le porte-bagages. Elle braqua de façon brutale et ne les évita que d'un cheveu, au point que la femme et l'enfant faillirent tomber. Diane pila quelques mètres plus loin, son cœur battant la chamade. La cycliste était livide mais la colère prit le dessus. Elle cria à Diane qui s'approchait d'elle :

– Vous êtes malade ! Vous devriez rouler encore plus vite !

– Je suis désolée, vraiment… un moment d'inattention. Pas de mal ?

– Ouais, ben c'est comme ça qu'on tue des gens.

Diane renouvela ses excuses et remonta dans son véhicule, en rage contre elle. Elle avait manqué de renverser la femme et l'enfant parce qu'elle avait permis à son cerveau de faire deux choses à la fois. Cesser de penser à Nathan tant qu'elle ne l'aurait pas devant elle. Conduire, rien d'autre.

Elle s'arrêta devant la grille en fer forgé blanc et s'annonça au vidéophone.

Deux minutes s'écoulèrent et l'habituel véhicule électrique apparut. Le chauffeur sauta à terre, la salua d'un geste chaleureux et ouvrit la grille à l'aide d'une télécommande. Elle lui lança :

– Je sais, je sais : je gare ma voiture cracheuse de CO_2 sur le parking.

Elle se dirigea vers les splendides bosquets de rhododendrons qui entouraient une aire gravillonnée réservée aux visiteurs.

Son chauffeur y alla de quelques cordiales banalités, le temps de leur trajet le long de l'allée forestière. Chaque fois, la vision de la maison qui apparaissait soudain au détour d'une courbe feuillue procurait à Diane une surprise admirative. On aurait cru un gigantesque vaisseau spatial construit par une espèce extraterrestre bien en avance sur la technologie humaine. Toute de bois et de verre, la demeure se dressait au bout du parc. Rupert Teelaney avait conçu cette prouesse architecturale et veillé au moindre détail afin qu'elle devienne un modèle d'écologie. Un bon tiers du toit avait été couvert de larges panneaux photovoltaïques. La propriété fournissait son électricité alternative. Quant à l'eau, elle provenait de la récupération pluviale, en abondance, comme en témoignait la triomphante verdeur du parc.

Le véhicule fit halte devant l'entrée principale de la maison, une large paroi de verre. Rupert attendait Diane en haut des marches, bras croisés sur la poitrine, souriant tel un enfant heureux. Il se précipita à sa rencontre, s'exclamant :

– Vous m'avez manqué !

Étrangement, aujourd'hui, la beauté presque parfaite de cet homme grand, d'une minceur musclée, aux cheveux très frisés, au regard très bleu, lui sembla menaçante. Elle se fit la réflexion que tout en lui était une arme ciselée avec précision. L'exaspération qu'elle ressentait envers elle-même grimpa d'un cran. Elle faisait preuve d'une rare incohérence. Elle avait fait son choix et opté pour Nathan, en toute connaissance de cause, du moins le pensait-elle. Elle s'y tenait.

– Il fait encore très doux. Nous pourrons aller nous baigner après le déjeuner si cela vous séduit, proposa son hôte.

Elle acquiesça d'un mouvement de tête. À une bonne centaine de mètres sur la gauche, derrière un bosquet d'arbres, se trouvait la piscine naturelle, une prouesse technologique pour réinventer la nature. C'est là que, lors de sa première visite, elle avait compris que Rupert Teelaney, troisième du nom, était Nathan Hunter, le tueur qu'elle recherchait. Dans cette piscine s'était initié le choix qui la menait à aujourd'hui. Dans cette piscine, alors qu'il la drapait dans une large serviette, la mort d'Yves Guéguen avait commencé de se tisser.

– J'espère que vous avez une faim de loup !

– Toujours.

Elle lui emboîta le pas.

Ils traversèrent le vestibule. Elle retrouva l'écrasante blancheur de ce lieu immense, la décoration à la fois luxueuse et austère. Pourtant, aujourd'hui, elle n'en tirait aucune satisfaction esthétique. L'idée stupide que le blanc était la couleur de la mort et du deuil dans nombre de civilisations lui passa par l'esprit.

Dans le salon aux vastes canapés blancs, aux bibliothèques et au bronze de femme l'attendait une bouteille de Highland Park de quarante ans d'âge, un de ces whiskys de légende que l'on est heureux d'avoir pu savourer une fois dans son existence.

– J'ai pensé aux toasts de caviar, précisa Rupert en désignant un plateau de raku. Je me suis souvenu que vous l'appréciiez.

– Avec voracité. Je n'ai jamais compris cette théorie selon laquelle lorsqu'une chose est délicieuse, on se contente de peu. Ça doit faire de moi une goinfre. Tant pis !

Diane s'installa dans l'un des canapés et tira de son sac à dos patiné un dossier qu'elle posa sur la table basse en ciment brut. Il lui servit une généreuse rasade du beau liquide ambré, puis remarqua en s'asseyant à son tour et en récupérant son verre de jus de fruits :

– Vous avez été plus que sibylline, au téléphone.

– Hum.

Elle poussa le dossier vers lui, commentant :

– Ce que j'appelle une affaire pourrie…

Rupert ouvrit la chemise cartonnée et passa en revue les photos de scènes de crime ainsi que les rapports de police et d'autopsies.

– … Rien à quoi s'accrocher, pas le moindre indice, hormis cet emballage de préservatif et ces poils de chats, sans oublier le cheveu de la petite Karina disparue. Ça peut être n'importe qui.

Durant le quart d'heure qui suivit, elle résuma les conclusions auxquelles elle était parvenue, tout en se resservant un verre et en étudiant d'un regard attendri l'étiquette de la bouteille.

– Un inceste mère-fils ? s'étonna Rupert. Ça existe ?

– C'est une merveille, ce whisky. Oui, même si c'est assez rare. Le genre de chose qu'on garde pour soi. La loi du silence a été un peu brisée dans le cas des incestes… je dirais classiques – père-enfants –, mais, encore une fois, tout ce qui touche à la mère indigne nous semble si odieux que l'on préfère, à tort, se taire.

– Vous n'avez vraiment rien à m'offrir ? Pas d'amorce ?

– Une chose ; j'ignore encore si elle est importante. J'extrapole peut-être, donc prenez ce qui va suivre avec circonspection, prévint Diane Silver. Si vous examinez toutes les photos de scènes de crime, celles des femmes, un truc saute aux yeux. Il ne les a pas déshabillées, je doute qu'il ait eu un rapport sexuel avec elles, et il n'a pas désacralisé les cadavres. Pas de jupe ou de robe remontée au-dessus du ventre, pas de jambes grandes écartées, pas de mise en scène destinée à les rendre grotesques par-delà la mort.

– Pas de mépris ?

– Voilà. En revanche, de la fureur à l'état pur, donc la peur. Il est terrorisé, encore aujourd'hui, par sa véritable victime. Sa mère, admettons. Il a peur, bien moins, toutefois, des mères de substitution qu'il tue.

– Que vient faire la fillette kidnappée dans cette histoire ?

– Pas la moindre idée, si ce n'est que, d'une façon ou d'une autre, elle a croisé sa route. Cela étant, il pourrait aussi s'agir d'un transfert passif dans son cas. Ne l'oublions pas.

– Le tueur aurait pu la frôler quelque part, récupérant un de ses cheveux, sans pour autant l'avoir enlevée.

– En effet, ou même avoir eu un contact physique avec l'un de ses parents. Vous savez, le coup classique des heures d'affluence dans un métro, tout le monde serré comme des sardines. Certains messieurs ont ainsi récupéré un long cheveu blond qui, une fois rentrés chez eux, leur a valu une scène de ménage. Quoi qu'il en soit, c'est une piste qu'il ne faut pas négliger, d'autant que nous n'avons pas grand-chose d'autre.

– Que voulez-vous dire ?

– Que le kidnappeur – qu'il soit ou non le tueur des couples – pouvait connaître les parents de Karina, ou la fillette, expliquant qu'elle le suive d'autant plus volontiers.

Un coup léger frappé à la porte les interrompit. José, le charmant serviteur, passa la tête et annonça :

– Le déjeuner peut être servi dès que vous le souhaitez, monsieur.

– Allons-y, Diane, si vous le voulez.

La profileuse s'étonna à nouveau qu'un repas sans viande ni poisson puisse être un enchantement pour les sens. Le chef de Rupert, qui avait séjourné plusieurs années dans une lamaserie, s'était à nouveau surpassé. À une mousse onctueuse de potimarron rehaussée d'un indéfinissable mélange d'épices – le maître des lieux précisa que son cuisinier se ferait hacher menu plutôt que d'en révéler la composition – fit suite une brouillade d'œufs de cane aux truffes, accompagnée d'une purée de pois chiche que Diane mit un moment à identifier. Des tronçons de fruits nappés d'une fine couche de caramel et une glace légère à la cannelle conclurent le repas, généreusement arrosé dans le cas de Diane par un vosne-romanée à la fois puissant et suave. La psychiatre n'avait pas fourni d'efforts pour alimenter une conversation pour une fois traînante. Rupert l'étudiait depuis quelques instants, les yeux plissés derrière ses lunettes de vue qui lui donnaient un air presque juvénile.

– Quelque chose ne va pas ?

Elle le fixa, avala la dernière gorgée de vin et lança :

– Yves Guéguen est mort.

Il haussa légèrement les sourcils sans qu'elle puisse lire autre chose que la surprise sur son visage.

– Mort ? Comment cela ?

– Assassiné. Dans le hall d'entrée de son immeuble. La police française opte pour l'hypothèse d'un petit voyou qui voulait le détrousser et qui a pris peur.

– Pas vous ?

– Non.

– Pourquoi ?

– Parce que j'ai formé Yves.

– Quelle est votre théorie ?

– Qu'un prédateur beaucoup plus dangereux qu'un vague loubard s'est attaqué à lui.

Une ombre de tristesse obscurcit le regard de Rupert lorsqu'il demanda dans un murmure :

– Moi, par exemple ?

– Pourquoi pas.

– Oh ! Diane, Diane… Comment pouvez-vous penser une telle chose ? Pourquoi aurais-je tué Guéguen ? Il était en France et n'avait aucune chance de remonter jusqu'à moi. Les meurtres gratuits nous insupportent tous deux. Nous luttons contre des êtres qui tuent pour le plaisir et je n'appartiens pas à cette catégorie vomitive. Alors, je vous en donne ma parole : je n'ai rien à voir là-dedans.

La totale sincérité de sa voix troubla la profileuse. Pourtant, l'un de ses talents les plus précieux était de détecter le mensonge, à un mot, un geste, une attitude. Au fond, elle l'admettait : le doute que venait de semer Rupert dans son esprit l'arrangeait.

– Me croyez-vous ? insista-t-il en se penchant vers elle. Je ne supporterais pas votre défiance… trop blessant.

– Disons que j'ai envie de vous croire.

– C'est insuffisant.

– Pas venant de moi qui n'ai envie de rien concernant les autres.

Il lui sourit et lui tendit la main par-dessus la table, rasséréné. Contrairement à ce qu'il avait prévu, il ne lui raconterait pas aujourd'hui la « chute » malencontreuse de sa grand-mère dans le grand escalier de la demeure familiale. Quant à Angela Rolland et Élodie Menez, Diane n'était pas encore prête à comprendre. Dommage. Un jour, elle y viendrait.

Lorsqu'ils furent réinstallés au salon, Diane devant un verre de vin, Rupert devant une tasse de thé, il reprit :

– Selon vous, par quel bout faut-il commencer la chasse ?

Elle n'hésita qu'une seconde : le protéger revenait à se protéger.

– D'abord en faisant très attention à ce que vous confiez à votre super-détective très privé, un certain Thomas Bard.

Il écarquilla les yeux, stupéfait qu'elle soit au courant de sa longue et fructueuse collaboration avec Thomas.

Thomas Bard, un ancien flic du Los Angeles Police Department, sans doute déprimé jusqu'à la nausée par la progression de la jungle urbaine, avait quitté les forces de police pour monter une agence de détectives ultra-privés dont l'extrême discrétion était un atout de poids pour ses clients très fortunés. Thomas savait tout ce qu'il fallait savoir sur les uns et les autres mais n'ignorait pas que son silence garantissait sa longévité dans le métier et ses somptueux honoraires. Rupert était certain que le détective avait fermé les yeux sur nombre de magouilles, préservé des secrets peu ragoûtants, réservant son absolue fidélité à ses exigeants clients. Rupert se souvint de l'une de ses remarques :

– L'immoralité touche aussi bien les petits que les puissants, monsieur Teelaney. Seules les sommes en jeu changent.

– Comment... ?

– Rupert, il ne faut jamais négliger aucun détail lors d'une traque. À moins de vouloir y laisser sa peau. Thomas Bard est le frère aîné de Mike Bard, l'un de mes enquêteurs du FBI. Mike travaille parfois pour lui afin d'arrondir ses fins de mois. Son fils est autiste et l'institution spécialisée lui coûte une fortune. C'est Mike qui a trouvé l'identité de Susan Brooks. Il sait donc que je l'ai abattue.

Rupert ôta ses lunettes. Les traits de son visage se métamorphosèrent. Diane avait déjà assisté à cette transformation qui lui faisait perdre sa grâce juvénile, le rendant beaucoup plus redoutable.

– C'est un danger ? demanda-t-il d'une voix douce.

– Pas vraiment. Un tracas, plutôt. Mike est un flic, un bon flic. Il est intelligent et peut donc adapter la loi en fonction de la situation. En revanche, jamais il ne transigera avec son sens de la morale. Ne vous inquiétez pas. Je crois avoir feinté avec finesse : à ses yeux, Rupert Teelaney n'est qu'une sorte d'original qui dépense son argent pour aider nos enquêtes. Je lui ai affirmé que vous ne connaissiez rien du lien entre Brooks et Richard Ford. Cela étant, il ne faudrait pas que ce genre de… télescopage se reproduise trop souvent. Je vous l'ai dit, Bard est loin d'être un abruti.

– Je ne peux donc plus employer Thomas ?

– À vous de voir. Les gens comme lui savent qu'ils ont grand intérêt à rester discrets et à ne jamais mécontenter leurs clients. Dans le monde feutré de l'immense argent, on se méfie de son ombre, je suppose.

– Tout juste. Je crois que je peux m'en ouvrir auprès de Thomas.

Diane crispa les lèvres d'incertitude et argumenta :

– Et lui dire quoi ? Que la participation de Mike vous gêne ? Pourquoi ? Si vous ne faisiez que m'aider dans mes enquêtes, en quoi serait-il embarrassant ? Vous allez éveiller les soupçons de Thomas.

Il émit un petit rire et rétorqua :

– Je peux être subtil, vous savez. De surcroît, je suis certain que Thomas connaît la vérité au sujet de la noyade de ma mère. Je mettrais ma main à couper que, à l'époque, il a couvert deux meurtriers : mon père et ma grand-mère.

– Je vous demande juste d'être très prudent, Rupert. Pour en revenir à votre question, par quel bout prendre l'enquête, j'y répondrai en éliminant tous les bouts inaccessibles : le tueur, sa vraie victime. Nous n'avons rien, absolument rien pour remonter jusqu'à eux. Reste la petite fille, Karina.

– Diane, elle peut être à l'autre bout du monde, maintenant. Elle peut avoir été tuée et on ne retrouvera son cadavre qu'un jour, à la faveur d'un hasard.

Cette dernière idée hantait Diane. Étrangement, Karina commençait à s'associer à Leonor dans son esprit. Il ne le fallait pas. Elle avait été incapable de protéger sa fille et avait besoin de toute sa force, de toute son objectivité pour retrouver la petite McGee. En vie. Elle devait se contraindre au désert des sentiments. Ne pas redouter le pire pour

Karina. Ne pas s'y attacher comme à un enfant. La considérer telle une victime, à l'instar des autres. Diane répondit d'une voix plate :

– Certes. Cependant, elle peut toujours être dans le Massachusetts, et vivante. De toute façon, je vous rappelle que nous n'avons rien d'autre de tangible. Je vais également mettre Bard et Mannschatz sur le coup. L'inverse serait maladroit de ma part.

– Bien sûr. Toutefois, je serai meilleur qu'eux, sourit Nathan/Rupert.

Diane avait décliné d'une boutade la baignade qu'il lui avait proposée :

– Toutes ces calories de luxe perdues pour le bonheur d'être mouillée ? Vous plaisantez !

Peu après, il regarda avec un évident regret disparaître le petit véhicule électrique qui la ramenait jusqu'à sa voiture. Elle allait lui manquer. L'avait-elle cru au sujet d'Yves ? Il n'en était pas certain. En revanche, il n'avait aucun doute, elle ne reviendrait pas sur son choix : lui. Car elle l'avait choisi au détriment d'Yves. Diane n'avançait que certaine de ce qu'elle faisait. Et ils étaient maintenant liés par tant de choses que se désolidariser serait suicidaire. Des siamois.

Il retourna dans le grand salon aux deux murs de verre et contempla son domaine, le parc, le bois plus loin. Un lieu dont chaque détail lui obéissait. Un lieu paradisiaque puisqu'il en avait décidé ainsi. Une sorte de tristesse l'avait envahi. Diane allait-elle moins l'aimer en raison de ses soupçons, si vagues fussent-ils ? Elle l'aimait, bien sûr qu'elle l'aimait. Néanmoins, il devait encore et toujours s'efforcer de la convaincre qu'ils étaient unis, indissociables.

Il ôta ses sandales de cuir tressé et, pieds nus, rejoignit sa salle de travail. Il tapa la combinaison sur la serrure numérique et pénétra dans la vaste pièce. Vider son esprit de tout ce qui ne concernait pas la satisfaction de Diane : arrêter ce meurtrier de couples avant qu'il ne commette d'autres massacres. L'arrêter définitivement.

Au cours des cinq minutes qui suivirent, Rupert passa en revue les différents angles d'attaque possibles. Ne pas se hâter. Prendre en compte tous les paramètres. La chasse commençait.

Il composa le numéro de Thomas Bard sur sa ligne sécurisée. Le détective lui répondit au bout de quelques sonneries, un peu essoufflé.

– Monsieur Teelaney, quelle bonne surprise ! Comment allez-vous ?

– Fort bien, et vous ? Vous avez l'air tout guilleret.

– Oh oui, ma fille, ma petite-fille et mon gendre viennent passer quelques jours à la maison. C'est l'effervescence. Ma femme court en tous sens pour que tout soit prêt, parfait. Et ça dure depuis trois jours. On dirait que nous recevons un couple royal !

– Mais c'est exactement cela, Thomas, non ? plaisanta Rupert. Votre fille est votre grande princesse et votre petite-fille votre petite princesse.

Un rire complice lui répondit :

– Très juste. Quel bonheur d'être gaga ! Que puis-je pour vous, monsieur Teelaney ?

Diane avait eu raison : en dépit de la confiance absolue qu'il avait en Thomas, une confiance grassement rémunérée, le mieux était de ne pas évoquer son frère Mike.

– J'ai reçu une demande d'aide du Dr Diane Silver, la profileuse star du FBI.

– Je la connais de réputation. Un crack dans son domaine. Une femme… un peu difficile, toutefois, à ce que j'ai entendu dire.

– Si c'est votre euphémisme pour « odieuse et paranoïaque »… Mais, en effet, c'est une pointure. Bref, elle se méfie de son ombre et ça n'a pas été une mince affaire de la convaincre que j'avais les moyens de… « collaborer » serait un bien grand mot… « participer de loin à ses enquêtes » semble plus adapté. Ça ne manque pas de sel : il faut se mettre à genoux pour parvenir à donner son argent !

– Une moyenne avec tous ceux qui tentent de vous l'extorquer, rétorqua le détective de sa voix affable.

– Vous avez raison. J'en viens au fait. Vous avez entendu parler de cette série de meurtres de couples dans le Massachusetts ?

– Des seniors.

– Oui. Le Dr Silver, en dépit de mon insistance, n'a rien voulu me révéler de ses progrès. Cependant, elle a formé l'hypothèse selon laquelle ces meurtres pourraient être liés, même indirectement, à l'enlèvement d'une petite Karina McGee, quatre ans. Le rapt s'est produit…

– Je connais tous les détails rapportés par les médias. Je suis très sensible à ce genre d'affaires, à cause de ma petite-fille.

– Je n'ai pas d'autres éléments à vous donner, et j'ignore par quel bout vous pouvez commencer cette investigation.

L'ancien flic de Los Angeles n'hésita pas une seconde :

– Les parents, les familiers passés ou présents. Il y a plusieurs types de kidnappings, monsieur Teelaney. Ceux qui ont un haut profil, traduisez par : parents très riches et énorme demande de rançon. Ces enlèvements sont planifiés avec minutie. Et les autres : les opportunistes. Le kidnappeur saisit la chance qui se présente.

– Et le profil, dans ce cas ?

– Un familier qui a pété un plomb, veut se venger… Un pédophile, meurtrier ou non, ou un voyou ordinaire – mais les McGee auraient reçu une demande de rançon assez modeste pour qu'ils paient sans prévenir la police –, une femme en mal d'enfant. Or, à moins qu'ils n'aient menti, je doute que nous nous trouvions dans la catégorie des voyous. N'oublions pas l'infanticide déguisé en disparition ou l'accident fatal dû à une négligence que les parents tentent de dissimuler en se débarrassant du corps de l'enfant. Toujours commencer par le plus simple.

– Les familiers ?

– En effet. En admettant qu'il s'agisse véritablement d'un enlèvement, un enfant suivra sans protester un visage qu'il connaît, qui le rassure. D'autant que, si j'en juge par ce qui a été relaté dans la presse, la petite fille était en colère, et a disparu en deux à trois minutes. C'est peu pour convaincre un enfant. Je m'y mets immédiatement, monsieur Teelaney.

– Thomas, le FBI enquête dans la même direction.

– Ne vous inquiétez pas, monsieur Teelaney. J'ai mes méthodes, ils ont les leurs.

– Bien. J'attends de vos nouvelles avec impatience, Thomas. Il faut que je prouve au Dr Silver que je suis un atout pour elle.

– Oh, mais nous allons le lui démontrer sans équivoque. Je vous appelle dès que j'ai avancé. Je vous souhaite une bonne semaine, monsieur Teelaney.

– Elle sera triste, Thomas. C'est bientôt l'anniversaire du… décès de ma mère. Plus la date approche, plus je me sens à nouveau dévasté.

– J'en suis désolé. Je penserai à vous. Je sais tout ce qu'elle représentait pour vous.

Rupert raccrocha peu après, certain qu'il était parvenu à raviver un souvenir délicat et dangereux dans l'esprit de Thomas Bard : son silence, donc sa complicité dans le meurtre de sa mère. Il faut toujours rappeler aux gens dont on dépend qu'ils ne sont pas libres eux non plus vis-à-vis de nous.

Cambridge, États-Unis, octobre 2008

L'enquête de Mike Bard et de Gary Mannschatz avait abouti à la même conclusion que celle des flics du Boston PD. À moins d'imaginer un coup de folie, le couple McGee semblait au-dessus de tous soupçons. L'un et l'autre ingénieurs en intelligence artificielle, ils vivaient confortablement, sans histoire. Plutôt démocrates, plutôt en faveur de l'écologie, ils n'avaient rien de dangereux activistes. Aucune condamnation, pas même pour un excès de vitesse. Au demeurant, ils ne possédaient pas de voiture ce qui, dans des villes comme Boston ou Cambridge, tombait sous le sens.

Diane avait jeté un regard discret autour d'elle en pénétrant chez eux, laissant à Gary Mannschatz le travail d'introduction.

Les McGee habitaient dans l'un de ces beaux immeubles de brique rouge réhabilités et transformés en appartements pour la classe moyenne, juste à côté de Harvard. Un couloir, assez vaste pour être tapissé de bibliothèques des deux côtés, menait à un salon lumineux. Deux bicyclettes étaient appuyées contre une étagère de livres. Sans être luxueux, les meubles étaient élégants, sans doute des trouvailles de brocante ou alors des souvenirs de famille. Des tapis, un peu élimés mais de jolie facture, égayaient le plancher sombre et les lambris qui couvraient les murs jusqu'à mi-hauteur avaient été décapés avec soin pour retrouver le bois d'origine. Une autre bibliothèque couvrait un pan du mur du salon et un ordinateur portable était ouvert sur une charmante table Queen Anne poussée dans un coin.

Intriguée par le couple McGee, Diane entendit à peine les banalités de Gary :

– ... ainsi que vous le savez, l'enlèvement devient un crime fédéral après vingt-quatre heures puisqu'on considère que les ravisseurs ont pu faire passer la frontière d'un État à l'enfant.

Pat McGee, un grand type un peu maigre, était livide, les traits tirés, presque muet. Il évitait de croiser le regard de sa femme. La tension crispait la bouche de Vanessa McGee, une jolie rousse à la peau très pâle. À la ligne de ses maxillaires, à ses gestes de mains tranchants, à ses phrases débitées d'un ton sec, Diane sut qu'elle luttait contre la peur par la colère, l'agressivité. Son mari plongeait dans l'apathie et elle devenait suractive, deux manifestations classiques. Gary présenta Diane Silver, en évitant le terme « profileuse » et ne mentionnant que sa spécialité de psychiatre.

– Et donc, vous reprenez l'enquête ? demanda Vanessa McGee d'un ton presque hargneux.

– Pas vraiment. Disons que nous y contribuons.

La mère de Karina serra les lèvres et désigna le canapé entouré de deux fauteuils en lançant d'un ton peu amène à son mari :

– Peut-être qu'ils ont envie d'un café... ou d'autre chose. Tu pourrais leur demander.

Pat McGee s'exécuta, la tête basse, et disparut vers la cuisine pour préparer le café. Il n'en fallut pas davantage à Diane Silver pour comprendre que le couple se délitait. Classique aussi. Les parents font bloc pour résister à la panique ou alors s'accusent d'imprudence, peut-être parce qu'il faut trouver un fautif, évacuer sur lui une partie de la terreur. Vanessa McGee commençait à détester son mari, coupable d'inacceptable négligence à ses yeux. De fait, il avait manqué de vigilance.

– Patrick affirme qu'il ne s'est pas absenté plus de deux, trois minutes. Le temps d'aller aux toilettes et de se laver les mains. (Elle ferma les yeux, son visage se crispant de rage, et débita :) Mais comment a-t-il pu la laisser… même trente secondes… Enfin, ce n'est pas faute d'entendre des trucs affreux, partout ! C'est dingue… C'est dingue ! s'énerva-t-elle, préférant la colère aux larmes.

– Madame McGee, votre mari n'est pas responsable, intervint Diane. Le seul coupable dans cette histoire, c'est le ravisseur. Le seul coupable, c'est ce monde dans lequel on ne peut plus laisser dix secondes un enfant seul. Je suis bien certaine qu'un jour vous avez vous-même relâché votre vigilance quelques instants, parce que votre attention était attirée ailleurs. Ça suffit parfois.

Vanessa McGee lui jeta un regard mauvais et rétorqua :

– Vous ne savez pas ce que c'est !

– Détrompez-vous…

Diane embraya aussitôt, refusant d'entrer dans son passé, parce qu'il aurait alors fallu avouer qu'elle n'avait jamais retrouvé sa fille vivante. Les McGee n'avaient pas besoin que leurs pires hypothèses trouvent une justification à cause d'elle.

– … j'aimerais que votre mari nous raconte ce qui s'est passé. Dans le moindre détail.

– Ils ont déjeuné dans ce…

– Non, madame McGee, je me permets d'insister. Je souhaite l'entendre, lui.

Un silence pesant s'installa, que rompit Vanessa :

– Vous êtes psychiatre, m'a dit l'agent Mannschatz… En quoi…

Diane chercha un prétexte recevable par cette femme, indiscutablement intelligente. Profileur signifiait tueurs en série. Au lieu d'être simplement « disparue », sa fille deviendrait aussitôt dans son esprit de « la chair à tordu ». Elle argumenta pour rassurer la femme, alors qu'elle n'était sûre de rien :

– Certains profils déviants peuvent s'intéresser à un jeune enfant. Or, vous n'avez pas reçu de demande de rançon. Exiger une rançon, c'est logique, si je puis dire. C'est souvent pour cela qu'on enlève un enfant.

Vanessa McGee passa sa langue sur ses lèvres sèches.

– Nous n'avons pas beaucoup d'argent.

Gary Mannschatz intervint d'une voix douce :

– Ôtez-vous de l'idée que les kidnappings ne concernent que les gens très riches. Vous avez un appartement dans le plus joli quartier de Cambridge, vous êtes solvables, donc vous pouvez emprunter.

La panique gela le regard bleu qui fixait la profileuse :

– Et sinon, pourquoi ? Pour lui faire du mal ?

C'est la première raison, la pédophilie, le meurtre, mais il ne faut pas que tu l'entendes. Aucune mère ne devrait l'entendre, songea Diane.

– Non. Le désir obsessionnel d'enfant. Une femme qui n'a pas pu en avoir, pour une raison ou une autre, ou qui a perdu le sien. L'enfant ressemble parfois à la ravisseuse, physiquement, afin que l'appropriation soit la plus complète possible. Le plus souvent, il est traité comme un roi. Il faut qu'il oublie ses anciens parents, qu'il croie au plus vite que la gentille dame qui s'occupe de lui est sa vraie maman. C'est cela que cherche la ravisseuse. Il s'agit d'une volonté pathologique de maternité, jusqu'à l'aveuglement complet. Se persuader que l'enfant que l'on a volé est le sien.

– Traité comme un roi ? répéta Vanessa, une ombre de soulagement passant sur son visage.

– Oui, mentit Diane.

Mme McGee devait s'accrocher à cette idée, aussi longtemps qu'il lui serait possible.

Patrick McGee revint de la cuisine et déposa sur la table basse un plateau d'osier chargé de tasses et d'une petite assiette de biscuits. Diane ne lui laissa pas le temps de s'asseoir et attaqua :

– Monsieur McGee, racontez-nous, dans le détail le plus infime, ce qui s'est passé, depuis votre arrivée dans ce restaurant jusqu'au moment où vous êtes revenu des toilettes. Dites-moi la stricte vérité, sans petites atténuations, d'autant que, à mes yeux, vous n'êtes pas coupable.

Pat McGee haussa les épaules. Au point où il en était, le jugement de la psychiatre lui était indifférent. Son couple s'était délabré au-delà du réparable. Quant à lui, il se détestait et ne se pardonnerait jamais ces deux minutes. D'une voix atone, il narra pour la quinzième fois la même histoire. Il était défait, sans plus aucune combativité. Diane se demanda si, dans un recoin de son cerveau, il n'avait pas déjà admis le pire, tout en le refusant : la mort de l'enfant. Par sa faute. Les mères s'accrochent le plus souvent jusqu'au bout, jusqu'à la déraison. La dévastation, la souffrance est identique pour les deux membres du couple. Cependant, l'espoir dévorant, insensé, semble davantage réservé à celle dont le sang a nourri l'enfant durant neuf mois.

Diane l'interrompit soudain :

– Elle a crié, vous a donné des coups de pied lorsque vous l'avez prise dans vos bras ? vérifia-t-elle.

– Oui… euh… Elle était fatiguée… On a du mal à… évaluer la capacité de concentration d'un enfant…

– Quelques petites minutes, certainement pas celle d'un adulte. Et encore, il y a des adultes qui ne peuvent pas se focaliser cinq minutes sur la même tâche, balança Diane d'un ton dont elle regretta aussitôt la sécheresse.

Il serra les mains avec nervosité. La profileuse songea qu'au fond ils se ressemblaient un peu. Du moins ressemblait-il à la Diane d'avant. Un type brillant qui voulait une fille aussi brillante que lui mais qui avait oublié qu'elle n'avait que quatre ans. Il ne se rappelait plus que, petit garçon, il avait patouillé avec délices dans la boue, fait des bêtises, rêvé, s'était raconté des histoires à dormir debout, avait désobéi à ses parents, piqué deux pièces de monnaie à sa mère pour s'offrir les bonbons convoités, parce que c'est aussi ainsi que l'esprit humain se construit.

– Revenez là-dessus, je vous prie, reprit-elle. Karina refusait de se souvenir où se trouvait la carte figurant le premier papillon parce qu'elle était fatiguée, énervée, donc de mauvaise humeur. Vous avez insisté et elle a failli fondre en larmes, c'est bien cela ?

– En effet. Du coup, je m'en suis voulu, je me suis levé pour la prendre dans mes bras, l'embrasser, mais elle s'est mise à hurler, à se débattre.

– Que s'est-il passé à ce moment précis ?

– Comment cela... ? Euh... je vous l'ai dit, elle hurlait et...

– Non, les gens autour ? Il devait y avoir des passants. Il était un peu plus de treize heures. En général, quand un enfant pleure ou crie, les gens regardent dans sa direction.

– Euh... oui... Deux ou trois personnes se sont tournées vers nous. J'étais un peu gêné... Les gens imaginent toujours le pire... comme si on maltraitait l'enfant.

– Oui, c'est là que je veux en venir.

Pat McGee la fixa en fronçant les sourcils.

– Que voulez-vous dire ?

– Un bon prétexte pour une ravisseuse. L'enfant est l'objet de mauvais traitements. Elle vole à son secours.

– Mais enfin... je ne martyrisais pas Karina... c'était un jeu éducatif...

– Qui exaspérait la petite, et nous parlons de subjectivité. Il convient de penser avec l'esprit d'une femme qui a décidé de s'approprier un enfant. Parmi les gens qui se sont tournés vers vous, une femme vous a-t-elle semblé particulièrement réprobatrice, voire agressive vis-à-vis de vous ?

McGee réfléchit un instant puis :

– Non... D'ailleurs, c'était plutôt ce type...

– Un homme ? À quoi ressemblait-il ?

– Un brun, assez grand, d'une bonne trentaine d'années. Il passait sur le trottoir d'en face, et lorsque Karina a fait sa crise… Enfin… quand elle s'est énervée, il s'est arrêté net et a regardé dans notre direction. Un moment, j'ai bien cru qu'il allait intervenir. J'étais… embêté.

– Vous avez donc reposé votre fille sur son siège et êtes allé aux toilettes, conclut Mannschatz sans parvenir à gommer le reproche de sa voix.

Vanessa McGee, qui n'avait pas regardé une seule fois son mari, se leva d'un bond en criant :

– C'est pas vrai… C'est encore pire que… Merde, il y a un type de l'autre côté de la rue et tu laisses ma fille parce que tu as les jetons qu'il te fasse une remarque ? Mais tu es en dessous de tout !

– C'est aussi MA fille, grommela Pat McGee sans lever la tête. Et le type a passé son chemin.

– Non, tu ne la mérites pas. C'est ta faute, ta faute ! hurla-t-elle en en disparaissant par la porte située à droite de Diane.

Un silence de gêne s'installa. Pat McGee le rompit d'une voix faible et si incertaine que Diane se demanda s'il n'allait pas fondre en larmes.

– Elle… Elle a évoqué le divorce… hier soir. Remarquez… au point où en est notre relation, ça vaudrait peut-être mieux…

– Les choses sont plus… enfin moins insupportables quand on les affronte à deux, monsieur McGee, remarqua Gary.

– Pas dans ce cas… pas dans notre cas. (Il leva soudain la tête et, s'adressant à Diane, déclara d'un ton amer et désolé :) C'est dingue… Un jour vous avez tout, vous ne vous rendez même pas compte de votre chance et, en un instant, plus rien. Tout a disparu…

La psychiatre hocha la tête. Elle savait exactement ce qu'il voulait dire. En un instant « l'enfer est ici et maintenant », sa phrase fétiche, celle qui tournoyait avec lenteur sur son fond d'écran.

– Vous croyez que ce type… Le brun… Mais si c'est un homme qui a enlevé Karina… ce n'est pas une histoire de maternité inassouvie… Je veux dire… En plus, il s'est éloigné très vite…

La panique faisait vibrer sa voix de façon métallique.

– Je ne crois rien, monsieur McGee. Tout ce que je sais, c'est qu'un cheveu de votre fille a été découvert sur une scène de crime, cinq jours après son enlèvement à Cambridge. Nous pensons donc que son ravisseur a un lien avec le meurtre sur lequel nous enquêtons.

Il ouvrit la bouche. Elle l'interrompit :

– Nous ne savons rien d'autre, monsieur McGee.

Il enfouit son visage dans ses mains et murmura :

– C'est un cauchemar.

– Malheureusement pas.

Ils rejoignirent leur véhicule garé non loin de la coopérative de l'université de Harvard où les étudiants pouvaient se fournir à prix réduit, à quelques rues de l'immeuble des McGee, sur l'un des rares parkings à disposition des non-résidents. Mannschatz vérifia :

– Vous en avez pensé quoi ?

– Dans le désordre ? Que leur couple n'y survivra pas, que je doute qu'ils soient impliqués autrement qu'en raison de la négligence du père, que je n'exclus pas qu'un familier soit le kidnappeur. En d'autres termes, il faut que Mike et vous enquêtiez sur la famille, les amis proches ou moins proches, les relations de travail, de voisinage, bref, le truc habituel. Je veux aussi que vous passiez en revue toutes les récentes disparitions d'enfants dans le coin et que nous soyons alertés dès qu'un autre se volatilise.

– Vous pensez que le tueur va récidiver… avec un gosse, je veux dire, enfin, si c'est le même ?

– Pas la moindre idée, d'autant que je ne suis toujours pas convaincue qu'il s'agisse de la même personne. Mais si, par exemple, une autre petite fille ressemblant un peu à Karina disparaissait ou avait disparu... je ne sais pas, ça pourrait constituer un début de piste et nous en manquons, c'est le moins qu'on puisse dire.

Ils parvinrent à hauteur de la voiture, et Mannschatz déverrouilla les portières. Diane poursuivit en s'installant :

– Ah... demain, je ne serai pas à la base avant le milieu d'après-midi. Je vais récupérer la petite chienne d'Yves Guéguen à Washington. Elle arrive de France.

– Vous l'adoptez ?

Diane hocha la tête en précisant :

– Un coup de tête. Je devais avoir besoin de me compliquer la vie.

– Si vous avez besoin d'une dog-sitter pour la garder de temps en temps, ma femme Kim craque complètement avec les animaux. Enfin, si ce n'est pas un énorme molosse qui risque d'emporter toute la boutique en s'ébattant. D'ailleurs, un jour, je vais céder et lui en offrir un. Petit. J'adore céder à ma femme.

Gary éprouvait une véritable passion pour sa femme d'origine vietnamienne. Elle possédait un très joli magasin de fleurs à Fredericksburg. Néanmoins, ainsi qu'il le soulignait à chaque occasion, elle n'était pas fleuriste mais « artiste florale ».

– Il s'agit d'une petite bouledogue française. C'est gentil de me le proposer. Je songeais à faire le tour de toutes les pensions du coin.

Le super-flic tourna la clef de contact et fixa le profil de la psychiatre en demandant d'un ton plat :

– Vous y croyez, à cette histoire de petit voleur qui lui aurait fait la peau ? Parce que ça nous étonne, Mike et moi. Enfin, il était super entraîné.

– Je sais. La police française semble formelle. Il est vrai qu'on n'est jamais à l'abri d'un moment d'inattention. (Elle réfléchissait en même temps qu'elle parlait. Un avis péremptoire de sa part risquait d'alerter Mannschatz.) Cela étant, je suis comme vous. Étonnée.

– Je suppose que ça a été un choc pour vous.

– En effet. Ça l'est toujours.

Boston, États-Unis, octobre 2008

Quelle chose remarquable que cet expresso, servi dans une jolie tasse en porcelaine blanche, si fine que, lorsqu'on la portait à la bouche, le soleil irisait le fond telle de la nacre. Chez Sabatino's, un café de Hanover Street dans le North End, on le servait accompagné d'un petit biscuit craquant, au miel et aux épices. Un délice. Un minuscule délice, mais un délice parfait.

Les habitués qui s'arrêtaient le matin riaient, s'interpellaient. Le cœur du North End restait encore un peu un village, du moins pour l'ancienne génération, plus pour longtemps.

Au fond, la vie est pleine de délices. Néanmoins, en général on ne les remarque pas. Il serait ahurissant d'en vouloir aux gens de cet aveuglement. Ils sont bombardés de sollicitations, de stimulations en tout genre. Alors forcément, ils ne voient plus le reste, les petits délices qui ne font pas de bruit. Ils sont si discrets qu'on finit par les croire banals, puis par les ignorer complètement. C'est dommage.

Où donc était paru ce remarquable article sur la dépression nerveuse ? Il y était dit que les déprimés se sentent spectateurs et non plus acteurs. Sur une liste de mots, ils en retiennent moins que les sujets témoins, mais mémorisent surtout ceux qui ont une connotation négative, triste, inquiétante. Peut-être que la société elle-même souffrait d'une dépression nerveuse, ce qui expliquerait que plus personne ne prête attention aux minuscules perfections.

Certes, il est bien difficile de revenir en arrière. Réapprendre qu'un expresso avec son biscuit croquant est une merveille. Se délecter du moment où votre petit plateau arrivera sur votre table. Anticiper l'odeur du café, la sentir enfin. Tourner le breuvage, détailler la volute d'écume beige très pâle qui adopte la danse de la cuiller, découvrant par instants le minuscule océan ébène. Casser en deux le biscuit afin de le faire durer plus longtemps. Avaler avec voracité la première moitié, mais déguster avec lenteur la seconde, la laisser fondre sur la langue.

Il faudrait que chaque geste soit pensé, ait une véritable destination. Pris dans un cyclone de contraintes, d'obligations, d'habitudes, nous nous agitons, oubliant d'un moment à l'autre la raison de nos mots, celle de nos gestes.

Redevenir acteur. Redevenir un véritable protagoniste de notre drame personnel. Savoir, avec précision, les mots que nous dirons, la façon dont nous les prononcerons et pourquoi et à qui.

Il allait falloir agir, parler, crier. Pas à pas. Mot après mot. Crier pour couvrir les faux cris de l'autre. Car elle ne pouvait plus crier. Pourtant, elle hurlait quand même dans sa tête. Dans leurs deux têtes.

C'était beaucoup moins douloureux qu'au début, cela devenait de plus en plus aisé à chaque répétition. Comme pour un acteur.

Il allait falloir redevenir acteur de sa vie, cette vie qui se transformerait en spectatrice de la mort de l'autre.

Fredericksburg, États-Unis, octobre 2008

La nuit était tombée. Une de ces nuits parfaites, tièdes, adoucies par la pluie fine du milieu d'après-midi, qui faisait remonter vers Diane une odeur d'herbe coupée et de menthe sauvage.

Elle baissa les yeux vers la nappe tiède assise sur son pied nu. Silver-l'autre, la petite chienne qui la contemplait avec ses gros yeux un peu proéminents, marquant sa satisfaction par d'impressionnants raclements de gorge.

Un coup de foudre dès son débarquement de la soute, alors que la petite bête tenait à peine sur ses pattes, évacuant les calmants qu'on lui avait donnés pour qu'elle ne s'affole pas durant le voyage en avion. Un coup de foudre mutuel, d'autant plus étonnant que Diane n'aurait su dire avant son arrivée si elle aimait les animaux. Certes, elle était indignée par les mauvais traitements qu'on leur réservait, prête à signer n'importe quelle pétition pour leur défense ou leurs droits, mais les aimait-elle ? À la vérité, elle ne s'était jamais posé la question, pas même lorsque Leonor pleurait, tempêtait, suppliait pour qu'elles adoptent un chaton, ou même un mignon hamster. Elles habitaient New York, un animal est privateur de liberté, il faut s'en occuper, le sortir ou changer sa litière, ça laisse des poils partout et ça ne sent pas le

Chanel. Bref, d'imparables arguments selon la Diane de l'époque.

Pourtant, la femme et l'animal avaient été conquises l'une par l'autre, en quelques minutes.

Silver-l'autre, que Diane avait installée à l'arrière de la voiture à la sortie de l'aéroport de Washington où elle était allée la récupérer l'avant-veille au petit matin, avait sauté à l'avant et s'était assise sur le siège passager pour l'examiner avec le plus grand sérieux. Puis elle avait émis quelques jappements joyeux de chiot en remuant son moignon de queue, avant de s'affaler sur le flanc dans un grand soupir, destinant à sa nouvelle maîtresse un regard liquide de tendresse. Savait-elle que son ancien maître était mort et que Diane était devenue sa meilleure option ? Ou alors s'agissait-il véritablement d'une adoption inconditionnelle ? Diane refusait de se laisser aller à un anthropomorphisme échevelé. Prêter des sentiments humains à un chien. Mais justement, existe-t-il des sentiments spécifiquement humains ? N'avons-nous pas hérité de ceux des mammifères, à la seule différence que nous sommes capables de les analyser, de les expliquer et, dans une certaine mesure, de les contrôler ? Diane n'aurait juré de rien sauf de cela : ceux qui affirment que les animaux supérieurs ne pensent pas et ne ressentent pas ne prouvent qu'une chose, ils ne les connaissent pas.

Toujours était-il que Silver-l'autre était devenue sa compagne en quelques jours. Le soir de son arrivée, Diane avait cédé sur la chambre pour se rendre compte que la bouledogue attendait qu'elle soit endormie afin de sauter sur le lit et de se coller à elle. Elle avait tenté de la remettre sur son coussin au pied du lit. En vain. La chienne était plus têtue qu'elle. Diane avait fini par conclure que, au fond, ça ne la gênait pas de dormir avec un chien, même un chien ronfleur. Un problème de réglé, à l'immense contentement de Silver-l'autre, qui creusait sa place et avait décidé de se rendre indispensable. D'ailleurs, en dépit de la tendresse débordante que manifeste la race, Silver-l'autre était un bouledogue français digne de ce nom : elle avait un caractère de molosse et rien ne lui faisait peur. Dotée d'une ouïe exceptionnelle, elle grondait au moindre bruit suspect, se redressait, une crête de poils se formant de colère le long de son épine dorsale, ses oreilles de chauve-souris raides, prête à charger, inconsciente du fait qu'elle ne pesait que dix kilos. Rassurant. Chaque fois, Diane songeait à toutes ces victimes qui ne seraient jamais mortes si un animal avait donné l'alarme. Un système électronique se coupe, pas les aboiements d'un chien ni la soudaine nervosité agressive d'un chat. D'autant que les chiens font peur, à juste raison. Leur bravoure n'a d'égale que leur générosité et ils s'oublient pour protéger un maître ou un territoire.

Cependant, Diane avait décidé qu'un peu de fermeté ne serait pas superflue. Après tout, l'Homme doit dominer. Aussi avait-elle interdit l'entrée du bureau, celui du poster, à la chienne. Les hurlements à la mort de Silver-l'autre, ses gémissements à fendre l'âme, ses grattements frénétiques de griffes contre la porte l'avaient fait changer d'avis. Elle ne parvenait plus à se concentrer. La bouledogue avait été admise. Dès qu'elle était entrée dans la pièce dont l'espace était réduit par l'amoncellement d'ouvrages, les bibliothèques et les casiers à dossiers qui tapissaient trois des murs, elle s'était couchée dans un soupir de soulagement, juste sous l'immense poster, celui d'une Leonor souriante, tenant une grosse marguerite orangée à la main. Elle avait étendu ses pattes arrière à la manière d'une grenouille et dégluti de bonheur. Diane n'avait pu s'empêcher d'y voir un signe : Leonor avait enfin le chien dont elle avait tant rêvé.

Au bout du compte, la chienne l'accompagnait partout, même dans les toilettes ou la salle de bains. Depuis deux jours, Diane faisait un passage éclair chez elle à midi pour la sortir une dizaine de minutes avant de repartir pour la base. Elle en était à se demander comment elle pourrait négocier avec le général Parry afin qu'il l'autorise à introduire Silver-l'autre dans son bureau du Jefferson Building où, bien sûr, les animaux étaient interdits. Insister sur le fait qu'elle était folle, d'où son efficacité ? Ça pouvait marcher. Personne ne comprenait comment elle procédait ou fonctionnait. Elle y avait veillé. Du coup, Silver-l'autre devenait une sorte de talisman, un outil sans lequel elle ne pouvait réfléchir, descendre en elle-même. Une idée à creuser puisque – en dépit de ses dénégations – ils croyaient tous qu'elle était médium alors qu'elle pratiquait la logique pure. Conserver le mystère. Les hommes raffolent de mystère.

Wellesley, États-Unis, octobre 2008

Katherine McDermid soupira en se relevant. Elle tira le gant de latex de sa main droite et le roula sur l'extérieur afin d'éviter tout contact avec l'index maculé de sang.

Ted Simmons, son partenaire du Boston PD, pénétra dans la chambre, fort peu en désordre si l'on considérait ce qui s'y était déroulé.

– L'alarme n'a pas été rebranchée depuis jeudi soir, onze heures.

– Ils n'étaient pas abonnés à une société de surveillance chargée de vérifier l'activation chaque soir ?

– Non. C'est un de ces modèles d'il y a quelques années. Si ça se déclenche, ça appelle deux ou trois numéros de téléphone sélectionnés, en général un voisin qui prévient les flics.

– En parlant des voisins, t'as vu quelqu'un, à part le témoin ? demanda McDermid.

Simmons hésita, puis :

– Écoute, c'est pas notre enquête, d'accord ? J'ai prévenu Gavin Pointer, il arrive. Nous sommes là parce que notre voiture de patrouille était la plus proche et qu'un type a remarqué la porte de la baraque entrouverte, en promenant son clébard.

Katherine lutta contre la mauvaise humeur qui l'envahissait. Âgée de vingt-cinq ans, elle maudissait le jour où on lui avait collé Simmons comme partenaire. Ted était à quelques mois de la retraite, qu'il évoquait quotidiennement d'un ton de convoitise. Il n'avait aucune envie de se retrouver mêlé à une enquête délicate, qui pouvait se transformer en source d'emmerdements majeurs vis-à-vis de la hiérarchie. Au demeurant, Ted faisait partie de cette race de flics, pas si fréquents que cela, dont on se demande comment et surtout pourquoi ils sont arrivés là. Exaspérée, Katherine lui avait un jour balancé :

– Le service postal, c'est chouette aussi. Surtout, c'est moins dangereux.

Ted se vantait de n'avoir sorti son arme que pour impressionner, dissuader, sans jamais avoir fait feu. En revanche, il avait toujours déployé un indiscutable talent lorsqu'il s'agissait d'éviter une situation où il risquait de se faire trouer la peau, même au cours d'un simple cambriolage. Les sommations de Ted faisaient rigoler tous les collègues. Interminables, de sorte à s'assurer que le voleur avait eu le temps de filer, avec son butin ou pas.

La poisse d'être tombée avec ce mec. Ce n'était pas de cette façon qu'elle allait progresser. Katherine tenta d'apaiser son aigreur : plus que quelques mois et on lui affecterait un autre partenaire. De surcroît, elle lui en voulait, au gros Simmons dégarni qui ne pensait plus qu'à ses parties de pêche à la mouche avec ses copains déjà en retraite. Il n'en avait rien à faire de cette femme qui gisait à deux mètres d'eux, le visage, les bras, les jambes, tout le corps tailladé. « La faute à pas de chance », pensait-il sans doute. Emma Crampton avait cinquante-neuf ans. En dépit des innombrables coupures qui avaient effiloché le tissu, elle portait le soir de son meurtre une robe en cotonnade beige, à manches longues, serrée à la taille par une ceinture. Elle n'avait plus ses chaussons aux pieds. Tous deux gisaient dans l'escalier qui montait de l'entrée vers les chambres. Elle les avait perdus dans sa fuite.

Katherine McDermid pivota sur elle-même, détailla à nouveau la chambre, celle d'Emma si l'on en jugeait par le lit d'une place, la commode renflée surmontée d'un miroir ovale inclinable, les rideaux bouillonnants d'un blanc rosé, les aquarelles assez convenues pendues aux murs, toutes représentant des fleurs. Sur la commode, une collection de photos familiales et souriantes. Emma jeune, serrant contre elle un petit garçon aux cheveux bouclés. Emma et un homme assez élégant qui enserrait ses épaules de son bras, son mari sans doute. Emma et deux personnes plus âgées, ses parents peut-être. Emma de nos jours, berçant un bébé. Petit-fils ou petite-fille ? Une chambre très féminine, sans grande imagination mais plaisante. Sûrement celle d'une femme sans grande imagination mais plaisante.

La chambre du mari, Bernard Crampton, était située à l'autre bout du palier, du moins était-ce ce que Katherine avait déduit de l'ameublement plus masculin et des vêtements pendus dans le dressing attenant.

Un pas lent résonna dans l'escalier. L'enquêteur Gavin Pointer pénétra dans la chambre d'Emma. Katherine McDermid se fit pour la centième fois la réflexion qu'il s'agissait d'un beau spécimen du genre masculin, sorte de George Clooney en plus jeune, la ressemblance ayant sans doute été travaillée. Le cheveu dru, poivre et sel, bien qu'il n'ait que trente-cinq ans, grand, baraqué sans lourdeur, l'œil d'un pétillant noisette, la barbe naissante, il portait à son habitude une chemise blanche déboutonnée au col et aux poignets sur un jean ajusté ce qu'il fallait. Lorsqu'il leva la main dans un geste vague pour les saluer, elle remarqua les poils qui couvraient ses premières phalanges et s'en voulut d'être un peu troublée par ce détail. Crétine ! Quoi, c'était un brun et il avait sûrement une toison sur la poitrine. Elle n'allait quand même pas tomber en pâmoison ! À sa décharge, pas mal des officiers féminins du Boston PD trouvaient Gavin Pointer très à leur goût.

De cette voix de baryton un peu lente, dont elle était certaine qu'il la cultivait avec soin, il lança, tout en examinant la scène :

– Salut ! Merci de m'avoir attendu. Je reprends à partir de là.

– Euh… Si ça ne te gêne pas, je resterais bien un peu, lâcha-t-elle.

– Ben… si on n'a plus besoin de moi…

– Non, non, Simmons, tu peux y aller. (Pointer se tourna vers Katherine et sembla hésiter :) Ouais, pourquoi pas ?

Simmons ne se fit pas prier et disparut aussitôt.

Katherine sentit que Pointer se serait volontiers passé de sa collaboration mais décida de s'incruster quand même. Elle poussa la bêtise jusqu'à tenter de se justifier :

– Non, parce que avec Ted… y a pas moyen…

Pointer l'interrompit d'un ton un peu méprisant :

– Écoute, McDermid, tes problèmes avec ton partenaire, c'est pas mes oignons. Alors tu en discutes avec lui et tu me les épargnes, d'accord ?

Elle se sentit rougir sous le camouflet et serra les mâchoires, retenant la bordée d'injures qui lui venait. Pour qui il se prenait, ce type ? Quoi, il était enquêteur, grand chef sioux, et les autres étaient des riens du tout ? Pointer lui demanda :

– Donc, pas d'autre cadavre ? Pas de mari ?

– Non, j'ai fouillé partout, j'ai même vérifié le jardin à l'arrière de la maison et le garage.

– Et la porte d'entrée principale était entrouverte ?

– Pas mal, puisque ça a alerté l'attention du témoin qui rentrait de promener son chien. Un certain Daniel Ruther.

– Ouais, j'ai un peu discuté avec lui en bas. Comme ça, et sous réserve, je dirais qu'elle est morte depuis environ quarante-huit heures. Ça ne sent pas encore trop mais il y a déjà pas mal de mouches, énuméra-t-il en suivant du regard un des insectes qui bourdonnaient bruyamment dans la chambre.

– Les techniciens de scène seront là dans quelques minutes.

– Hum…

– Les gens de l'institut médico-légal ne devraient pas tarder non plus.

– Non, la détrompa Pointer de sa voix profonde et lente. Quelqu'un doit passer avant. Je l'ai prévenue dès que j'ai appris qu'on avait une autre victime.

– Qui ?

Gavin Pointer la regarda et lâcha un petit soupir las qui fit monter d'un cran l'agacement de la jeune femme.

– Tu verras. Un hélicoptère l'amène à l'aéroport de Logan et une voiture du Boston PD l'y attendra. J'avoue que je suis impatient de voir comment elle procède. Il paraît que c'est la meilleure dans son domaine. Il paraît aussi qu'elle est dingue. Bon, si tu pouvais te taire maintenant, ça m'arrangerait. Je veux prendre des notes et j'ai besoin de silence pour me concentrer.

Il s'agenouilla à une trentaine de centimètres du corps ensanglanté d'Emma Crampton, mains à plat sur ses cuisses, et la regarda fixement. Katherine ne perdait pas un détail de la scène, en dépit du fait que ce type lui déplaisait maintenant. Il était peut-être beau mec et enquêteur, cependant, c'était avant tout un gros prétentieux.

Le Bell Jet Ranger de Diane Silver avait atterri tel un insecte sur la piste militaire reléguée aux confins de l'aéroport international de Logan qui fait face à Deer Island. Une voiture du Boston Police Department attendait la psychiatre. Son chauffeur, qui paraissait tout juste sorti de l'adolescence avec ses cheveux très blonds, coupés si court que l'on voyait la peau rosée de son crâne, semblait manquer de compagnie.

Bostonien de souche et pas peu fier de l'être, il l'avait saoulée de banalités, ne manquant pas de lui raconter l'histoire de la ville, de lui signaler les bâtiments « significatifs », ainsi qu'il les appelait. Elle avait eu droit à une véritable visite guidée. Dépassant le Fenway Park, il avait précisé que le stade avait été construit en 1912 grâce aux succès répétés de l'équipe de base-ball d'alors, « les Pèlerins ». Il s'était ensuite extasié sur le Symphony Hall au coin de Massachusetts et Huntington Avenues, sur l'extraordinaire qualité de l'orchestre symphonique de Boston, que le pays entier leur enviait. Puis, désignant le bâtiment baroque situé en face, qui évoquait à Diane un gros gâteau de mariage, le Horticultural Hall, il avait souligné que peu de villes accueillaient des expositions florales aussi stupéfiantes. Diane avait failli lui demander s'il pensait qu'elle tombait de la planète Mars. Cependant, il était gentil et faisait de son mieux, aussi s'était-elle efforcée à une courtoisie de forme.

Ils avaient dépassé Brookline et poursuivi vers l'ouest. Intarissable, il avait continué son monologue, se congratulant d'habiter dans une des plus belles villes du monde, dont le seul défaut à ses yeux était une circulation automobile infernale et des conducteurs bostoniens réputés pour leur application très approximative du code de la route et des règles de courtoisie au volant, si squelettiques fussent-elles. Fort heureusement, l'enthousiasme du jeune flic se passait d'encouragements, et Diane n'avait eu qu'à feindre l'intérêt en émettant quelques onomatopées admiratives et autres sons de gorge.

Lorsqu'il s'était enfin garé à Wellesley, devant un joli pavillon entouré d'un jardin, l'après-midi s'achevait. Diane avait retenu un soupir de soulagement en descendant de voiture et en remerciant le jeune officier. Cependant, fort de sa mission, il l'avait conduite jusqu'au flic qui gardait l'entrée principale de la maison. Elle l'avait à nouveau remercié, priant le ciel pour qu'on lui trouve un autre chauffeur, muet de préférence, pour la raccompagner à Logan, une fois qu'elle en aurait terminé. Elle était au bout de ses réserves de civilité.

– Docteur Diane Silver.

La voix grave, lente, presque essoufflée qui résonna dans leur dos fit sursauter les deux flics du Boston PD.

Katherine McDermid salua l'arrivante d'un signe de tête, n'osant pas se présenter. Quant à Pointer, il la rejoignit en deux enjambées et lui tendit une main virile qu'elle serra sans aucun enthousiasme.

– Enquêteur Gavin Pointer. Les techniciens de scène de crime sont repartis. Ils ont effectué tous les prélèvements mais n'ont rien dérangé, comme convenu.

– C'est bien. Merci de m'avoir prévenue au plus tôt, déclara la profileuse, le regard fixé sur Emma Crampton.

– À mon avis, elle est morte depuis quarante-huit heures, répéta Pointer.

– On va s'éviter l'amateurisme, si cela ne vous ennuie pas, et attendre le rapport d'un professionnel, le rembarra Diane sans même s'en rendre compte.

Gavin Pointer se justifia :

– C'est que j'ai pas mal de kilomètres au compteur. J'ai vu un certain nombre de cadavres dans ma carrière.

– Hum… J'adore les impressionnistes. Je connais bien leurs œuvres. Ça ne fait pas de moi Renoir…

Katherine McDermid, assez contente que l'autre se fasse clouer le bec, se rapprocha de deux pas.

Diane fit le tour de la chambre du regard. Lèvres crispées, elle étudia chaque détail. Pointant un index impoli vers Katherine, elle demanda sans tourner le visage vers elle :

– Vous êtes ?

– Officier Katherine McDermid, madame.

– Docteur, rectifia Diane d'une voix lente. Vous êtes arrivée la première sur place, n'est-ce pas ?

– Oui, docteur.

La jeune femme eut soudain droit à toute l'attention de la profileuse, à son regard bleu pâle, rendu encore plus intense, plus glacial par le trait de khôl qui soulignait ses paupières inférieures.

– Qu'avez-vous pensé, senti... ? N'importe quoi, même si ça vous paraît crétin.

Un léger fard monta aux pâles joues de rousse de Katherine. Diane précisa :

– Surtout, ne retenez rien de crainte de dire une ânerie. C'est de cette façon que l'on commet les plus grosses.

La jeune flic jeta un regard de biais à Pointer qui n'avait pas l'air ravi qu'elle prenne de l'importance. Il défendait SON enquête, une enquête importante qui pouvait avoir un impact considérable sur sa carrière si ses relations avec le FBI, donc avec cette femme, se déroulaient bien.

– Ben... c'est-à-dire... D'abord, je me suis dit que le tueur de couples avait encore frappé. Sauf que j'ai aussitôt cherché le mari et...

– On discutera du mari plus tard, l'interrompit Diane Silver. Lorsque vous l'avez vue, elle, Emma. Lorsque vous avez pénétré dans la chambre.

– J'ai pensé que la vie n'était pas juste. Je sais que c'est bête, parce que, si elle était juste, ça se saurait et que je ne serais pas flic.

Katherine craignit un peu de passer pour une godiche sentimentale, mais la psychiatre approuva :

– Oui... Toutefois, cela surprend toujours, n'est-ce pas ? Ensuite ?

– J'ai regardé partout autour de moi... sans rien toucher, bien sûr. Ça m'a un peu étonnée.

– Quoi ?

– Ben, je veux dire... la chambre n'est presque pas en désordre... Juste la chaise renversée. Or, vous avez vu l'état du corps ? Tailladé, massacré. Bon, d'accord, on voit nettement l'orifice de pénétration d'une balle, mais je ne sais pas... Elle a bien dû courir, crier, tenter de se défendre...

– Assez juste. Cela étant, elle pouvait aussi être tétanisée. C'est le cas de pas mal de victimes, notamment féminines. Le rêve, pour un tueur psychopathe. Elle n'a réagi qu'après le coup de feu, alors qu'elle était à terre. Trop tard, commenta Diane en désignant la traînée de sang rouge marron qui enlaidissait la moquette gris pâle de la commode jusqu'au corps d'Emma.

– Les femmes n'apprennent pas à se défendre, intervint Gavin Pointer qui sentait la situation lui échapper.

– Pire, on leur apprend à ne pas se défendre. C'est mal élevé pour une petite fille de se battre, de prendre des coups ou d'en donner, de déchirer ses vêtements. Ça change un peu, trop lentement. Les arts martiaux devraient être obligatoires dans l'éducation des filles. C'est largement plus efficace que la danse.

Leonor. Elle était si jolie avec son tutu rose et ses ballerines, si gracieuse, si fragile. Elle adorait que Diane vienne assister à ses cours, la complimente ensuite.

– Vous voulez en faire des GI Jane à gros biceps ? commenta Pointer en réprimant un petit rire.

Diane tourna un regard glacé vers lui et déclara sans hausser le ton :

– C'est bien une réflexion de mec ! Je veux qu'elles cessent d'être des proies privilégiées. Et vous ? À votre avis, pourquoi tant de maris cognent-ils sur leur femme, parfois jusqu'à ce que mort s'ensuive, alors qu'ils ne s'attaqueraient jamais à un homme ? Parce qu'ils savent qu'ils ne risquent pas de prendre un bon coup de poing dans la figure en représailles.

Pointer toussota, embarrassé, et jugea opportun de préciser :

– Euh... je plaisantais.

– Moi pas. (Pointer parut cesser de l'intéresser, et elle demanda :) McDermid, quoi d'autre ?

La jeune flic désigna à son tour la moquette gris pâle :

– Donc, elle s'est écroulée et s'est traînée sur le ventre en direction du palier. Et puis… c'est à peu près tout, sauf que cette histoire de porte me semble assez bizarre.

– À vous aussi, sourit Diane. Pourquoi ?

– Ben, en admettant qu'elle soit morte depuis quarante-huit heures… Enfin, je veux dire, il passe quand même des gens devant la maison. Il faisait beau, c'était le week-end. Et puis, tout le voisinage connaît les Crampton. D'après ce que nous a dit Daniel Ruther, le gars avec le cocker, ils avaient une super bonne réputation. En d'autres termes, des gens pour lesquels on s'inquiète. Et puis, d'ailleurs, même lui, enfin, je veux dire Ruther… il emprunte trois fois par jour le même parcours pour balader son chien. Or, il n'a vu la porte entrouverte qu'en fin de matinée. Bon, d'accord… il aurait pu ne pas la remarquer avant, mais…

– Un peu étrange, en effet. Toutefois, ce genre de chose arrive.

Ne voulant pas être en reste, Gavin Pointer y alla d'un commentaire qu'il devait regretter :

– Je me suis fait la même réflexion.

Diane le dévisagea et remarqua d'un ton d'ironie légère :

– C'est vrai ? Et vous comptiez l'exprimer quand ?

Katherine était assez satisfaite que celui qu'elle avait peu avant surnommé « M. Gros Suffisant » se prenne une claque, mais la profileuse n'y allait pas avec le dos de la cuiller. Après tout, Pointer était un collègue. Elle tenta de détourner la conversation :

– Après ça… c'est tout… Ah si, il y a un Smith & Wesson chargé, cran de sécurité poussé, dans le tiroir de la petite desserte, dans le couloir d'entrée. Elle aurait dû le prendre… peut-être pas eu le temps, pas pensé, dans l'affolement. Ah oui… On recherche le mari, Bernard Crampton, on ne sait pas où il est. Il a laissé un message samedi soir sur le répondeur, pour dire qu'il était bien arrivé, qu'il commençait ses recherches – on ignore lesquelles, il est retraité de l'industrie automobile –, puis un autre, dimanche matin. Il était étonné que sa femme ne réponde pas… Elle était morte. Il y a aussi un message d'une certaine Melanie, qui voulait savoir quand ils organisaient une partie de bridge.

– Je les écouterai avant de rejoindre Logan. Un de mes enquêteurs appellera la compagnie de téléphone pour obtenir une copie via Internet. Idéal pour étudier les voix. Les techniciens de scène de crime ont-ils retrouvé des poils collés à la victime comme lors des deux meurtres précédents ?

– Je sais pas, docteur. Ils nous disent pas grand-chose. Eux, ils prélèvent et ils sont excellents, rien ne leur échappe, ou pas grand-chose. Mais ils ne lâchent jamais une info avant d'avoir un résultat certain. En plus, ils nous virent des lieux parce qu'on les gêne dans leur boulot… J'oubliais : la maison est protégée par un système d'alarme. Il n'était pas activé. C'est assez normal si elle se trouvait dans les lieux.

– Hum… McDermid, je vais vous demander de me laisser seule. Vous aussi, Pointer. Il faut que je réfléchisse.

L'enquêteur eut la désastreuse idée de vouloir protéger son territoire. Dans un petit rire tendu, il remarqua :

– Euh, écoutez, docteur, je ne veux pas être discourtois… Cependant, il s'agit quand même de mon enquête.

Elle le considéra quelques instants, hocha la tête en signe de dénégation et précisa d'un ton lent et sans appel :

– Erreur. Il s'agit de MON enquête, c'est-à-dire d'une enquête du FBI à laquelle vous pourrez participer à la condition que vous ne me cassiez pas les pieds. Ce sera tout, Pointer. Je vous rejoindrai en bas quand j'en aurai terminé.

Un sourire aux lèvres, elle attendit la bordée d'injures qu'il retenait avec effort, elle le sentait. Au lieu de cela, il haussa les épaules et sortit d'un pas hargneux, suivi de McDermid.

Boston, États-Unis, octobre 2008

Le ciel était couvert et de violentes averses s'étaient abattues depuis le matin sur la ville. Il court une blague sur Boston : « Si le temps ne vous plaît pas, ne bougez pas, ça ne durera pas. » Les écarts de température peuvent y être éprouvants, grimpant ou chutant de vertigineuse façon en quelques heures.

Claire refit pour la troisième fois le tour du pâté de maisons, slalomant dans les rues charmantes et étroites de Beacon Hill, sans doute le plus joli quartier de Boston. Le plus onéreux, également. Des avancées de trottoirs en brique décorées de bacs de fleurs ou plantées de hauts lampadaires, répliques du XIXe siècle, censées ralentir les véhicules, l'avaient rendu encore plus impraticable. Boston est l'une des rares villes des États-Unis où il vaut mieux marcher que conduire, sans doute parce qu'elle fut bâtie avant l'invention de l'automobile.

Chase, cinq ans, installé à l'arrière, répéta pour la dixième fois de sa voix plaintive :

– Quand est-ce qu'on rentre, maman ?

– Bientôt, chéri. Il faut absolument que je livre ce travail à l'éditeur. Continue à écrire. Tu me montreras lorsque nous serons à la maison.

Depuis qu'il connaissait l'alphabet, le plus grand bonheur de Chase avait été d'« écrire » dans un grand cahier, c'est-à-dire de tracer des mots qui n'avaient aucune signification, successions parfois étonnantes de lettres. Ses parents s'étaient convaincus qu'il deviendrait un nouveau Philip Roth ou Jonathan Franzen.

Claire s'était de tout temps destinée à l'enseignement. Cependant, trois enfants, dans une ville où les faire garder coûte très cher, l'avaient dissuadée de poursuivre dans son projet. Elle se serinait que ce n'était que partie remise, que lorsque tous seraient plus grands, plus autonomes, elle réaliserait son rêve. Cela étant, ce n'était pas ce que gagnait Terence, son mari, dans sa compagnie d'assurances qui leur permettait de faire des folies. Aussi contribuait-elle à leur existence en corrigeant des manuscrits, réécrivant des traductions. Un travail qu'elle aimait et qui lui permettait de rester chez elle. Et puis, Terence et elle avaient opté dès leur rencontre pour une certaine qualité de vie. Sortir de la course au fric, prendre le temps d'exister, faire des enfants par amour, pour s'en occuper vraiment. Même s'ils jonglaient parfois en fin de mois, s'ils passaient toujours leurs vacances dans la maison de campagne des parents de l'un ou de l'autre, si les sorties étaient rares, si chaque achat était pesé, Claire ne le regrettait pas.

Elle jeta un regard à sa montre en pestant :

– Ah mince, c'est pas vrai. Dix-huit heures passées ! Quel fichu quartier ! Impossible de se garer.

Passant à nouveau devant l'immeuble de brique rouge de son éditeur, elle décida :

– Bon, écoute… j'en ai pour deux minutes… Je te laisse dans la voiture, portières bouclées. Tu n'ouvres à personne, d'accord ?

Elle braqua. La voiture grimpa sur le trottoir pentu. Elle serait signalée par les riverains dans les trois minutes qui suivraient. La police était féroce avec ce genre d'infraction et rappliquerait aussitôt. En général, cela vous valait une amende salée et le remorquage de la voiture à la fourrière. Néanmoins, elle s'épargnerait la dernière punition grâce à son fils à l'arrière. Quant au reste, elle la jouerait mère débordée, inquiète pour son emploi et étranglée par un vilain éditeur sans cœur. Elle se répandrait en excuses et en promesses de ne jamais récidiver. Ça marchait assez bien.

Elle sauta du véhicule, verrouilla les portières à l'aide de la clef, sa vieille Ford datant d'avant les télécommandes en série. Elle grimpa à la hâte la volée de marches qui menait à l'entrée du bel immeuble ancien, haut de trois étages. Elle enfonça le bouton de l'Interphone. La voix de Ben résonna aussitôt.

– C'est Claire. Désolée, impossible de se garer.

Un déclic, elle traversa au pas de charge le hall d'entrée et monta l'escalier qui menait au duplex de son éditeur. Il l'attendait sur le pas de la porte, élégant dans son costume de soie beige soutenu.

– Je suppose que vous n'avez pas le temps pour un verre ?

– Non… j'ai laissé mon fils dans la voiture, en bonne mère indigne qui cherche à éviter la fourrière, plaisanta-t-elle.

– Oh, moi, je sanglerais ma vieille mère dans un siège bébé à l'arrière s'il le fallait, renchérit-il sur le même ton. En plus, avec son fichu caractère, elle impressionnerait n'importe quel flic de Boston.

Claire pouffa, lui tendant la grosse enveloppe kraft. Elle précisa :

– Il y avait pas mal de boulot, notamment des concordances de temps, des répétitions, etc. J'ai indiqué mon compte d'heures sur un Post-it. Comme d'habitude, en rouge les corrections inévitables, genre les fautes d'anglais, au crayon à papier les suggestions, en cas de répétitions ou de phrases un peu lourdes, etc.

– Je suis sûr que c'est de l'excellent travail.

– Je file, Ben. Encore pardon. Je ne veux pas laisser Chase trop longtemps seul.

– Non, attendez, j'ai autre chose pour vous. Une retraduction d'un texte important, *La Généalogie de la morale.*

– Ah, Nietzsche.

– Délicat. Bien sûr, corrigez la nouvelle traduction et vérifiez par rapport à l'ancienne… qu'il n'y ait pas de similitudes flagrantes même si *weiß* se traduit toujours par « blanc » ! Je vous donne ça.

– C'est-à-dire que…

– Deux secondes. Hum… j'ai laissé le tapuscrit dans mon bureau, à l'étage.

Il monta à la hâte. Il sembla à Claire qu'il s'éternisait. Elle jetait de fréquents regards derrière elle, vers l'escalier. Enfin, il redescendit en s'exclamant :

– C'est toujours quand on est pressé qu'on ne retrouve plus rien ! Allez, filez. À très vite. Si vous récoltez une amende pour stationnement interdit, vous me l'envoyez.

– Merci, c'est gentil.

Claire dévala les marches et rejoignit la rue. D'abord un gros soulagement accompagné d'un plaisir un peu enfantin. Pas un uniforme en vue. Elle était ravie. Elle avait fait une bêtise et elle ne serait pas punie pour cela. Puis un étonnement vague. Elle se rapprocha du véhicule. Où était passé son fils ? Pourquoi la portière arrière était-elle entrouverte ? Elle fonça, son cœur s'emballant. Elle inspecta l'habitacle, puis scruta les alentours, ses jambes tremblant de façon incontrôlable. Elle tenta de juguler la panique qui l'envahissait. En vain. Où était Chase ?

Incapable d'ordonner ses pensées, elle fonça, ses pieds effleurant à peine les briques du trottoir très en pente. Elle tentait d'évaluer la distance que pouvait parcourir un enfant de cinq ans en l'espace de cinq à six minutes. Elle pila à l'intersection de Beacon Street, regardant en tous sens, cherchant son fils. Il ne pouvait pas s'être volatilisé. Affolée, essoufflée, elle remonta la rue en courant. Une voiture de patrouille venait de se garer derrière sa Ford. Une jeune flic la verbalisait alors que son coéquipier était resté derrière le volant.

Claire hurla :

– Officier, officier… mon fils a disparu… Chase… Il a cinq ans… Je… Je… C'est ma faute…

Elle s'immobilisa à un pas de la jeune flic, bras ballants, incapable d'une autre parole, et fondit en larmes.

– Madame… votre nom, madame. Expliquez-moi. Essayez de vous calmer. Expliquez-moi, on est là, tenta de l'apaiser la policière en intimant d'un geste sec à son partenaire de la rejoindre.

Wellesley, États-Unis, octobre 2008

Débarrassée de la présence des deux flics, bras croisés dans le dos, Diane fit le tour de la chambre. Elle poussa une porte située en diagonale de la fenêtre et de la commode : un petit dressing, parfaitement rangé, à l'exception d'une paire de ballerines beiges, balancée dans un coin, désordre surprenant dans cet endroit à l'organisation maniaque. Elle détailla ensuite les aquarelles suspendues à un rail qui courait tout autour du plafond afin de ne pas abîmer les murs tendus de soie blanc cassé. Elle souleva un pan de rideau, puis ouvrit les tiroirs de la commode. Nulle précaution requise, puisque les techniciens avaient relevé toutes les empreintes, toutes les traces. D'autant que la psychiatre était certaine qu'on ne retrouverait rien qui n'appartienne à Emma ou éventuellement à son mari et à sa femme de ménage. Emma, une femme décidément soigneuse : collants, culottes, soutiens-gorge étaient rangés en piles nettes. Une agréable odeur de lavande s'en échappait. Elle approcha les photos de son visage, songeant pour la millième fois qu'elle devrait porter des lunettes, d'autant qu'elle en possédait deux paires, rangées dans son bureau chez elle. Toutefois, sa vue médiocre ne la gênait qu'occasionnellement. En revanche, selon elle, voir mal possédait d'indiscutables avantages, dont celui d'être contrainte de regarder en se concentrant, en fournissant un effort, donc en mémorisant mieux. Voir était également une distraction pour le cerveau, et Diane s'en méfiait. Ne se consacrer qu'à une seule chose à la fois, en lui accordant toutes ses facultés, toute son énergie. Elle l'avait enseigné à Yves. Il ne serait sans doute pas mort s'il n'avait oublié ce conseil l'espace de quelques secondes. Lorsque l'on pénètre dans un hall d'immeuble, on ne pense qu'à ce hall. Pas à une femme et à son petit garçon, pas à ce que l'on fera une fois chez soi, pas à demain, pas à hier. On pénètre dans un hall d'immeuble. Ne pas penser à Yves. Accorder toutes ses facultés, toute son énergie à Emma Crampton. À son meurtre. À son meurtrier. Emma devenait son unique priorité. Durant le moment qu'elle lui consacrait, il n'existait plus rien d'autre.

La large fenêtre ouvrait sur le jardin de devant, entretenu avec soin. Diane détailla ce qu'elle n'avait fait qu'effleurer du regard à son arrivée, la large allée gravillonnée qui menait à l'entrée principale de la maison, une autre, plus étroite, qui suivait les trois murs d'enceinte, d'environ un mètre cinquante de hauteur. Les allées délimitaient deux rectangles de pelouse, plantés de rosiers tiges, ponctués aux quatre coins de buis taillés en boule. Un jardin à la française, un peu guindé, quoique plaisant, à l'instar de la chambre, à l'instar d'Emma sans doute. Nous sommes nos lieux. Nous sommes également parfois l'inverse de nos lieux, lorsqu'ils servent de compensation à ce que nous sommes devenus sans l'apprécier, voire en le redoutant. Ainsi le désordre extérieur de certains êtres trop structurés et que l'ordre martial, la rigidité de leur esprit ennuie. À l'inverse, l'extrême organisation des objets et des agendas de sujets qui luttent contre leur confusion intérieure. Cependant, à l'évidence, Emma appartenait à la première catégorie, la plus fréquente : ceux qui sécrètent des lieux extensions d'eux-mêmes.

Elle s'arrêta à un mètre du cadavre. La remarque banale quoique appropriée de McDermid lui revint à l'esprit : « La vie n'est pas juste. »

De petite taille, très mince, Emma Crampton était une brune aux yeux noisette qui devait avoir recours aux teintures capillaires pour dissimuler ses cheveux blancs. Si Diane en jugeait par les photos de la commode, c'était une assez jolie femme, avant. Avant que son visage ne soit plus qu'une pulpe sanglante d'un rouge tirant sur le marron. Le regard de Diane s'appesantit sur le rectangle de peau situé autour de la bouche, là où avait été appliqué le bâillon de ruban adhésif. Les fines coupures de cutter qui le zébraient étaient plus espacées. Il avait encore frappé après l'avoir retiré, mais sa fureur commençait à décroître. Les coups étaient moins féroces, moins… défigurants.

Elle s'assit en tailleur, ses genoux frôlant le flanc d'Emma. Elle avança la main vers l'avant-bras de la femme morte puis se ravisa. Elle ne pouvait pas la toucher, indiquer par ce geste qu'elle était là, qu'elle prenait la relève, qu'elle ne lâcherait pas, jamais. La chair n'était que lacérations. Elle la détailla quelques instants, ses pensées vagabondant : une femme, une vie, une histoire s'était arrêtées là, parce qu'un tordu en avait décidé ainsi.

Emma, aide-moi, Emma. Aide-moi à lui faire payer ta terreur et ton agonie.

Diane considéra le point d'entrée de la balle. La circonférence du trou occasionné dans le tissu de la robe était noirâtre et carbonisé. Un tir à bout portant, comme à chaque fois. Il s'agissait d'un tir précis, destiné à n'être pas létal mais à invalider la victime pour le reste, la vraie mise à mort. La boucherie. Il utilisait sans doute une visée laser, à moins d'imaginer un tireur d'élite, et encore, pas sur une cible qui bougeait, courait en tous sens. Quoi qu'il en fût, il ne pouvait pas espérer que le projectile se ficherait à chaque fois dans la colonne vertébrale, paralysant la femme, comme dans le cas d'Eve Damont. Trop de paramètres fluctuants : sa fuite, sa taille, l'angle de tir, tant de choses. Or, il la voulait consciente bien qu'immobile.

Emma s'écroulait, elle rampait sur le ventre, en s'aidant de ses coudes, vers le salut, en vain, abandonnant sous elle une trace rouge sang. Il la chevauchait, appliquant ses genoux sur ses bras. Un geste sexuel ou simplement pratique ? Erika Lu pourrait-elle distinguer les hématomes dus aux marques de prises des dégâts tissulaires provoqués par les coupures ? D'ailleurs, quelle importance ? Diane était certaine qu'il procédait ainsi puisque rien ne permettait de penser que les poignets des victimes avaient été entravés.

Le regard de la profileuse se perdit vers le lit, vers le boutis vieux rose, bordé d'un liséré amarante, qui le couvrait. La couleur du boutis changea, se mélangeant au jaune pour devenir orangé. La teinte exacte d'une grosse marguerite serrée dans une main de jolie fillette souriante. *Leonor, mon bébé.* La chambre s'obscurcit, son odeur se modifia au fur et à mesure qu'elle se vidait des derniers vestiges des présences humaines qui l'avaient envahie depuis la découverte du crime. Elle redevint la chambre d'Emma, juste avant.

Diane était enfin seule avec Emma Crampton. Presque. La profileuse glissa dans son cerveau, très loin, vers ces lourdes portes qui ne s'ouvraient que poussées par la mignonne main de Leonor.

Diane exhala, paupières closes. L'impression de flotter dans sa tête, et que ses yeux voyaient à l'intérieur de son crâne.

Il était de dos, à l'habitude, silhouette indistincte puisque Diane ne savait rien de son physique. En face de lui, Emma. Celle de la photo récente, qui berçait un bébé entre ses bras, vêtue cette fois d'une robe de cotonnade beige serrée à la taille par une ceinture, des ballerines aux pieds, beiges aussi. Une femme telle qu'Emma coordonnait ses accessoires à la couleur de sa tenue. Elle était plantée devant la fenêtre, contre la commode. Elle fixait la silhouette, un air de totale incompréhension sur le visage. Et puis, la stupéfaction faisait place à la terreur. Il venait de sortir son arme. Il tirait, une fois, il ne fallait pas qu'elle meure. Elle s'écroulait. Une fraction de seconde plus tard, elle relevait la tête, le visage crispé de douleur. Les blessures par balles font un mal de chien. Le projectile dilacère les tissus sur sa trajectoire, les arrachant telles de minces feuilles de papier. Tout se déchire à l'intérieur. Emma devait sentir son sang s'enfuir, elle devait prendre conscience que sa vie allait bientôt s'arrêter. Pourtant, elle n'y croyait pas encore. Tout en elle espérait l'invraisemblable : le salut. La silhouette se précipitait vers elle : il ne fallait pas qu'elle crie, qu'elle appelle au secours, risquant d'ameuter les voisins, pourtant assez loin. Il la bâillonnait rapidement. Quelques secondes s'écoulaient ensuite. Assez pour qu'elle rampe vers la porte. *Pourquoi ? Pourquoi ?* demanda Diane à son cerveau. Fascination de sadique pour sa proie handicapée ? Jouissive période de fantasme durant laquelle il imaginait les tortures qu'il allait lui faire subir ? Non, ce n'était pas un sadique au sens meurtrier du terme, et il était encore maître de ce qu'il faisait à ce moment-là. Il n'avait rien fait pour prolonger l'agonie de ses victimes. Il n'y avait rien de froid, de mesuré dans ses actes. Il n'y avait qu'un soudain basculement vers la fureur. Pourquoi ? Pourquoi attendait-il ? Voulait-il lui expliquer quelque chose, à quel point elle était coupable et responsable de ce qui allait lui arriver, un biais psychologique classique chez les psychopathes qui ne se reconnaissent jamais responsables de rien ? Leur victime est grandement fautive, pas eux. Diane soupira d'exaspération : elle ne devait pas influencer son esprit par ses raisonnements, des données théoriques. Son cerveau avançait, guidé par Leonor. Il n'avait pas besoin d'elle, et elle le gênait. *Cesse, idiote !*

Elle ferma sa conscience. Glisser, ne faire que glisser. Défaire ce que Diane venait de faire. Laisser travailler son cerveau. Il savait mieux qu'elle.

Elle le voyait de dos, comme toujours. Emma rampait en s'aidant de ses coudes, le regard affolé, la bouche recouverte de Scotch. Elle tentait de l'arracher. Un pied s'abattait sur son poignet. Elle rampait à nouveau. Un instant de flou et la silhouette reparaissait, vêtue de blanc, de la tête aux pieds. Il avait passé une combinaison de protection, ressemblant à celle que portent les techniciens de scène de crime ou toute personne exposée aux dangers biologiques, radiologiques ou chimiques. Il avait enfilé de gros gants sombres, sans doute en cuir, pour éviter que le cutter gluant de sang ne le blesse en glissant entre ses doigts. Un risque sérieux s'il avait opté pour du latex ou même du nitrile. Il se ruait sur Emma, la retournait sur le dos à coups de pied et s'asseyait sur son ventre, bloquant ses bras de ses genoux, pour l'immobiliser. Le massacre commençait.

Le boutis redevint vieux rose. La lumière des lampes de la chambre blessa ses rétines. « Maman, tu es belle, belle, belle. – Non, mon ange, c'est toi qui es belle, belle. Dors mon ange, dors. Maman t'aime plus fort que tout. »

Toujours assise en tailleur sur la moquette gris clair, elle attendit le retour à la conscience, aux sons, aux contours précis du monde extérieur.

Pourquoi Emma n'avait-elle pas eu peur immédiatement ? Pourquoi n'avait-elle pas tenté de récupérer le Smith & Wesson qui se trouvait dans la desserte du couloir ? Pourquoi le cerveau de Diane lui avait-il indiqué qu'elle portait des ballerines alors qu'on l'avait retrouvée pieds nus, ses chaussons gisant dans l'escalier, perdus dans sa fuite ? Pourquoi serait-elle restée près de la commode si un intrus l'avait poursuivie jusqu'à l'étage ? Pourquoi n'aurait-elle pas foncé vers le dressing attenant à sa chambre, dans l'inepte espoir de s'y enfermer ? Surtout, pourquoi le tueur, dont le *modus operandi* paraissait si stable, s'en était-il cette fois pris à une femme et pas à un couple, alors que le reste était une décalcomanie des autres carnages ? Presque.

Diane se leva d'un bond et fonça dans le dressing. Elle avança de quelques pas vers la paire de ballerines beiges balancée dans un coin, le pied droit sur le flanc. Elle examina ensuite les autres chaussures, dont une deuxième paire de ballerines bleu marine, toutes rangées avec soin sous les tringles auxquelles étaient suspendus pantalons, robes, vestes et manteaux.

Une mise en scène. Probablement la première de la série. Le meurtrier n'avait pas pourchassé Emma. L'attendait-elle ? Le connaissait-elle assez pour ne pas s'alarmer de sa présence ? Elle se trouvait déjà dans sa chambre, près de la commode, lorsqu'il était entré. Ce n'était que lorsqu'il avait tiré son arme qu'elle avait compris. Trop tard pour fuir, ou se défendre, pour renverser les meubles, les vases ou un téléphone, contrairement au cas Damont. Une fois que tout avait été terminé, sa combinaison ensanglantée roulée dans le sac qu'il devait traîner avec lui, il avait passé d'autres gants, de latex sans doute, ôté les ballerines d'Emma et jeté ses chaussons dans l'escalier pour qu'on puisse conclure qu'elle se trouvait au rez-de-chaussée et s'était enfuie à l'étage à son arrivée, comme dans les affaires précédentes. Quant au mari, son absence était-elle connue du tueur, ou s'agissait-il d'une coïncidence ? La première hypothèse impliquait que le tueur fût assez proche d'eux, ou alors que son occupation lui permît de connaître l'emploi du temps de Crampton. Dans un cas comme dans l'autre, le fait que seule Emma ait été une cible prouvait que Bernard Crampton n'était pas utile à la vraisemblance de la mise en scène que recherchait le psychopathe. Pourquoi ? Parce que Emma Crampton évoquait à elle seule ce qu'il voulait. Pourquoi ? Ressemblait-elle de façon troublante à la véritable victime inatteignable ? Était-elle enfin cette victime ? Diane n'en avait pas la moindre idée. Toutefois, elle savait qu'elle venait d'accomplir un pas de géant. Chercher parmi les familiers des Crampton. L'étau se resserrait. Un peu.

Elle redescendit peu après. Katherine McDermid était assise, raide et sage, sur l'un des fauteuils du salon situé à gauche de l'entrée.

– Pointer est parti ?
– Euh… Il avait un truc urgent… au quartier général…
– Je vois. Peu importe.
– Euh… je veux pas le défendre, mais…
– Mais il se sent propriétaire de cette enquête. Et ça, c'est une très mauvaise idée. Il s'agit d'un tueur en série et il faut des… outils particuliers pour le coincer. C'est là que le FBI intervient. Ça n'est pas négociable et, si Pointer joue les divas, il sera balancé de l'enquête. D'ailleurs, il faudra qu'il m'explique pour quelle raison nous n'avons pas été prévenus plus tôt. Il ne m'aime pas ? Ça ne m'empêchera pas de dormir. Je me fous de l'opinion qu'ont de moi les vivants. Seule celle des morts m'importe.

Katherine la dévisagea, ne comprenant pas ce qu'elle voulait dire. Diane n'avait pas envie de faire un effort d'explication. La chose essentielle à ses yeux était que justice soit rendue aux victimes qui lui étaient confiées. Durant l'enquête, Diane devenait leur ultime recours. Au fond, elle voulait battre à son propre jeu l'injustice triomphante de ce monde. Une goutte d'eau dans l'océan, mais une goutte qui prouvait que son acharnement se soldait par une différence, si minime fût-elle. Changeant de sujet, elle dit :

– Faites-moi écouter les messages.

Katherine alla récupérer le téléphone posé sur la desserte du couloir et enfonça une touche avant de passer l'appareil à la profileuse. Samedi à 19 h 03, Bernard Crampton, tout guilleret, annonçait son arrivée, nul ne savait où. Il commençait ses recherches. Il demandait ensuite si Emma se trouvait dans le jardin, où si elle avait été prendre un verre chez ses copines. Un peu moins d'une heure plus tard, suivait le message d'une Melanie à la voix trop haut perchée et survoltée : « Tu es sortie, ma chérie ? Ah ah, la souris danse dès que le chat n'est plus là. Blague à part, j'espère que Bernie est bien arrivé. Je me disais que ce serait sympa si vous organisiez notre prochaine partie de bridge parce que les travaux dans ma cuisine ne seront pas terminés d'ici là. Ça fait trois jours que je n'ai pas vu les ouvriers... ça m'agace ! J'apporterai un ou deux cakes salés et tu pourrais nous confectionner ton délicieux crumble. Bon, si tu t'ennuies, surtout tu m'appelles. Bises à vous deux. » Dimanche matin, neuf heures trente-huit, Bernard Crampton avait rappelé. Le ton était cette fois un peu agacé, un peu inquiet : « Bon, je ne sais pas où tu es passée mais tu me rappelles sur le portable dès que tu as mon message. »

Diane raccrocha, commentant pendant que Katherine se levait pour reposer l'appareil sur la desserte :

– En d'autres circonstances, je penserais que M. Crampton possède un alibi si parfait qu'il en devient suspect.

Katherine se réinstalla face à elle, demandant, presque timide :

– Euh... si je peux me permettre... vous avez... enfin, je ne sais pas comment on appelle ça... vous avez senti, vu... quelque chose, là-haut ?

– « Reconstituer » serait sans doute le mot le plus approprié. Selon moi, il porte une combinaison, comme les gars du labo. C'est pour cela qu'on n'a retrouvé presque aucun indice. D'autant que le plastique de ces protections n'est pas électrostatique, tout comme celles des techniciens, justement pour éviter qu'ils ne transportent avec eux des cheveux, des fibres, n'importe quoi qui pourrait contaminer la scène de crime. Je pense donc que les poils de chat des deux dernières affaires se trouvaient sur lui, sur ses vêtements, et que le transfert s'est opéré au moment où il a bâillonné les femmes.

Diane omit de lui révéler qu'elle était certaine qu'Emma connaissait son meurtrier et qu'elle se trouvait déjà dans la chambre lorsqu'il l'avait rejointe. Mettrait-elle Mike Bard et Gary Mannschatz au courant, ou garderait-elle cette information pour Nathan, afin de lui donner de l'avance ? Elle n'y avait pas encore réfléchi. Elle poursuivit :

– Si notre cher Gavin Pointer a digéré sa mauvaise humeur – et conseillez-le-lui de ma part –, qu'il localise au plus vite M. Crampton et cette Melanie, je veux leur parler. Je doute vraiment que le mari soit impliqué. Néanmoins, je vais faire procéder à une enquête de routine sur lui : ses affaires, ses biens, liaisons extraconjugales éventuelles, etc.

La sonnerie péremptoire du téléphone résonna dans le couloir. Diane se précipita et décrocha. Avant qu'elle n'ait eu le temps de prononcer un mot, une voix d'homme se déversa, tendue :

– Emma ? Je commençais vraiment à me faire du souci… Où tu étais ? Tu aurais pu…

– Monsieur Crampton ? Monsieur Bernard Crampton ? Docteur Diane Silver, FBI.

– Quoi ? Mais… Quoi, le FBI ? Enfin…

– Monsieur Crampton, vous devez rentrer au plus tôt. Je souhaite m'entretenir avec vous.

Un court silence d'incompréhension suivit. Diane sentit que les hypothèses les plus folles se succédaient dans l'esprit de Crampton. Quant à elle, elle était prête. Il n'existe aucun moyen d'annoncer gentiment le meurtre d'un être cher.

Crampton reprit d'une voix sèche et autoritaire, parce qu'il avait peur mais refusait encore d'assembler les faits :

– Voudriez-vous m'expliquer ce que vous faites chez moi, docteur…

– Diane Silver. (Elle n'hésita qu'une fraction de seconde et balança d'un ton plat :) Votre femme est décédée.

– Quoi ? C'est une erreur… Elle est en parfaite santé… Son check-up… le mois dernier… (Un silence, puis :) Un accident ?

– J'appartiens au FBI, monsieur. Nous n'investiguons pas ce… genre de décès.

Un autre silence. La vérité avait pris forme dans l'esprit de Bernard Crampton.

– Elle… Est-ce que…

– Nous en discuterons de vive voix, si vous le permettez. Où vous trouvez-vous ?

– À Williamstown, à la frontière nord-ouest de l'État. Je… Je fais des recherches généalogiques sur mes ancêtres… un hobby…

– Hum. Quand pouvez-vous être de retour ?

– Oh… il y a deux heures et demie, trois heures de route… à peu près…

Diane consulta sa montre.

– Prenez votre temps. Vous devriez être à Boston vers vingt-deux heures, donc. Je vous attends au nouveau quartier général de la police, Schroeder Plaza, pas très loin de l'intersection entre Tremont Street et Columbus Avenue.

– Je… je vois où c'est.

– Vous demanderez l'enquêteur Gavin Pointer. Monsieur Crampton, pouvez-vous me donner le numéro de téléphone d'une certaine Melanie, qui a laissé un message chez vous ?

– Euh… oui, il est sur le répertoire de mon portable.

Après avoir pris congé de Bernard Crampton en lui recommandant à nouveau la prudence sur la route, Diane précisa à l'officier McDermid :

– Appelez l'institut médico-légal. Qu'ils embarquent le corps au plus vite. Si jamais Crampton décidait de passer chez lui avant de rejoindre le quartier général, inutile qu'il s'inflige cette vision.

– De toute façon, il va demander à la voir.

– Ah… mais l'imagination, McDermid ! Regarder le cadavre d'un être aimé, partiellement débarbouillé de son sang, allongé dans un caisson, n'a rien de comparable avec une scène de crime. On visualise de façon bien moins crue, insupportable, la mise à mort.

Elle le savait d'expérience. Il avait fallu qu'elle visionne une cassette de supplice pour imaginer ce qu'avait subi sa fille. Ensuite, elle n'était plus jamais parvenue à le gommer de son esprit. Ensuite, elle-même était morte en dedans son esprit. Simplement.

Boston, États-Unis, octobre 2008

James Madison s'en voulait un peu. Il s'était très mal débrouillé avec ce rendez-vous en le programmant en fin de journée. Il aurait dû lui réserver une des premières heures du matin, lorsque sa concentration était optimale, lorsque la narration de toutes ces souffrances n'avait pas encore émoussé ses capacités d'écoute.

Il adorait son métier de thérapeute, même si, parfois, lorsqu'il remontait enfin chez lui, son appartement étant situé au-dessus de son cabinet, il avait le sentiment d'avoir été aspiré de l'intérieur, vidé de son énergie et de sa force. Tant d'injustices ne seraient jamais réparées. Tant de vies resteraient saccagées.

Brian, son patient, un gars brillant d'une petite trentaine, sanglotait, le front sur ses genoux, ses bras entourant sa tête. Pleurer, l'étape cruciale, après le déni, la colère.

– Ce n'est pas votre faute, Brian, ôtez-vous cela de l'esprit. Vos difficultés relationnelles, notamment avec les femmes, votre... violence – dont je suis certain que vous l'exagérez sans vous en rendre compte –, tout cela n'a été que votre moyen de compenser, de vous protéger. Or, c'est un mauvais moyen, une solution invivable, et c'est pour cela que vous êtes venu me consulter.

L'homme blond releva un visage baigné de larmes et hocha la tête.

– C'est… cette femme… juste avant que je n'entre à l'hôpital pour de nouveaux tests… Elle m'a parlé de vous.

– Brian, je ne peux vous faire aucune promesse, reprit Madison. Cette leucémie qu'ils vous ont diagnostiquée est due à un conflit psychologique puissant, à l'instar de tous les cancers. Un conflit si enterré que vous n'en avez plus conscience. Tant que nous ne le réglerons pas, vous ne pourrez pas guérir.

– Et les traitements, les… enfin tout ce qu'ils me prescrivent ?

Une moue désolée étira les lèvres du thérapeute qui déclara d'un ton doux et navré :

– Il s'agit de poisons cellulaires. Ils vont tuer vos cellules saines en même tant que les cellules malades. Que voulez-vous que je vous dise ? Je ne vais pas m'opposer à leur médecine char d'assaut. Cela étant, ils ne régleront pas le problème de fond. Vous seul en êtes capable et je puis vous y aider. Ce ne sera pas un travail facile, je vous préviens tout de suite. Il vous faut négocier la paix avec vos cellules en guerre. Une véritable paix durable.

Quartier général du Boston Police Department,
États-Unis, octobre 2008

Le quartier général de la police bostonienne pouvait rivaliser avec les plus belles forces du pays. Ce vaste immeuble, dont l'arche vitrée ne surprenait plus, était équipé de son propre laboratoire d'ADN, un privilège que ne partageaient qu'une petite vingtaine de villes aux États-Unis. Il possédait également un laboratoire d'identification balistique parmi les plus performants.

Diane avait décliné l'offre de Katherine McDermid de dîner sur le pouce en sa compagnie, puisque Melanie Seligman devait rejoindre les locaux de la police un peu plus d'une heure plus tard. La psychiatre n'avait nulle envie de bavardages avec une presque inconnue. Elle s'en était tirée grâce à une pirouette à peu près courtoise en déclarant :

– Je suis certaine que vous avez des choses plus amusantes à faire que de dîner avec une profileuse peu diserte.

Katherine McDermid avait semblé déçue mais n'avait pas insisté. Elle avait déposé la psychiatre non loin de Morton Street, lui précisant :

– Les petits restaus ouverts tard dans le coin ne sont pas trop géniaux.

– Je survivrai, ne vous inquiétez pas.

Une déclaration hâtive et optimiste si elle en jugeait par l'immonde pizza noyée sous une épaisse couche de gruyère fondu qu'elle avait engouffrée et qui lui restait sur l'estomac.

Son regard frôla à nouveau l'amas de mouchoirs en papier, roulés en boule, qu'avait déposés Melanie Seligman sur la petite table en Inox de la salle d'interrogatoire. La femme, une petite brune dodue âgée de cinquante-huit ans, était défigurée par les larmes. Chaque question que lui posait l'enquêteur Gavin Pointer déclenchait une nouvelle crise de sanglots et elle hoquetait ses réponses. Elle répéta pour la dixième fois d'une voix hachée :

– C'était ma meilleure amie, vous comprenez. Depuis l'école primaire. On ne s'est jamais séparées. Sauf durant les deux ans de mon mariage, une calamité. J'avais suivi mon mari en Arizona. Dès que j'ai divorcé, je me suis rapprochée d'Emma et de Bernard. C'était comme une sœur… (Elle se moucha et déposa une nouvelle boule blanche sur les autres.) Mieux qu'une sœur… Il y a des sœurs qui ne s'entendent pas…

À l'évidence, Pointer n'avait pas souhaité la présence de Katherine McDermid durant l'entrevue. Sa décision se justifiait, puisqu'elle ne faisait pas partie de l'enquête. Cela étant, Diane avait bien souvent remarqué que la présence d'un flic femme apaisait les témoins de même sexe. Elle s'excluait du lot, n'ayant rien d'un dulcifiant.

– D'autant que je n'ai pas eu d'enfant et que je n'ai plus de famille… Alors, Emma, c'était ma famille…

Diane comprenait le chagrin et aussi la panique de Melanie Seligman. Sa meilleure amie venait d'être massacrée – ce qu'elle ignorait encore, Pointer ayant habilement évoqué un meurtre puis fait dévier la conversation – et elle se retrouvait seule. Pourtant, ils n'arriveraient à rien de cette façon, parce qu'elle ressassait en boucle ses souvenirs. Diane décida d'intervenir en espérant que Pointer se tairait. Elle opta pour un ton doux, amical, une stratégie obligatoire.

– Madame Seligman, croyez bien que nous comprenons votre terrible peine. C'est si soudain, si affreux. Cependant, nous avons besoin de votre aide…

Melanie se tamponna les yeux et se moucha en hochant la tête en signe d'acquiescement.

– Mme Crampton vous aurait-elle précisé qu'elle comptait recevoir ou voir quelqu'un durant l'absence de son époux, ou se rendre quelque part ? Réfléchissez, je vous en prie.

– Non… Non, puisque j'ai été surprise de ne pas la trouver chez elle lorsque j'ai appelé. Mais il faudrait que vous demandiez à Caroline.

– Caroline ?

– Caroline Homer… Je… Je ne l'ai pas prévenue… Enfin, après votre appel… Caroline et Emma sont… étaient…

Une quinte de sanglots l'interrompit. Diane attendit qu'elle se reprenne.

– … Pas eu le courage… Les trois inséparables… On nous appelait les Trois Mousquetaires, sauf qu'on n'était pas quatre… Enfin, un peu si on compte notre amie Maggie…

– Maggie ?

– Margaret Faulk. Mais bon, elle est très famille-famille, beaucoup moins dans les relations amicales… moi, j'ai toujours été un peu plus proche d'Emma… Caroline… vous voyez, c'est une femme géniale… Elle est bourrée de qualités, de talents… Elle a toujours tout réussi dans la vie… Elle est historienne… elle a écrit plusieurs livres, vous savez… Bon, moi je n'ai pas réussi grand-chose, une petite vie, quoi. Je pense qu'Emma me comprenait mieux…

– Pourquoi ? Mme Crampton avait-elle… des soucis ?

Melanie baissa les yeux et Diane fut certaine qu'elle ne remarquait pas l'amoncellement de mouchoirs en papier.

– Oh, vous savez…

– Madame Seligman, je comprends votre réserve. Vous ne trahissez pas la confiance d'une amie morte. Je serai franche : nous n'avons pour l'instant aucune piste. Un détail de la vie de la défunte pourrait nous permettre d'avancer vers l'arrestation de son meurtrier.

Serrant un mouchoir dans sa main, la petite femme brune hocha la tête. Elle prit une longue inspiration.

– Et puis… je ne suis pas sûre que Bernard vous en parlera. Alors, en effet, il vaut mieux… Emma a eu un grand amour tragique. Pas Bernard. Il s'appelait Gerald. Elle avait vingt-quatre ans, elle était enceinte de Jake. Ils allaient se marier, et Gerald s'est tué dans un accident de voiture. Elle ne s'en est jamais vraiment remise. Je crois qu'elle l'a toujours adoré au fond d'elle, même si elle aimait beaucoup Bernard. D'ailleurs, c'est un type très bien. Il a élevé Jake comme s'il s'agissait de son fils. Il l'a même adopté.

– Ils ont d'autres enfants ?

Melanie secoua la tête en signe de dénégation et expliqua :

– Je ne veux pas faire de la psychologie de bazar, mais Emma a ensuite fait fausse couche sur fausse couche.

– Jake a donc maintenant trente-cinq ans environ ? Vous savez où il vit ?

– Non. Et je doute que Bernard puisse vous renseigner.

– Pourquoi cela ?

Les lèvres de Melanie se pincèrent. Elle finit par lâcher :

– Il les a menés en bateau, dès le plus jeune âge. Une petite ordure. Pourtant, ils ont tout fait pour ce gamin. Un teigneux, menteur, voleur, fainéant. Si vous saviez ce qu'Emma a pu pleurer. D'autant que, à ses yeux, il était un peu la continuation de Gerald.

– Malheureusement, ou heureusement, la génétique humaine n'a rien d'une règle de trois.

– Il a commencé à fréquenter des types plus que louches. Il a sombré dans l'alcool et la drogue. Il a soutiré tout l'argent qu'il pouvait à ses parents, jusqu'au jour où Bernard a mis les pieds dans le plat et l'a foutu à la porte, en lui ordonnant de ne jamais reparaître. Ils en sont presque venus aux mains. Emma était dans un état épouvantable. Elle savait que Bernard avait raison, mais c'était quand même son fils.

Les larmes de Melanie Seligman s'étaient un peu taries. Elle respirait avec plus d'aisance, bien que serrant toujours convulsivement un mouchoir au creux de sa main. Gavin Pointer se redressa sur sa chaise et Diane sentit qu'il allait intervenir. Il risquait de tout gâcher. Elle lui intima le silence d'un discret mouvement de main.

– L'absence d'objectivité des mères aimantes. Rassurant, très, mais souvent inutile, renchérit Diane.

– En effet. Quelques mois plus tard, ils ont été cambriolés. Ils n'ont pas porté plainte, n'ont pas prévenu leur assurance.

– Pourquoi ? demanda Diane, certaine de la réponse.

– Parce que le voleur en question savait exactement où se trouvaient les objets de valeur. Emma et Bernard en sont très vite arrivés à la conclusion qu'il s'agissait de Jake. Ils se sont contentés de faire installer un système d'alarme.

– Je vois. Selon vous, Emma a-t-elle revu son fils après cette scène, ou ce cambriolage ? Même en cachette de Bernard ?

– Je n'ai pas l'impression. Du moins, elle ne m'en a jamais parlé.

– Lui envoyait-elle de l'argent, avait-elle de ses nouvelles ?

– Encore une fois, je peux me tromper, mais je ne crois pas. Un jour… oh, il y a de cela un an ou deux, on faisait les courses – on allait souvent au supermarché ensemble le samedi, c'est moins barbant que seule –, elle m'a dit, d'un ton vraiment peiné : « Si ça se trouve, il est mort et je ne suis même pas au courant. ».

– Donc, à l'évidence, elle n'avait plus aucun contact avec lui. Du moins, il y a encore un an ou deux.

À la dernière phrase, Melanie releva la tête et fixa la profileuse. D'un ton presque sec, elle exigea :

– Que voulez-vous dire ? Vous pensez que Jake aurait un… lien avec ce… cette monstruosité ?

– Je ne pense rien, madame Seligman, et je le déplore. J'explore toutes les possibilités à la recherche d'un début de piste.

Melanie relata encore quelques souvenirs, dont certains la firent sourire dans son chagrin. Elle donna les coordonnées du couple Homer, Caroline et Alan, en leur précisant :

– Il construit des bateaux de plaisance. Des beaux. Parfois même des yachts. Beaucoup d'argent. Pourtant, vous verrez, ce n'est pas le genre à l'étaler pour en foutre plein la vue. Un couple génial. Toujours prêts à rendre service, chaleureux. (Elle sourit, soulagée par cette pensée qui la faisait revenir en arrière, lorsque tout était encore normal, lorsque Emma n'était pas morte.) Sauf que je préfère toujours que ce soit Emma ou moi qui recevions… On ne peut pas dire que Caroline soit un cordon-bleu… C'est une bonne surprise lorsqu'elle a manqué de temps et commandé des pizzas ou des plats chinois ou japonais. En revanche, ils ont une cave digne de ce nom.

Diane lui signifia ensuite habilement qu'ils n'avaient plus besoin d'elle, qu'elle leur avait été d'une aide précieuse et qu'une voiture de police allait la raccompagner chez elle.

Lorsque Melanie se leva, Diane l'imita. Elle s'interdisait l'empathie avec les vivants. Trop douloureux, trop infini. D'autant que les vivants n'étaient pas son affaire. Néanmoins, cette femme l'émouvait. Une gentille petite dame brisée. Elle lui saisit les mains, dont une tenait toujours les lambeaux d'un mouchoir en papier.

– Melanie… Enfin… Il n'existe aucune mort intelligente ou acceptable pour les proches aimants. Cela étant, un meurtre est tellement invraisemblable… On lit ça dans les journaux, on voit ça à la télé… on se console en se disant que ça ne peut pas nous arriver. C'est si loin de nous, de nos vies. Et ça nous tombe dessus. Je sais ce qu'on ressent. Je suis… de tout cœur avec vous. C'est un peu bête comme phrase. Pourtant, en l'occurrence, c'est vrai. Si quelque chose vous revenait, n'importe quoi, surtout appelez l'enquêteur Pointer, ou moi, à Quantico.

Bernard Crampton arriva moins d'un quart d'heure plus tard. Il était bel homme, grand, musclé, élégant. Défait, il se cantonna dans des banalités de mémoire, sautant d'une période à l'autre de sa vie avec Emma. En dépit de l'insistance feutrée de Diane, il n'évoqua jamais Jake, jamais le premier amour de sa femme, et elle comprit qu'il ne leur serait d'aucune utilité. D'une voix qu'il s'efforçait de rendre ferme, il confirma que, à sa connaissance, Emma ne devait recevoir ni aller visiter personne durant sa courte absence de quatre jours. Lorsqu'il porta à ses lèvres le thé qu'on lui avait offert, il dut saisir le gobelet à deux mains, tant il tremblait. La profileuse décida de mettre un terme rapide à leur entrevue. Elle perdait son temps. Une conclusion peu charitable, mais elle n'en avait cure. Une autre victime allait suivre, et il s'agissait là de sa plus impérieuse urgence. Deuxième urgence, sa chienne, Silver-l'autre, bouclée depuis le matin dans la maison de Fredericksburg.

Dès que Bernard Crampton fut parti, elle exigea qu'on la raccompagne à Logan.

– Il est pas loin de minuit. Les pilotes d'hélicoptère préfèrent voler de jour, d'autant qu'on a un peu de brouillard. On peut vous trouver une chambre. Vous repartirez à la première heure demain matin, suggéra Pointer qui semblait avoir digéré son acrimonie, ou alors qui avait appliqué à la lettre l'adage selon lequel il convient de faire contre mauvaise fortune bon cœur.

– C'est gentil, mais non, je dois rentrer. Ma chienne m'attend. Quant au pilote, il s'agit d'un militaire, pas d'une frêle pâquerette. S'il faut voler de nuit, il volera de nuit. Au fait, Pointer, même si ça semble une impasse, *a priori*, tentez de vous renseigner sur ce gentil Jake Crampton.

– C'était bien mon intention, déclara-t-il, soulagé de ne pas être viré de l'enquête. Vous croyez que…

– Je ne crois jamais rien, Pointer, l'interrompit-elle. Mon métier consiste à savoir. Cela étant, Jake Crampton semble une ordure de joli gabarit. Certes, il existe un univers entre un escroc et un tueur psychopathe. Pour taillader sa propre mère tel un bout de barbaque, il faut haïr au-delà de l'imagination. Rien de commun avec un simple cambriolage ou de petits chantages affectifs. Cependant, à défaut d'autre chose…

Paris, France, octobre 2008

Lorsque Rupert Teelaney dévala avec souplesse la passerelle de son Learjet qui venait d'atterrir sur la piste privée de Roissy, son chauffeur l'attendait, appuyé à la portière de la limousine de location.

Rupert reconnut l'homme qui l'avait conduit la dernière fois, et le salua avec cordialité. L'autre s'en étonna et commenta avec satisfaction :

– C'est rare, les clients qui se souviennent de nous.

– Le problème de notre époque ! On zappe d'une pensée à l'autre. On ne voit rien, on n'entend pas grand-chose et on disperse beaucoup d'énergie en vain.

– Vous êtes très zen.

– Je suis bouddhiste.

– Ça m'intéresse, cette philosophie. J'ai acheté des ouvrages… Bon, des trucs un peu basiques, mais il faut bien commencer quelque part… dès que j'ai un moment… Je vous accompagne où, monsieur Teelaney ?

– Quartier de l'Odéon, comme la dernière fois.

À l'habitude, les formalités douanières furent expédiées en un rien de temps. Rupert Teelaney était un visiteur connu et régulier à la réputation sans tache. De plus, il était sympathique, ce qui ne gâchait rien, et lui, au moins, parlait le français, un indiscutable plus aux yeux des représentants de la loi.

– Une nouvelle virée shopping dans la capitale, monsieur Teelaney ? demanda l'un des douaniers.

– Oui, et puis j'avoue que Paris me manque vite. C'est une ville magnifique. Une vraie drogue… légale, sourit-il, arrachant un pouffement à l'homme.

– Vous passez la nuit en France ?

– Oh, malheureusement, j'en doute. Comité de direction demain.

– Dommage. Une autre fois.

Rupert salua tout le monde avec gentillesse et remonta dans son véhicule. On ne lui avait pas demandé d'ouvrir son léger sac de voyage en cuir. Les douanes de tous les pays possédaient des renseignements fiables sur les passagers qui débarquaient en avion privé, et, s'ils avaient eu le moindre soupçon concernant un éventuel trafic de drogue ou autre, le Learjet aurait été passé au peigne fin et reniflé par les chiens.

Un vent frais balayait la place de l'Odéon, et Rupert s'installa derrière les larges fenêtres d'un restaurant pour déjeuner. Un restaurant différent à chaque visite parisienne. Il était hors de question qu'un serveur physionomiste puisse le reconnaître.

Rupert aimait ce quartier, et il n'était pas pressé de rejoindre le XVe arrondissement. Victor avait cours jusqu'à seize heures trente et Sara serait retenue par une réunion de labo, au moins jusqu'à dix-huit heures. À son habitude, elle appellerait son fils dès qu'il serait rentré chez eux, dans cet appartement qu'ils occupaient depuis quelques jours. L'ancien appartement du couple Baumier, dont le mari, Frédéric, travaillait maintenant pour l'empire Teelaney, à Boston. Des gens agréables, honnêtes, cultivés, les Baumier. Frédéric était très compétent dans son domaine, les énergies renouvelables. Certes, Rupert aurait pu en trouver une demi-douzaine aussi valables que lui aux États-Unis. Cependant, l'écologie n'avait pas été le seul but de l'héritier lorsqu'il avait attiré l'ingénieur français outre-Atlantique.

Il déchiffra la carte, s'interrogeant. S'offrait-il une précélébration, ou s'en tenait-il à son habituel régime végétarien ? Il décida d'appâter la chance en commandant une salade de haricots verts au foie gras, suivie de rognons de veau aux morilles, le tout arrosé d'un verre de bordeaux dont on lui assura qu'il était bon, sans toutefois lui en préciser le cru. Il écouta les conversations plutôt intéressantes qui s'échangeaient entre les autres clients et en déduisit que le restaurant était un des repaires du monde de l'édition. Il feignit de ne pas remarquer les regards appuyés d'une cliente, attablée seule, elle aussi. Elle avait de l'allure. Cependant, la priorité de Rupert se trouvait ailleurs. Dans le XVe arrondissement. De plus, pour l'instant, il déjeunait en se contentant de ne faire que cela. Il refusa un dessert et annonça qu'il prendrait un café en terrasse afin d'y fumer un havane. Le serveur se plaignit pour la forme et Rupert fut certain qu'il servait son petit discours à tous ses clients fumeurs, alors qu'il devait se féliciter de la proscription du tabac dans les lieux publics au profit des autres :

– Ah, cette loi… Bon, d'accord, faut pas imposer ses mauvaises habitudes aux autres, mais dans ce cas, on doit tout interdire : l'alcool, la voiture, et même les sports d'hiver et le bricolage, ça aussi, ça peut être dangereux. D'autant que presque tous les serveurs clopent, dont moi. On sort dès qu'on a une minute. Bonjour la crève en hiver, je vous dis pas !

Rupert répondit par un vague sourire, évitant tout commentaire. Rien ne fixe davantage le souvenir qu'un échange verbal un peu personnel.

Il dégusta son cigare et fit mine de ne pas intercepter le long regard que lui jetait la femme en sortant du restaurant.

Il flâna encore un peu, consultant souvent sa montre. Le moment vint d'emprunter le métro pour rejoindre la station Commerce. Pas de trace d'un trajet en taxi ou en limousine.

Victor rigola avec l'un de ses camarades sur le trottoir qui faisait face à l'entrée de son nouveau lycée, puis se mit en route.

Avant, il aurait été paniqué à l'idée de changer d'école, d'arriver après la rentrée, de rencontrer des visages inconnus. Avant, il aurait fait des efforts gigantesques pour être admis dans le groupe, apprécié. Avant Louise. Maintenant, il s'en fichait. Même s'il restait seul dans son coin toute l'année, cela n'avait pas d'importance. Curieusement, cette espèce d'indifférence sans hargne l'avait plutôt aidé. Les autres, intrigués par ce garçon sympa, cool, et « super mignon » – important pour les filles – qui ne déployait aucune tentative de séduction à leur égard, s'étaient rapprochés.

Il avançait à pas lents, perdu dans ses pensées. Une voix d'homme dans son dos. Dès les premiers mots, le cœur de Victor s'emballa. Un léger, très léger accent américain :

– Chut ! Ne te retourne pas, continue. Tourne à droite dans la prochaine rue. Il y a un café peu fréquenté à cinquante mètres. Je t'offre un Coca. Ça me ferait vraiment plaisir qu'on discute un peu. Mais ne te sens pas forcé. Si tu n'en as pas envie, tu peux rentrer chez toi.

Victor obéit, hochant la tête avec lenteur en signe d'approbation. Il était aux anges. Nathan Hunter. Il avait tant envie de le voir de près, de parler avec lui. Surtout, de le remercier.

Ils s'installèrent et Nathan commanda. Un Coca pour Victor, un thé pour lui. Le petit garçon le dévisageait, s'interrogeant. Qu'est-ce que cela signifiait au juste, d'affirmer qu'un être était parfait ? Parce qu'il était certain qu'il avait une perfection assise en face de lui. Il le regardait.

Tout en cet homme respirait la force, la confiance en soi, la puissance et l'intelligence.

– Monsieur, je…

– Nathan. Appelle-moi Nathan. Tu n'as pas peur, n'est-ce pas ?

– Non !

– C'est bien et tu as raison.

– Je sais. Vous avez… enfin, en ce qui concerne Louise… et son abruti de sire Faustus… C'était pour nous protéger, maman et moi. J'ai lu ses e-mails, avant que la police emporte le disque dur de son ordinateur.

Un sourire bouleversant étira les yeux très bleus de Nathan vers les tempes. Il commenta :

– Tu es fin. C'est important.

– Maman… Enfin, elle a peur. De vous. Pour moi. Surtout depuis la mort de M. Guéguen.

– Elle a tort, mais c'est normal, Victor. Une bonne mère, telle que la tienne, a toujours peur pour son enfant, même quand elle se raconte des histoires à dormir debout. J'ai eu une mère géniale, moi aussi. Elle redoutait tout dès lors que j'étais concerné. Et pourtant, elle était très courageuse.

– Elle est morte ?

– Oui. J'étais encore plus jeune que toi. Une femme merveilleuse. J'y pense presque tous les jours et j'ai toujours un énorme chagrin, et pourtant plein de souvenirs magiques.

– Ma mère est géante, elle aussi. Vraiment géante.

– Je sais. Euh… Victor, c'est un peu difficile, d'autant que je n'ai pas l'habitude de parler à des enfants et qu'en plus tu n'es plus un enfant. Enfin, je veux dire, tu as l'âge d'un enfant mais… avec Louise et tout ça…

– Ouais. Il faut que maman continue à penser que je suis son bébé.

– Tu as raison. Je ne vous ferai jamais aucun mal, aucun. Au contraire. C'est pour cela que, lorsque je suis tombé sur les e-mails de Louise à Cyril, quand je suis remonté ensuite à leur… mentor de merde… leur conseiller canadien, je suis intervenu… de la façon que tu sais. Je ne le regrette pas.

Victor attrapa son verre à deux mains et but une lente gorgée afin de se donner une contenance.

– Moi non plus. Elle nous aurait…

Il jeta un coup d'œil prudent autour de lui et murmura, des larmes dans la voix :

– Elle voulait nous tuer. Maman et moi. Nathan… je voulais… enfin… merci, vous nous avez sauvés. On n'avait rien compris au film. Ma mère et moi, on croyait que ses déguisements daubes, ses trucs crétins, c'était… de la comédie.

– Il fallait que j'intervienne.

– Et ce type, ce Canadien ?

Nathan le considéra et reposa sa tasse sur la table avant d'énoncer d'un ton très calme :

– Victor, vient maintenant le moment de ton choix et il est irréversible, tu comprends ?

– Qu'est-ce que…

– Chuuut ! Écoute, réfléchis et choisis. Je veille sur vous. Je t'en expliquerai ensuite la raison. Ainsi que tu le sais, les polices du monde entier me recherchent. Bon, ils recherchent un homme qui ne me ressemble pas beaucoup, celui de la caméra de surveillance. Toutefois, le danger existe pour moi. Ta mère ne peut pas encore admettre que je vous protège parce qu'elle a peur pour toi et que j'ai tué sa fille. J'ai commis des actes identiques, très répréhensibles, toujours pour les mêmes raisons…

Victor buvait ses paroles, bouche entrouverte.

– Tu es passé très brutalement à l'âge adulte, à cause de Louise, tu dois prendre une décision d'adulte et t'y tenir.

– Allez-y.

– Je veux que tu me promettes, jures, donnes ta parole, que notre relation restera un secret complet, pour tous. Ça inclut ta mère.

Victor but une nouvelle gorgée. Il était à la fois grisé et inquiet.

– Ça marche. Promis, juré, parole.

– Bien. J'ai pisté ce mentor canadien, celui de Cyril, bref de sire Faustus. Cyril avait étouffé un bébé sur son ordre. Louise allait suivre avec toi. Cela, tu le sais.

Un silence catastrophé lui répondit. Puis :

– Et le mentor ?

– Je me suis trompé sur son compte. Je l'ai traqué durant des mois. En fait, il s'agissait d'un pauvre dingue qui prétendait être sataniste, avoir des pouvoirs, être capable d'initier, ce genre de conneries. Du fantasme. Toutefois, il influençait pas mal de gens, notamment des jeunes.

– Vous l'avez…

– Non. Il n'avait rien commis d'inacceptable. Louise, Cyril et ses autres correspondants étaient parfaitement capables de différencier le bien du mal. Certains ont choisi le mauvais côté, tant pis pour eux. En revanche, j'ai… indiqué à ce type que je serais beaucoup moins magnanime s'il persistait. Juste une petite démonstration de ce qui l'attendait s'il récidivait.

Dans le grand loft qu'il habitait dans une banlieue industrielle de Toronto, Edgar West, le visage en sang, les arcades sourcilières explosées, avait rampé. Ses rotules brisées à coups de pied ne lui permettaient plus de marcher. Il pleurait tel un bébé et Nathan avait regardé, fasciné, ses larmes diluer le sang plus lourd, tracer des sillons d'un rouge plus pâle, plus léger sur ses joues. Au regard éperdu, affolé de West, il avait compris que celui-ci ne se défendrait plus. Il avait donc arraché le gros morceau de Scotch qui collait ses lèvres et s'était assis à côté de lui en murmurant d'un ton très doux :

– Chut, là, tout va bien, maintenant. Je ne suis pas vraiment en colère, tu sais. Juste agacé. Très agacé. Or, tu souhaites comme moi que nous soyons amis, n'est-ce pas ? Donc, tu n'as pas envie de me contrarier.

– Non, je vous jure que non, avait balbutié l'autre, couché sur le flanc, sa cage thoracique agitée de tremblements.

– Bien. Oh, ça me fait plaisir, avait souri Nathan.

D'une voix tendre, il avait ajouté :

– Si jamais je retrouve tes conneries sur Internet ou ailleurs, je te tue. Ce serait long et pénible, parce que, bien sûr, tu auras émoussé ma patience et ma magnanimité. (Nathan avait jeté un regard à sa montre en concluant :) Je dois rentrer. Au revoir, Edgar. Souhaite qu'il s'agisse d'un adieu. Sois sage, très sage.

Il s'était relevé, avait envoyé du bout des doigts un baiser à l'homme ensanglanté, pour disparaître ensuite.

– Vous êtes une sorte de... justicier ? demanda Victor, impressionné et admiratif.

– C'est un bien grand mot. Cependant, il y a un peu de cela. Les autres... dont je me suis... occupé... après ou avant Louise... étaient des individus horribles, qui semaient la souffrance, la terreur, la mort... parmi les enfants. Et ils auraient pu continuer des années avant que la loi puisse intervenir.

– Des pédophiles ? Ma mère m'a expliqué.

– Elle a eu raison. Des pédophiles violents. Très.

Nathan fourragea dans son sac à dos de cuir noir et en tira un Zippo et un étui à cigares qu'il posa sur la table, puis un bout de papier qu'il tendit au garçonnet en expliquant :

– C'est le numéro d'un portable. En cas de problème, tu m'appelles, n'importe quand. Il est sécurisé. Il passe par tant de relais qu'il est quasi intraçable. Toutefois, je préfère que tu l'apprennes par cœur et que tu détruises le papier.

Victor fourra le papier dans la poche de son jean, hochant la tête en signe d'acquiescement. Un soulagement infini l'habitait. Il n'était plus seul, petit, vulnérable. Un être formidable continuait de veiller sur eux. L'enfant se souvenait peu de son père, Éric. Victor avait un peu plus de six ans lorsqu'il était mort. En fait, ses souvenirs les plus précis lui venaient de ce que Sara lui avait raconté. Un homme merveilleux, intelligent, génial. Toutes les mères ne racontaient-elles pas cela au sujet des pères, afin de rassurer les enfants ? Louise n'avait jamais eu l'air de regretter ou d'aimer particulièrement ce fantôme. D'accord, Louise était une tordue grave. Mais Nathan aurait fait un père magnifique. Victor le sentait : il n'avait pas peur, il pouvait faire face à toutes les situations, et il était capable de discuter, d'écouter, d'aimer. Au fond, c'était un héros. Le premier que Victor ait rencontré en vrai, ailleurs que dans ses bouquins d'*heroic fantasy*.

– Il faut que tu rentres, maintenant. Ta mère va s'inquiéter. Souviens-toi de ta promesse. Nous ne nous sommes jamais rencontrés. Souviens-toi aussi, au moindre problème, tu m'appelles. Même un problème d'argent. Je… j'avoue que je me suis renseigné sur vous. Ta mère est veuve. Un salaire de chercheur dans votre pays, ce n'est pas top. On s'arrangera tous les deux pour qu'elle n'en sache rien, mais on réglera le problème. Je peux régler tous les problèmes. C'est ma vocation.

Victor luttait contre les larmes. Il pataugeait dans la panique depuis des semaines, désespéré par sa jeunesse, son incapacité à protéger sa mère et, soudain, cet homme lui apportait la solution, lui enlevait l'espèce de rage qu'il éprouvait contre lui-même et ses faibles ressources. Un jour, il voulait être cet homme.

Ils sortirent du café en silence. Victor se sentait bien. Une sensation qu'il avait presque oubliée. Soudain, Nathan s'exclama :

– Mince, j'ai oublié mon briquet ! Cadeau d'une amie. Très précieux. Il n'est pas très joli, avec cette petite bonne femme gravée dessus. Pourtant, j'y tiens.

Il fonça à l'intérieur du bar et en ressortit presque aussitôt. Il attrapa Victor par les épaules et le fixa de son regard très bleu en déclarant :

– On se quitte là. N'oublie pas que tu es un mâle et que la fonction des vrais mâles est de protéger. Si tu déchois, tu ne mérites pas le respect. Pas mal d'hommes cherchent à oublier que, s'ils ont des avantages, ils ont aussi des devoirs. Et crois-moi que ce n'est pas simple.

Nathan se pencha et déposa un baiser sur le front du garçon. Il tourna les talons et s'éloigna. Victor le regarda disparaître. Se retournerait-il ? Il le fit, une fois. Il ne lui adressa ni clin d'œil complice, ni geste de la main. Juste un immense regard avant de poursuivre sa route.

L'enfant rentra chez lui à pas lents. Il avait cru que sa vie avait glissé d'irrémédiable façon lorsqu'il avait découvert les e-mails de Louise, lorsqu'il avait appris sa mort. Il avait tort. Sa vie venait tout juste de basculer. À l'instant, d'une magnifique manière.

Demain, ce soir plutôt, il demanderait à sa mère de l'inscrire à un cours d'arts martiaux. Rien à foutre de la plongée ou du foot. Il devait se préparer à être une sorte de guerrier protecteur. À l'image de Nathan. Il avait un peu tardé. Toutefois, il allait mettre les bouchées doubles.

Base militaire de Quantico, États-Unis, octobre 2008

La tête légère par manque de sommeil, Diane avala le deuxième gobelet de café posé sur la plaque en Plexiglas de son bureau. Il lui en restait un troisième, puis elle serait contrainte de retourner s'approvisionner en munitions au distributeur.

Elle n'avait dormi que deux heures, en grande partie à cause de Silver-l'autre. Lorsqu'elle était rentrée de Boston chez elle, au petit matin, elle avait trouvé deux énormes pipis dans l'entrée, preuve que le bouledogue s'était retenu autant que possible. En revanche, elle avait marqué sa vive désapprobation devant le premier abandon de sa nouvelle maîtresse en déchiquetant avec application un de ses chaussons, trouvé en bas du lit. La psychiatre avait accepté la punition sans récrimination et tenté d'offrir ses excuses. Mais la petite bête boudait et Diane avait dû déployer un luxe de câlins, de mots charmants, de gentillesses, dont un morceau de jambon, pour se faire pardonner. Lorsqu'elles avaient été se coucher, elles étaient réconciliées, mais il faisait déjà jour.

Avachie au-dessus de son bureau, la profileuse ajouta la nicotine à la caféine, deux excitants. Sans grand succès. Ses paupières se fermaient et elle piquait du nez lorsqu'un coup de poing asséné contre sa porte la fit sursauter.

Mike Bard entra avant même qu'elle l'y invite. Sans le saluer, elle déclara :

– J'en ai marre de ce boulot.

Il laissa choir sa grande carcasse dans le fauteuil d'invité et renchérit :

– Ouais, comme nous tous. Vous voulez faire quoi ? Des pots de fleurs en macramé ? De la peinture sur soie ?

– Ça doit être sympa. En plus, c'est utile, ou parfois joli.

– Mauvaise nuit ?

– Pas de nuit.

– Ben, la prochaine sera meilleure.

Elle lui jeta un regard peu amène et déclara :

– J'adore votre philosophie de pochette-surprise. C'est vrai, je me sens tout de suite ragaillardie.

– Oh, je suis un gars plein de ressources ! Je voulais vous briefer. Au sujet des McGee et de leur entourage. Inutile de mettre une bouteille au frais, je vous le dis tout de suite. Patrick McGee est enfant unique. Sa mère est décédée il y a cinq ans. Bonnes relations avec son père. Vanessa McGee a une sœur aînée, Alexandra, qui est entrée dans les ordres, c'est pas des blagues, dans un monastère du côté de Santa Fe. *A priori*, pas le profil d'une kidnappeuse d'enfants. Elle a un frère, aîné aussi – c'est la dernière –, divorcé, trois enfants, un peu dans les choux moralement et financièrement. Les parents sont des gens sans histoires. Côté relations amicales ou de boulot, rien ne ressort.

– Bon, on continue dans le « rien ».

– C'est la loi des enquêtes. Vous savez bien que…

La sonnerie du portable de Mike Bard retentit, l'interrompant. Il avait sélectionné la chanson « What a Wonderful World ». Incongru, ou alors un trait d'humour noir.

– Ouais, Gary… je suis avec le Dr Silver. Ouais… Quand ? Ouais… Elle était bouclée ? Ouais… D'accord, je lui dis. Salut. On se voit plus tard.

Il raccrocha et transmit à Diane :

– Une alerte sur un gamin, Chase Morgan, cinq ans, blanc, kidnappé hier à Boston, dans Beacon Hill, vers dix-huit heures. Sa mère, une certaine Claire Morgan, livrait un manuscrit qu'elle avait corrigé. Elle a laissé son fils cinq-six minutes au maximum dans une voiture aux portières verrouillées, en stationnement interdit, du coup, les flics sont arrivés très vite. La portière arrière a été forcée.

– Si on a le crochet adéquat, c'est un jeu d'enfant ou presque. Merde, quand je pense que j'étais à Boston hier, au même moment !

– Hum. Enquête de routine, là aussi ? Parents, relations, voisinage ?

– Ça nous occupera, au moins. J'espère que le Boston PD passe la voiture au crible. Ça pourrait être le début de la chance pour nous. Ou du moins la fin de la grande poisse.

– Je vais téléphoner et m'en assurer.

Après le départ de Mike Bard, Diane composa le numéro de la ligne sécurisée de Nathan/Rupert sur son portable et lui relata les derniers événements.

– Et vous croyez que les enlèvements et les meurtres sont liés ?

– Je vous l'ai déjà expliqué : je ne sais pas, Nathan. Ce que je sais, c'est que nous n'avons rien d'autre ! (Elle s'en voulut de son ton tranchant et précisa :) Je suis désolée. Je suis crevée, pas de bon poil. Je crois que je vais rentrer chez moi. Je ne suis bonne à rien.

– Ça n'est pas grave, Diane. Je vous aime dans toutes vos humeurs. Bon, je me mets en chasse sur cette nouvelle piste.

Fredericksburg, États-Unis, octobre 2008

Diane était rentrée à quatorze heures trente, pour la plus grande joie de la bouledogue qui lui avait fait une fête délirante, semant des gouttes de pipi de bonheur. Diane avait posé son courrier sur le comptoir de la cuisine puis était ressortie avec la chienne. Elles s'étaient promenées dans le jardin, avaient fait une partie de balle, Diane s'en voulant un peu de ne pas être assez courageuse pour se mettre au jogging et emmener la petite bête en balade. Toutefois, elle détestait ce genre d'occupations.

Elles rentrèrent, satisfaites l'une de l'autre, Silver-l'autre haletant, sa langue pendante, mais recourbée vers le haut. Diane la flatta et ouvrit son courrier. La deuxième lettre lui était adressée par le centre médical dans lequel elle se faisait soigner lorsqu'elle y pensait. Une lettre du secrétariat de son gynécologue.

Chère Mme Silver,

Je viens de recevoir les résultats histologiques concernant votre dernier frottis cervico-vaginal. L'examen a mis en évidence des lésions malpighiennes de haut grade (CIN III) et il serait souhaitable que vous preniez contact avec moi au plus vite.

Votre très attentionné,

Dr S. Medford.

Une malfaisante échelle. Si son lointain souvenir était exact, elle était à un mince échelon du carcinome. Le cancer. L'odieux crabe. Quelle idée d'avoir donné le nom d'un signe astrologique à cette effroyable maladie. Certes, la métaphore était justifiée. Des pinces, des tentacules vénéneux, à peine perceptibles, qui se répandaient dans le corps, semant leur obstiné désastre. Pire, des tentacules qui venaient de soi, de ses propres cellules. Ses cellules étaient en train de se retourner contre elle, pour la détruire.

Elle avait laissé quatre ans s'écouler entre ses deux derniers frottis. Ce n'était pas tant la perspective qu'un monsieur inconnu lui fasse écarter grand les cuisses, colle le nez sur son sexe et lui enfonce un spéculum glacial dans le vagin qui l'avait retenue. Non, de cela, elle se foutait, comme du reste. C'était davantage une autre manifestation de la totale indifférence qu'elle éprouvait pour sa vie.

Elle sourit et récupéra dans la porte du réfrigérateur une bouteille de chablis qu'elle avait gardée pour une grande occasion. C'en était une. L'occasion de vérifier si, véritablement, l'idée de sa mort lui importait peu.

Elle dégusta le premier verre, détaillant la puissante légèreté du vin, sa magnifique robe jaune franc, sa rondeur en bouche. Elle caressa du bout des doigts la buée de fraîcheur qui se formait sur les parois du verre. Vivre ou ne pas vivre ?

Un jappement aigu et joyeux la tira de ses pensées. Assise sur son derrière, ses gros yeux fixés sur elle, ses oreilles de chauve-souris basculées vers l'arrière, Silver-l'autre songeait que, peut-être, une douceur pour elle ne serait pas superflue et, en tout cas, très bienvenue.

Diane, qui avait passé des heures sur Internet à rechercher des informations sur le comportement canin, le savait maintenant : manger et aimer sont intimement liés chez les animaux. On aime le maître et il donne à manger. Au demeurant, ça devenait aussi de plus en plus le cas dans l'espèce humaine, où des parents filaient des cochonneries à leurs enfants, quitte à les rendre obèses, pour répondre à leur besoin d'attention et d'amour, ces deux derniers impératifs prenant beaucoup plus de temps et d'énergie que distribuer des sucreries.

Silver-l'autre eut droit à un petit bout de jambon, un peu racorni, et à une caresse.

Vivre ou ne pas vivre ? Téléphoner au Dr Medford ou laisser filer ? Étrange de mourir par ce qui avait fabriqué, porté Leonor. Morte. Diane se resservit un autre verre de vin, bien décidée à vider la bouteille.

Bizarrement, l'idée que Leonor avait eu un père lui traversa l'esprit. Pourtant, elle s'était appliquée à ne jamais y penser, comme si elle avait toujours souhaité que sa fille ne provienne que d'elle. Diane lui avait certes conté une jolie histoire, un père magnifique, pilote d'essai, qui s'était crashé à bord d'un prototype alors que sa fille était trop petite pour se souvenir de lui. Elle avait tissé une magnifique légende pour Leonor, pour qu'elle rêve parfois de cet homme exceptionnel en souriant, pour que, un jour de débâcle, elle puisse s'y accrocher afin de ne pas glisser. Un père qui n'avait été qu'une seringue de sperme achetée sur catalogue, dans une clinique huppée. Il ne saurait jamais, cet homme, qui avait très probablement donné son sperme afin d'aider des femmes dans la situation de Diane, comment était morte sa ravissante petite fille. Tant mieux pour lui. Pourquoi y pensait-elle aujourd'hui ? Parce que son utérus, cet utérus qui avait accueilli un œuf venant aussi de lui, entrait en guerre contre elle ?

Ravie, Silver-l'autre partit comme une torpille, courant en tous sens dans la cuisine, à toute vitesse, aboyant de bonheur, pilant en faisant une pirouette sur elle-même pour repartir telle une trombe. La vie. La vie effervescente, splendide. Le manège dura deux bonnes minutes. Puis la chienne se coucha en grenouille, les pattes arrière étalées derrière elle, exténuée.

Quelle était l'espérance de vie d'une femme atteinte d'un précancer de l'utérus non soigné ? Quelle était la longévité d'un bouledogue ?

Suivie de Silver-l'autre, Diane fonça dans l'escalier et forma la combinaison du verrou qui barricadait la porte de son bureau. Elle envoya une série de baisers à la ravissante fillette du poster et caressa son front avant d'allumer son ordinateur. Elle trouva très vite sur Internet la réponse à sa deuxième question : neuf à douze ans. Si court et pourtant très long dans leur cas à toutes les deux, puisque Silver-l'autre n'avait qu'un an.

Silver-l'autre vivrait plus longtemps que Silver si elle ne faisait rien. Or, il était hors de question que Silver abandonne Silver-l'autre.

Diane décrocha le téléphone de son bureau et composa un numéro. Une voix suave lui répondit aussitôt :

– Secrétariat du Dr Medford.

– Docteur Diane Silver. Je viens de recevoir votre courrier.

– En effet, nous attendions votre appel. Écoutez, je suis sûre que le Dr Medford ne verra aucun inconvénient à vous recevoir avant ses consultations. Disons dans trois jours, sept heures trente du matin. Pour les rendez-vous classiques, de routine, il faut compter un délai de quatre mois.

– C'est parfait, je note. Remerciez-le de ma part, je vous prie.

– Je n'y manquerai pas. Surtout… Euh… Docteur Silver, ça fait toujours un gros choc, mais ne vous affolez pas… d'abord, il faut procéder à d'autres examens, ensuite…

– Je ne m'affole pas, l'interrompit Diane d'une voix affable. D'après mes calculs, je ne peux pas mourir avant huit à onze ans.

Paris, France, octobre 2008

Le dîner ne serait servi que dans une heure. Dans sa chambre, assis en tailleur sur le plancher, Victor tripotait son téléphone portable. Il mourait d'envie de l'appeler. Mais pour lui dire quoi ? Rien. Nathan avait précisé : « Si tu as un problème. » Il n'en avait aucun, surtout pas depuis leur discussion dans le café. C'était juste que… Nathan lui manquait. Il aurait voulu lui raconter plein de trucs, sa journée, en dépit du fait qu'elle n'avait rien de palpitant. Il avait eu son premier cours de karaté, la veille. Il avait pris un gros coup de pied dans l'avant-bras et en conservait un sacré bleu qui virait au mauve intense. C'était quand même un truc. Bon, pas de quoi se trouver mal, mais un petit truc intéressant qu'on pouvait raconter. Une sorte de prétexte pour appeler, en quelque sorte. Ça faisait mal, mais Victor se serinait une expression américaine qu'il venait d'apprendre et dont il était certain qu'elle était la devise de Nathan : « *No pain, no gain*[1]. » Victor ne pouvait pas espérer devenir un guerrier, une sorte de chevalier Jedi[2], comme Nathan, sans en prendre plein la figure. Il le savait, il l'avait accepté. Non, il ne pouvait pas le déranger pour des nullités, en dépit de

1. Pas de souffrance, pas de profit.
2. *La Guerre des étoiles.*

l'envie, du besoin qu'il en ressentait. À l'évidence, Nathan était un être très important qui avait autre chose à faire qu'écouter un gamin français lui raconter qu'il avait fait des progrès en anglais et qu'il s'était inscrit au karaté. De plus, le garçonnet doutait de pouvoir appeler à l'étranger. En revanche, Nathan utilisait peut-être un autre système que les satellites classiques, un système inconnu de Victor. Il pouvait tant de choses. Et Victor avait tant et tant à apprendre pour parvenir à son niveau. Grisant et désespérant.

Bien sûr, sa mère l'interrogeait chaque soir sur sa journée, ce qu'il avait appris, comment s'étaient passés ses cours. Cependant, ce n'était plus pareil. Victor avait pris conscience d'une foule de choses depuis sa rencontre avec Nathan. Comme l'Américain, il adorait sa mère. Cependant, il s'agissait d'une femme, et lui venait de passer dans le clan des mâles. Nathan avait été formel sur ce point. Le clan des vrais mâles, à l'exemple de Nathan, de ceux qui protègent, les femmes, notamment. D'accord, il était petit, il ne savait pas grand-chose, mais il allait apprendre et vite. N'y tenant plus, il composa le numéro qu'il avait appris par cœur. Une série de déclics, lui faisant presque croire que la communication était interrompue, des bribes de musiquettes, dont une extrême-orientale, enfin, la voix de Nathan, calme, rassurante, en anglais, allemand, français, espagnol :

– Bonjour. Vous êtes sur un répondeur. Laissez votre message et vos coordonnées.

– Euh… Euh, Nathan, c'est Victor. Tout va bien… Enfin, c'était pour vous dire que tout allait bien.

Il raccrocha, sa paume moite serrant l'appareil. Crétin, mais quelle daube ! Qu'allait penser Nathan de lui ?

Sara achevait de préparer le repas dans la cuisine à l'américaine. Elle aimait cet endroit, bien plus que la cuisine de leur ancien appartement. Vaste, fonctionnel, beau, lumineux avec ses meubles en bois peints de gris pâle. Elle caressa d'une main le long comptoir en béton teinté, s'étonnant pour la centième fois de sa tiédeur. On s'attendait toujours à la froideur de la pierre. Victor l'inquiétait un peu, depuis quelques jours. Cela étant, elle avait tendance à se raconter des histoires dès que son fils était concerné, et ne l'ignorait pas. Excellente nouvelle : il semblait avoir retrouvé son énergie, ses envies, ses rires. Il avait soudain décidé que les cours de piscine et de plongée le « gonflaient grave » et avait souhaité être inscrit au club d'arts martiaux du quartier. Pourquoi pas ? Les garçons doivent se dépenser plus que les filles et la ville n'est pas propice à ce genre de choses. Sara s'était donc exécutée de bonne grâce. Revers de la médaille, cette soudaine énergie débordante, justement. D'accord, elle ne connaissait pas grand-chose à l'adolescence des garçons et elle la découvrait sur le tas, comme toutes les mères seules. D'autant qu'elle n'avait pas d'amies, juste des relations de labo dont la plupart avaient des enfants qui n'avaient pas l'âge du sien. Elle n'avait pas d'amies, un fait incontournable. Elle en était responsable. Éric avait rempli sa vie et, après son décès, elle s'était immergée dans sa vie de mère et de chercheur. Pas nécessairement un bon calcul, avec le recul. Ça doit être sympa et réconfortant d'avoir des amies. Quant à sa mère, mieux valait passer sur le sujet. Victor la détestait, avec raison, même si, bien sûr, Sara lui remontait les bretelles dès qu'il faisait une réflexion déplaisante à son sujet. La mère de Sara était la femme la plus égocentrique qui fût, donc incapable d'affect, et encore moins d'amour. Elle était le nombril du monde et le monde se limitait à son nombril. Étrangement, ce vice de caractère ne la rendait pas heureuse. Elle en voulait à la terre entière, et surtout à sa fille, de tout ce qu'elle n'avait pas eu, pas fait, pas réussi. Elle n'avait pas hésité à balancer un jour à Sara qu'elle se serait volontiers passée d'elle. Une insatisfaite permanente, manipulatrice et menteuse pathologique, faiseuse d'embrouilles pour le bonheur d'avoir l'impression d'exister. Sa mère s'épanouissait dans le drame. La moindre broutille de voisinage se transformait en tragédie grecque dont elle devenait la bouleversante héroïne. Il avait fallu plus de trente ans à Sara pour comprendre que sa mère relevait de la psychiatrie. Une personnalité histrionique. Sara avait peu à peu fait son deuil de l'amour d'une mère. Pas facile. Très douloureux.

Au fond, elle-même était devenue mère pour défaire tout ce que la sienne avait tissé. Une revanche sur son affligeante enfance puis adolescence. Elle n'y était pas parvenue. Pour preuve : Louise. Assez avec ça !

Elle termina une belle salade composée aux œufs durs et au thon, et se programma une voix joyeuse pour crier :

– Chéri ? C'est prêt.

Victor sortit en trombe de sa chambre et hurla :

– Ouais, chouette ! Je meurs de faim. Y a un peu de glace en dessert ?

Il sembla à Sara que la bonne humeur de son fils était factice. Se racontait-elle des histoires ? Se mentaient-ils l'un l'autre pour s'empêcher de trop glisser ?

Base militaire de Quantico, États-Unis, octobre 2008

– Crétins ! s'exclama Diane Silver en balançant de colère son Zippo sur la plaque de Plexiglas de son bureau.

Le briquet ricocha dans un claquement métallique.

L'emportement de la psychiatre étonna Mike Bard. Il avait fini par s'habituer au ton calme en toutes circonstances, imperturbable, qu'il avait pourtant trouvé irritant au début de leur collaboration.

– Attendez, il s'agit de flics de la circulation. Pas des techniciens de scène de crime ni même de la brigade des homicides, tenta le super-agent.

– Et alors ? Ça veut dire qu'ils doivent en savoir moins que le téléspectateur lambda qui regarde les séries policières ? pesta Diane. Je n'arrive pas à croire qu'ils ont laissé repartir cette Claire Morgan dans sa voiture ! Une pièce à conviction !

– Ils ont bien tenté de la convaincre de les suivre, ne serait-ce que parce qu'ils ont des psychologues, mais elle exigeait de prévenir son mari, de vive voix. Elle ne voulait rien savoir, elle était pas mal hystérique.

– Sans blague ? s'énerva Diane. Son fils de cinq ans venait d'être enlevé et ça les a étonnés qu'elle pète les plombs et qu'elle fasse n'importe quoi ?

– Ouais, d'accord… Elle est revenue au quartier général très vite en compagnie de son mari. Sur le coup, les deux officiers ont pensé que ça la calmerait un peu de l'avoir à ses côtés.

– Des crétins ! Quels abrutis. Ils n'ont jamais entendu parler des indices, ou de la brigade cynophile ? Le Boston PD possède l'une des meilleures du pays. La piste était fraîche. Grâce aux chiens, on avait une chance de savoir quelle direction avait pris le gosse ou si le ravisseur l'avait aussitôt balancé dans une autre voiture !

– Bon d'accord… ils ont été nuls… à leur décharge, ils n'ont pas beaucoup de métier derrière eux et, comme je vous l'ai dit, ils ont toujours été affectés à la circulation…

– Et ils vont y rester de longues années, comptez sur moi ! promit Diane, mauvaise.

Le regard de Mike Bard se perdit vers le mur situé à sa gauche. Elle avait raison et il aurait volontiers insulté ces deux imbéciles. Ils avaient sans doute été émus par une mère affolée, en pleine crise de nerfs, par son besoin de rejoindre son mari. Cela étant, ils avaient manqué de professionnalisme.

– La chaîne des indices est rompue. Même si on trouve quelque chose, ça n'aura aucune valeur juridique. Un avocat se fera fort d'insister sur le fait que n'importe qui a pu pénétrer dans ce véhicule après l'enlèvement du petit garçon.

– Ouais.

D'un geste rageur, la psychiatre alluma une cigarette et repêcha son cendrier dans le tiroir du casier poussé sous son bureau.

– Si on additionnait le nombre d'enquêtes qui ont foiré à cause de conneries de cet ordre, sans même compter les pièces à conviction qui s'égarent, les gens refuseraient de payer leurs impôts ! Au fond, vive les séries télévisées ! Au moins, tout marche au poil et on a les résultats d'une chromatographie gazeuse en une demi-seconde ! Bon… Au point où nous en sommes, on demande quand même un ordre du juge. On prélève dans la voiture, surtout sur la banquette arrière.

– Ça pourra pas servir, rappela Bard.

– À nous, si. En revanche, pas à l'accusation. On envoie un de nos techniciens doubler les leurs et il rapporte les échantillons à la base.

– Attendez, le Boston PD possède des labos et un personnel archicompétents, protesta Bard. Enfin, d'un point de vue diplomatique…

Tapant de son Zippo sur la plaque de son bureau, Diane martela :

– J'emmerde la diplomatie ! Il s'agit d'un crime fédéral. Et ils n'ont pas intérêt à la ramener parce qu'une « fuite » pourrait renseigner la presse sur les « compétences » de certains de leurs éléments !

– Vous ne feriez pas ça ! s'insurgea Bard. Ce sont des flics, quand même.

Le regard bleu glace l'épingla. D'une voix redevenue très calme, elle répliqua :

– On parie combien ? Je veux que nous retrouvions ces enfants, Karina et Chase. Je les veux vivants !

– Vous savez comme moi qu'il s'agit de la fameuse aiguille dans une meule de foin. Et puis… rien ne dit qu'ils ne soient pas déjà…

Il ne termina pas sa phrase, harponné par l'immense regard glacé. Mike Bard sentit qu'elle cherchait ses mots, très loin. Des mots qui n'évoquent pas Leonor et qui pourtant naissaient d'elle. Enfin, la psychiatre murmura d'une voix hachée :

– Je… Je ne peux pas enterrer d'autres enfants. Je crois que je… ne le supporterais pas… en ce moment… des petits cadavres meurtris m'affaibliraient, terriblement. Or, j'ai besoin de… ma force, parce qu'il y a les autres, Emma, Eve… tous les autres. (Elle termina dans un souffle à peine audible :) Mike, il faut qu'ils soient vivants, tous les deux. Enfin… en ce moment, je dois m'accrocher à cette idée.

Mike Bard ne comprit pas en quoi « ce moment » précis divergeait de son passé hanté par la mort de sa fille, toutes ces années de cohabitation avec un léger fantôme adoré, mais il sentit qu'il ne devait surtout pas lui demander d'éclaircissements. Il perçut la crainte derrière ses mots hésitants. L'étonnant désarroi de la psychiatre l'inquiéta. Elle ne pouvait pas craquer maintenant. Gary et lui avaient impérativement besoin de son implacable cerveau pour avancer. Il hésita. Il aurait tenté d'apaiser une autre femme. Pas elle. D'une voix ferme, sèche, il balança :

– On peut s'éviter le pathos ? On est bien d'accord : la mort d'un enfant file toujours envie de chialer, surtout lorsqu'il s'agit d'un meurtre. Mais si ces gosses ont été tués, ce ne seront ni les premières, ni les dernières victimes d'amusements de sadique. Notre métier consiste justement à coincer ces dégénérés pour les empêcher de récidiver, à éviter de futurs massacres d'innocents. Nous sommes leur dernière ligne de défense, c'est vous qui l'avez affirmé un jour. Et c'est pas en sanglotant qu'on y parviendra !

Diane Silver le considéra un instant, mâchoires crispées. Elle l'aurait volontiers insulté. Pourtant, il avait raison. Quoi ? En quoi les cellules malsaines qui proliféraient dans son utérus changeaient-elles quelque chose ? De théorique depuis douze ans, sa mort prenait-elle soudain une réalité qui, au fond, lui était difficilement supportable ? Il ne s'agissait pas de peur. Elle avait caressé l'hypothèse de sa fin si c'était elle qui se la donnait. Cette fin devenait maintenant autonome, ne lui appartenait plus, s'imposait à la manière d'une donnée extérieure sur laquelle elle n'avait plus de pouvoir. L'éventuelle mort de ces enfants la ramenait à sa propre finitude. Incohérent, lamentable ! Pire, superstitieux.

Un mince sourire étira ses lèvres, elle déclara d'une voix légère :

– Vous n'avez pas tort, Mike. Un petit moment de faiblesse. Nous en avons tous. Je dois manquer de sucre. Je nous offre un café au distributeur ? Enfin, du moins le jus marron caféiné et insipide qui en coule ?

– Pas de refus ! Ça sera jamais que le dixième de la journée.

Ils se dirigèrent vers la machine installée au bout du couloir, Diane le devançant. Sans se tourner, elle demanda :

– Comment va Simon ?

Le fils autiste de Mike Bard, placé dans une institution spécialisée, celui qui lui avait fait dire un jour une phrase magnifique dont elle se souvenait approximativement : « Quand je suis avec lui, j'ai l'impression que les meilleures choses ressortent de moi. »

Le jeune homme resterait toujours bouclé dans une bulle dont Diane se demandait si, d'une certaine façon, elle n'était pas douloureuse, même si elle le préservait de ce monde-dehors auquel il ne comprenait rien, qui le terrorisait et qui, de toute façon, ne voulait pas de lui.

– Ça va… aussi bien que ça puisse aller. Ça vous intéresse vraiment ? demanda Bard, presque hargneux.

– Oui, aussi curieux que ça puisse vous paraître.

– Je… N'avez-vous pas remarqué comme le handicap physique induit notre compassion ? Nous restons bons dans notre « supériorité » de gens en bonne santé. Je suis peut-être injuste mais j'en ai marre des regards, des murmures lorsque je pars en balade avec Simon… le handicap mental… Il nous fait peur, il nous dégoûte un peu. Nous ne voulons pas voir ces individus-là. Qu'on les traite bien, mais qu'on les écarte de nous. Le handicap physique est souvent le résultat d'un accident, un monstrueux coup de malchance. Ça pourrait nous arriver à tous, on se met à la place de ceux qui en sont touchés. Mais… le handicap mental est affaire de gènes, c'est… un miroir déformant dans lequel on ne veut surtout pas se voir, dans un monde qui glorifie l'intelligence telle que nous la concevons.

Elle lui tendit le gobelet en plastique marron foncé. Il lut la fatigue sur ses traits. Elle renchérit d'un ton légèrement amer :

– Assez juste. Il suffit d'analyser les films. Vous ne verrez pas de personnage d'autiste ou de trisomique lourd. Que ce soit dans *Rain Man* ou *Forrest Gump*, le héros possède un côté génial qui séduit le public.

– Ouais. En même temps, on ne peut pas en vouloir aux gens d'être soulagés qu'une telle catastrophe ne soit pas tombée sur eux ou leurs gosses, pourvu qu'ils éprouvent de la compassion. Moi aussi, j'aurais voulu que Simon soit de l'autre côté, du côté « normal », relativisa Bard, en haussant les épaules.

Il but une gorgée et poursuivit d'une voix hésitante :

– Vous savez, ils vivent vieux... C'est affreux à dire pour un père... je voudrais tellement qu'il meure, gentiment, avant moi. Je prie le ciel que ce soit le cas. Qu'est-ce qu'il va devenir si je ne suis plus là ? La famille de Moïra, ma femme qui est décédée il y a quelques années, n'en a jamais rien eu à cirer de nous depuis qu'on a diagnostiqué l'autisme chez Simon. Je n'ai plus reçu aucune nouvelle depuis le suicide de mon épouse. Ils ne paieront certainement pas pour son institution qui coûte la peau des fesses. Bien sûr, il y a mon grand frère, Thomas. Là, j'ai confiance. C'est un type bien, très bien. Un dur, mais un mec bien, moral, qui va jusqu'au bout de son devoir. Il ne laissera jamais Simon crever comme une bête dans un taudis ou dans la rue. Mais voyez, docteur, je souhaite vraiment qu'il meure avant moi. Ça me soulagerait vachement de savoir qu'il ne souffrira pas davantage, qu'il ne sera pas traité comme un déchet. C'est mon fils.

– Je vous comprends.

Elle s'autorisa un geste ahurissant pour elle, qui ne supportait plus de toucher, d'approcher les vivants, en posant la main sur son avant-bras.

Base militaire de Quantico, États-Unis, octobre 2008

Diane savourait son déjeuner solitaire et tardif dans la grande salle en rotonde de la cafétéria du Jefferson Building. Elle avait pris l'habitude de décaler ses horaires, montant très tôt ou assez tard afin de ne rencontrer personne de sa connaissance. Ça n'est pas parce qu'on travaille avec des gens – qu'on n'a pas choisis, même si certains se révèlent plutôt agréables et intéressants –, qu'on a nécessairement envie de partager chaque heure de sa vie professionnelle avec eux. Le silence apaisait Diane, lui permettant de se livrer tout entière à l'incessant dialogue qui occupait son esprit. Elle et son cerveau, des avis parfois opposés.

Le goût de la solitude devenait une sorte de vice, d'acte antisocial. Au demeurant, fort peu de gens le partageaient. D'où, sans doute, le recours souvent frénétique au téléphone mobile et aux télévisions allumées en fond sonore. Des paroles et des paroles qu'on n'écoutait pas, dont la fonction était de recouvrir le vide, la vertigineuse sensation de solitude. Être seul dans sa tête. Une angoisse pour certains. Un luxe pour Diane. Pour être honnête, elle admettait qu'elle n'avait pas toujours été ainsi. Elle avait eu besoin du groupe, elle aussi. Avant. Avant le meurtre de Leonor. Elle avait aimé les soirées, les vernissages, les premières, les discussions qui parfois viraient à l'empoignade ou au fou rire. Plus maintenant. Elle se sentait de moins en moins de points communs avec ses congénères. À la vérité, elle le regrettait. Elle aurait tant aimé être encore capable de voir avec leurs yeux, d'entendre les mêmes sons qu'eux, de se distraire des mêmes choses qu'eux. La mort de Leonor l'avait amputée de ces gènes-là. En échange, elle n'avait créé que des gènes mortifères.

Elle termina sa soupe de pétoncles au safran. Du moins était-ce ce que précisait l'étiquette du présentoir. Sans doute safranée puisqu'un peu jaune, certainement pas en raison de son goût, un vague fumet de poisson, rien d'autre. Une rafale de mitraillette lui fit lever les yeux. De jeunes recrues s'entraînaient de l'autre côté du rideau d'arbres, dans les champs de tir, contre des cibles de forme humaine en métal. Qu'est-ce qui poussait encore les jeunes à vouloir intégrer le FBI, en dépit d'un recrutement très limité – coupes budgétaires obligent –, du parcours du combattant – au propre et au figuré – auquel on allait les soumettre jusqu'à ce que leurs muscles hurlent de douleur et qu'ils s'effondrent en sanglots ? La certitude d'une carrière à peu près stable ? Non, ils allaient beaucoup trop en baver, et pendant des années, pour que cette justification à elle seule les motive. Le goût de l'autorité ? Peut-être. Appartenir à un groupe très défini, à l'organisation presque militaire, impliquait des règles que l'on suivait, à coups de pied dans le cul, si nécessaire. Si elles étaient très contraignantes, elles étaient aussi rassurantes : on faisait « partie de ». L'envie de justice, d'en être un acteur, un rouage ? Sans doute. Une belle idée, poétique, mais dont la réalité devenait de plus en plus floue. L'absence de cynisme des jeunes qui avaient en tête d'améliorer le monde. Attendrissant, presque pathétique. Ils en reviendraient, bien sûr. Cela étant, c'était bien plus émouvant que ceux qui, dès quinze ans, avaient décidé de faire du fric.

Diane découpait avec application ses côtes d'agneau, un sourire inconscient jouant sur ses lèvres. Leonor était folle de joie lorsqu'elle obtenait une « permission de doigts ». Une rare tolérance qui l'autorisait à manger sans couverts. Elle n'était réservée qu'aux hamburgers, aux sandwichs et, parfois, aux cuisses de poulet et aux frites. Un bonheur pour la fillette qui avait le sentiment de commettre un acte d'une folle insolence. Merde ! Elle s'était complètement plantée. Elle était fautive, terriblement. Diane avait voulu faire de sa fille l'enfant la plus adorable, la mieux élevée, la plus parfaite. Elle y était parvenue. Si, au lieu de cela, Leonor avait été une petite teigne agressive, peut-être... peut-être qu'elle n'aurait jamais suivi Susan Brooks. Peut-être qu'elle l'aurait envoyée sur les roses. Peut-être qu'elle serait toujours en vie. Ne pas penser à cela. On peut réécrire l'histoire à l'infini.

Un raclement de gorge très artificiel, auquel elle ne prêta d'abord pas attention. Puis un :

– Euh... Docteur... Madame...

Diane leva le regard de son assiette. Une jeune femme afro-américaine, qui devait mesurer plus d'un mètre quatre-vingts, sorte de longue liane mince et musclée, était plantée à un mètre de sa table. Une jeune recrue.

Diane la détailla de son regard bleu glace et répondit :

– Je déjeunais.

Le sang monta aux joues de la jeune femme qui baissa les yeux.

– Euh... pardon... docteur... de ma grossièreté. Je suis confuse... Mais... J'ai laissé trois messages sur votre répondeur... je n'ai pas pu obtenir votre adresse e-mail... Et... voilà... Donc, je me suis dit... comme vous déjeunez à la cafétéria... Je... enfin... Je...

Ah oui, les messages que Diane avait effacés sans les écouter, ainsi qu'elle le faisait lorsque le nom de ses interlocuteurs ne lui évoquait rien.

– Enfin... si vous acceptiez de me fixer un rendez-vous... J'en serais très contente... et... euh...

Diane remarqua les mains qui s'envolaient de confusion. De très longues mains fines mais fermes, aptes.

Diane n'hésita qu'une seconde. L'agitation de la jeune femme la fatiguait.

– Asseyez-vous. Calmez-vous. Je ne mords jamais sans provocation. Futur agent… ?

– Merchant. Michelle Merchant. Je suis en troisième année.

– Bien ! Pourquoi souhaitiez-vous me contacter, Merchant ?

– Eh bien… J'ai assisté à votre cycle de conférences de criminologie en mai dernier. J'ai été… Enfin, vivement intéressée…

– Je ne me souviens pas de vous.

– Euh… c'est-à-dire que je me place toujours au fond de la salle et… enfin… je ne pose pas de questions.

– Je vois. Et ?

Diane décida d'attaquer sa mousse de fraises à la crème fouettée. Cette fille était affreusement stressée et ça risquait de prendre un moment. Pendant ce temps-là, la crème allait ramollir. Diane n'ayant aucune intention de la materner, autant déguster son dessert alors qu'il était au mieux de sa forme.

– Plus qu'intéressée. Je veux dire… c'était fascinant et j'ai compris plein de … enfin des choses que je n'avais pas comprises.

– Ça me flatte, lâcha Diane entre deux bouchées. On pourrait en venir au fait ?

– Eh bien… Enfin… j'ai une licence en psychologie. Bon, d'accord, à côté de votre CV, ce n'est pas grand-chose. Mais je veux dire que je possède de solides bases. Il me manque juste… euh… tout le reste. Je suis – vous pouvez vous renseigner auprès de mes instructeurs – très travailleuse, très obstinée, aucun effort ne me rebute… Je crois que je suis intelligente, j'apprends vite… Je n'ai pas la grosse tête, je sais que j'ai plein de lacunes à combler… Enfin, voilà… je voudrais effectuer un stage auprès de vous. Je me suis renseignée. Vous avez les résultats les plus époustouflants de l'hémisphère Nord… Et… euh… On m'a dit que vous ne preniez personne… Mais je vous assure que je peux vous aider… Bon, d'accord, des petits trucs… mais… bon. Je suis en excellente forme physique…

– Intéressant. Je ne peux pas courir cent mètres sans faire une syncope. J'ai besoin de neurones et de… perméabilité aux choses, à l'environnement, aux sensations. En revanche, les biceps me sont très indifférents, Merchant.

– Euh… je pense les avoir… docteur… madame. Enfin, les neurones et la perméabilité.

– On vous a dit que j'étais une caractérielle, très difficile à gérer ?

– Euh… ben, c'est-à-dire que… enfin, un petit peu…

Diane la scruta de son regard pâle, déplaisant. Michelle rougissait mais ne baissait pas les yeux. Soudain, la profileuse demanda :

– C'est quoi, votre passion, Merchant ?

Michelle Merchant regarda vers le plafond, expirant bouche ouverte, et Diane sut qu'elle allait dire la vérité.

– Protéger. Vous savez, c'est inscrit « Servir et protéger » sur le blason du ministère de la Justice. Je veux protéger.

Yves était mort. Depuis la lettre du Dr Medford, son gynécologue, le futur s'était fait tranchant, urgent. Diane n'allait certainement pas enseigner ses méthodes à Nathan, incertaine de qui il était vraiment. Plus exactement presque certaine. Inutile d'en faire une arme imparable. Pourquoi pas les transmettre à cette fille, si du moins elle était véritablement intelligente et subtile ? Quelqu'un devrait bien prendre sa relève un jour. Il fallait que demeure toujours un dernier rempart contre la déferlante de meurtres hideux et gratuits. Il fallait que quelqu'un sache comment remonter jusqu'aux tordus qui en étaient responsables.

– On peut essayer. Sans garantie de ma part. Si vous n'êtes pas à la hauteur de ce que j'attends – et je suis très exigeante –, vous dégagez. Nous sommes bien d'accord ? Lundi, dans mon bureau, à huit heures.

– Bien, docteur… madame… Merci… je suis très, honorée… euh… je suis super contente… vous ne le regretterez pas… enfin… je suis consciente qu'il ne s'agit que d'une première entrevue…

– À lundi. J'aimerais bien terminer mon repas en paix, futur agent. Ah… si vous pouviez formuler des phrases sans pointillés, ça m'arrangerait. À bientôt, Merchant.

La jeune femme prit congé sur un raide salut. Pourtant, son sourire indiquait qu'elle était heureuse.

Cette Merchant était assez émouvante avec son « protéger ». Bof, pourquoi Diane pensait-elle cela ? Que faisait-elle d'autre ? Elle protégeait des gens qui ne savaient même pas qu'ils étaient menacés. Quant à Michelle Merchant, elle n'avait pas l'air idiote et était animée d'une passion. Et Dieu savait qu'il en fallait, pour digérer le reste. Cela étant, la nettoyer de ses illusions de jeunesse prendrait du temps. Non, elle ne serait pas Zorro. Elle deviendrait une chasseuse acharnée, prête à pas mal de compromissions pour protéger. Comme Diane. Ou elle l'acceptait, ou elle disparaissait.

Diane devait trouver du temps afin de transmettre ses méthodes, de former un autre chasseur. Il le fallait, pour tous ces êtres qui ignoraient qu'ils deviendraient un jour des victimes. Il fallait que Michelle Merchant fasse l'affaire, et mieux que cela. Il fallait qu'elle devienne un jour la meilleure, afin de remplacer Diane.

Du temps pour former Merchant, pour s'occuper de Silver-l'autre.

Demain, elle n'oublierait pas son rendez-vous avec le Dr Medford. Elle ne s'autoriserait pas le coup de l'acte manqué.

Hangar du Boston Police Department,
États-Unis, octobre 2008

Anthea Stein – qui n'avait jamais pardonné à sa mère de l'avoir affublée d'un prénom de tragédie grecque, elle, la petite blonde prompte au rire – resta un mètre derrière ses deux collègues techniciens de scène de crime au Boston PD, Randy et Steven. Elle avait du mal à les différencier dans leurs accoutrements, d'autant qu'ils portaient tous deux des lunettes de protection. Steven semblait plus grand que Randy, la seule dissemblance aux yeux d'Anthea.

Les deux gars n'avaient pas été aux anges de la voir débarquer, bien qu'ayant été prévenus de son arrivée par le Dr Diane Silver et le Dr Erika Lu. Anthea ne doutait pas que, si l'explication du Dr Lu avait été suave et apaisante, celle de la psychiatre avait été balancée sur le mode « C'est comme ça parce que je l'ai décidé ». D'étrange façon, Anthea appréciait les deux femmes. Elles étaient aussi déterminées l'une que l'autre, chacune dans son domaine, même si Erika tentait de caresser les plumes ébouriffées des uns et des autres, alors que la profileuse se moquait de les hérisser davantage. Toutes deux parvenaient à leurs fins et Anthea, âgée de vingt-trois ans, en dépit d'un joli CV, ne parvenait toujours pas à décider qui serait son modèle. Le char d'assaut ou la diplomate ?

Elle détailla chaque geste des deux techniciens, prête à intervenir en cas de procédures maladroites. Personnellement chargée par le Dr Silver de veiller à la bonne marche des prélèvements, elle ne doutait pas que la psychiatre lui tomberait dessus en cas de manquement.

Juste avant son départ pour Boston, la profileuse l'avait convoquée dans son bureau. Elle n'avait pas l'air de bonne humeur.

– À cause de deux benêts sentimentaux de la circulation, je n'ai pas d'illusions : ce qu'on trouvera n'aura aucune valeur devant un tribunal. Cependant, les résultats sont cruciaux pour moi. Vous n'avez donc pas droit à l'erreur. Compris ?

– Compris, docteur.

Sur un ton toujours aussi peu amène, la psychiatre avait poursuivi :

– Erika prétend que vous êtes un des meilleurs éléments de son équipe. Je l'espère pour vous. Ah, Stein… si vos petits camarades de Boston faisaient dans la mauvaise volonté, vous m'appelez immédiatement.

– Bien, docteur.

– Je veux tout, tout ce que vous pourrez trouver. S'il faut désosser des bouts de carcasse et les expédier à Quantico par avion militaire, vous avez ma bénédiction. Je vous couvre sur tout… si vous ne me plantez pas.

Les deux techniciens savaient ce qu'ils faisaient. Vêtus de combinaisons blanches de protection, de charlottes, de protège-chaussures, de masques de chirurgie pour éviter que des particules de salive ne souillent la scène en répandant leur ADN partout, sans oublier des gants en nitrile d'un mauve soutenu, ils commencèrent par récolter des macro-indices sans pénétrer dans l'habitacle. Une enveloppe de barre aux céréales et au chocolat, des mouchoirs en papier usagés, abandonnés sur la banquette arrière, et un gros cahier de brouillon qui avait glissé sous le siège passager avant. Ils relevèrent ensuite les empreintes digitales laissées sur les dossiers, les fenêtres, les portières, faces intérieure et extérieure, bref un peu partout, grâce à des bandes adhésives non destructives de l'ADN, puis les fibres, les poussières, les cheveux, les débris végétaux et autres. L'un d'eux, sans doute Randy, se redressa de la banquette arrière en brandissant sa mince pince à bouts recourbés. Il déclara :

– Des poils. À mon avis pas des cheveux humains. (S'adressant à son collègue, il vérifia :) *A priori* roux et noirs. Attends, le seul indice dans ce meurtre de Brookline sur lequel on est intervenus, tu sais, ce couple… les Damont, c'étaient pas des poils de chat ?

– Ouais, mais là, c'est un enlèvement d'enfant, rétorqua l'autre, Steven, peut-être.

– Précieux, très, intervint Anthea.

Avec un luxe de précautions, le technicien fourra la mince touffe roux et noir dans un sachet à indices et le lui tendit. N'y tenant plus, il lâcha ce qu'il retenait :

– Vous savez, bon, c'est pas mes oignons… Moi, je fais dans le bac à litière qu'on me désigne, mais on est très bons, ici. Je veux dire dans les labos.

– Oh, personne n'en doute, temporisa Stein. C'est juste que… puisqu'il s'agit d'une enquête fédérale et que nous avons aussi des gens super compétents… ça ira plus vite.

– Ouais, bien sûr, commenta Randy, pas convaincu, en replongeant le torse dans l'habitacle.

Un peu gênée, elle ouvrit avec délicatesse le grand cahier de ses mains gantées. Des mots tracés au feutre bleu, de cette curieuse écriture qui montait ou descendait. Les jeunes enfants ont souvent un mal fou à écrire de façon rectiligne. Les mots ne voulaient rien dire. Toutefois, certains étaient assez rigolos, d'autres jolis, et on aurait presque pu croire à un langage inconnu.

– Elle avait installé son fils sur le siège avant ? Vraiment pas prudent en cas de freinage brutal.

– Euh, non, la détrompa le deuxième technicien, Steven. D'ailleurs, on nous a conseillé de surtout examiner la banquette arrière, parce que le gamin y était assis. Et puis il y a un rehausseur, précisa-t-il en désignant de sa main mauve le siège à accoudoirs et appuie-tête.

– Alors pourquoi le cahier se trouve-t-il au sol, devant ? insista Stein. Quand les deux parents sont revenus au quartier général, ils avaient cette voiture ? Auquel cas, le passager aurait dû s'apercevoir de sa présence.

– Euh, je sais pas.

– En tout cas, le petit garçon était bien installé à l'arrière, déclara Randy en se redressant et en tendant un feutre bleu. C'était coincé entre le siège et le dossier de la banquette.

Anthea Stein inclina le cahier et remarqua une large marque un peu luisante, en demi-lune, sur le haut de la couverture. Avec une grande délicatesse, elle plaça la pièce à conviction dans un sac en papier kraft.

Ils passèrent ensuite à l'examen du coffre, une jungle de trucs et de machins sans grand intérêt *a priori*, d'autant que seule la portière arrière avait été ouverte par le kidnappeur. Toutefois, Diane Silver avait réclamé une fouille minutieuse. Ils déplacèrent des tendeurs, une vieille couverture de pique-nique, des caisses pour les courses, une bombe anticrevaison, une boîte de rechange pour les feux dans laquelle ne restait plus qu'une loupiote de veilleuse, un cric un peu rouillé, et une bouteille d'eau dont Anthea se demanda quand elle avait été entamée. Les gens oublient toujours qu'une bouteille d'eau minérale non réfrigérée doit se boire vite, d'autant qu'en général, en voiture, on boit au goulot et que les millions de bactéries de la salive peuvent contaminer l'eau. Ce genre de détails agaçait Anthea, qui se lavait les mains et brossait ses ongles très courts trente fois par jour. Les gens manquaient de prudence et souvent d'un élémentaire sens de l'hygiène. Comme chaque fois, elle repensa à cette étude, horrifiante à ses yeux : on avait retrouvé plus de dix urines différentes sur les cacahuètes d'un simple ramequin dans un bar anglais. Celles de clients qui ne se lavaient pas les mains en sortant des toilettes. Depuis, elle ne touchait plus ni aux noix, ni aux chips, ni aux olives en dehors de chez elle. D'ailleurs, elle évitait de consommer quoi que ce fût qui ne soit pas cuit et recuit. L'idée de manger de la pisse, ou pire, même en quantité moléculaire, lui coupait l'appétit.

Elle insista pour qu'ils vaporisent du luminol – ce qui était possible en raison de la presque pénombre qui régnait dans le hangar –, tout en avouant qu'elle n'en attendait pas grand-chose. Randy, ou peut-être Steven, alla éteindre les plafonniers qui éclairaient l'endroit dépourvu d'ouvertures sur l'extérieur. De fait, le luminol ne révéla pas la présence de sang, ni même un faux positif – cuivre, fer, cyanure ou matières fécales. L'examen terminé, Anthea récupéra les écouvillons, les bandes adhésives, les sachets dans lesquels avaient été fourrés les indices, et remercia Randy et Steven, sans omettre de les complimenter sur leur professionnalisme, ce qui parut leur mettre un peu de baume au cœur et lui valut deux sourires soulagés.

Finalement, elle opterait dans l'avenir pour la diplomatie du Dr Lu. Elle doutait d'avoir les reins aussi solides que le Dr Silver, que le conflit semblait réjouir.

Boston, États-Unis, octobre 2008

– Merde ! cria Cynthia en larmes. Il a fallu que j'attende quarante-deux ans, la mort de ma mère, pour apprendre que mon père était mon FOUTU grand-père ! Ça fait de moi une sorte d'animal de cirque, une aberration consanguine. C'est un miracle que je n'ai pas ramassé de tares, du moins visibles.

James Madison, son thérapeute, la considéra en silence. Elle souffrait. C'était inévitable. Tout comme l'était sa réaction de fureur lorsqu'elle avait appris ce secret jalousement gardé.

– Cynthia, il est normal que vous soyez en colère. Je dirais presque que c'est sain. Cependant, il faut dépasser cette colère, pardonner. Bon… bien sûr, ce n'est pas évident, et il y aura un gros travail à faire.

Elle ne parut pas l'entendre et poursuivit :

– Et qu'est-ce que je vais dire à ma fille de dix-huit ans ? Que son foutu grand-père était en fait son arrière-grand-père ? Que ma mère, sa grand-mère, s'est envoyée en l'air toute sa vie avec son propre père, jouant au couple parfait ?

– Vous ne pouvez pas garder le secret. Le secret est ce qui a empoisonné votre vie. Il est à l'origine de l'échec de votre mariage et de vos ratages sentimentaux ensuite, de vos difficultés avec votre fille. Vous n'en connaissiez pas la teneur, mais, inconsciemment, vous saviez qu'il était là, affreux, délétère. Votre mère, vous me l'avez dit mille fois, n'a jamais éprouvé pour vous de véritable amour maternel. Vous en connaissez maintenant la raison : elle était aussi votre sœur et elle le savait. Il faut pardonner !

Elle le dévisagea comme s'il venait de lâcher une obscénité et rugit en frappant de ses poings les accoudoirs de son fauteuil :

– Vous rigolez, ou quoi ? Pardonner le fait qu'on m'a menti toute ma vie ? Que je suis un produit de l'inceste ? Un inceste triomphant de surcroît, parce qu'ils n'ont jamais eu honte. Ils ont vécu une bonne petite vie. (Une grimace de répulsion contracta son visage sillonné par de fines rides de peau sèche.) Ah, ils me dégoûtent, me donnent envie de vomir. J'espère qu'ils rôtissent tous les deux en enfer ! Et comment suis-je censée m'aimer un peu, avec ça ?

– En pardonnant, justement…

Madison jeta un regard furtif à la pendule murale suspendue au mur situé derrière Cynthia. Il fallait qu'il expédie la séance, il avait rendez-vous chez son dermatologue. Ce grain de beauté irrégulier qu'il portait en haut de la cuisse l'inquiétait depuis des semaines au point qu'il en était arrivé à baisser son pantalon et à l'examiner trois fois par jour. Il reprit :

– Cynthia… pardonner n'est pas seulement un acte altruiste. C'est la preuve que l'on a mené à bon terme un cheminement personnel, que l'on a évacué le plus gros de la haine, du chagrin, des regrets. Bref, c'est en quelque sorte une victoire. Et puis – et sans doute allez-vous me détester, mais mon rôle de thérapeute consiste aussi à appuyer sur les endroits douloureux – vous possédez également une part de responsabilité. Les secrets ne sont jamais mieux gardés que lorsque personne ne veut les entendre. Ce fut votre cas. Vous étiez dans le déni, car je suis certain que les signaux, même diffus, n'ont pas manqué. Après le décès de votre père et grand-père, votre mère a voulu que vous compreniez la vérité. Elle ne pouvait pas la dire. Vous êtes passée à côté. Il ne s'agit pas du tout d'un reproche. Vous avez opté pour la… fuite, parfaitement acceptable. On a parfois si peur d'une réalité que le cerveau choisit, dans son coin, l'aveuglement. C'est un mécanisme de survie, à cela près qu'il finit par empoisonner. Quoi qu'il en soit, soyez honnête avec vous-même. C'est crucial. L'idéal aurait été que vous puissiez vous confronter à votre mère. Vider l'abcès. Elle est décédée. Vous devez donc vous confronter à vous-même, dire, parler. Sortir de l'empoisonnement du silence.

Il commençait à bien connaître Cynthia, depuis plus d'un an qu'elle fréquentait deux fois par semaine son cabinet, et déchiffra sans peine les émotions qui se succédaient en elle. La colère envers lui, normal, le refus de ce qu'il venait de lui asséner, inévitable, et puis le doute, l'incertitude. Ils avançaient.

Dès qu'il l'avait reçue, la première fois, il avait su que ses échecs, ses tensions, ses douleurs naissaient d'un pesant secret enfoui, un secret qu'elle-même refusait d'admettre, préférant l'oublier. Mais le cerveau n'oublie jamais. Il enterre. Tout ce qui est enterré peut être déterré.

Il jeta un nouveau regard à la pendule et déclara en se levant :

– Je vous propose de réfléchir à cela, à ces signaux que vous avez refusé de voir, afin que nous puissions en reparler vendredi.

Alentours de Boston, États-Unis, octobre 2008

Nathan/Rupert avait décidé de ne pas se laisser gagner par l'énervement. Il ne le devait pas. Un vrai chasseur doit être capable de passer des jours et des nuits à l'affût, sous la pluie, dans le froid ou la canicule. Il reste concentré et calme. Thomas Bard l'appellerait dès qu'il aurait des renseignements dignes de ce nom. Pour l'instant, Nathan se retrouvait dans la même position que Diane, dans l'impuissance et l'inaction. Elles deviennent rongeantes si on ne les maîtrise pas.

Il avait écouté et réécouté le court message de Victor, alternant entre émotion et amusement. Après quelques instants d'hésitation, il avait décidé de ne pas contacter le garçonnet. Par prudence d'abord, et aussi afin de conserver un certain mystère. Il devait rester une sorte d'ombre protectrice un peu lointaine.

Enfermé dans sa salle de travail, il contemplait depuis cinq bonnes minutes la longue enveloppe blanc cassé. L'information qu'il attendait depuis des années, qu'il n'avait rien fait pour obtenir jusque-là, parce que le moment n'était pas venu. Il la retourna, un léger sourire flottant sur ses lèvres. Ôtant ses lunettes, il décacheta l'enveloppe avec soin et en tira la feuille. Il ne s'étonna pas que son cœur fasse une embardée presque douloureuse. Il tenta de lire, sa forte myopie diluant les caractères qui se transformaient en indéchiffrables hiéroglyphes. Il tendit la main vers ses lunettes. La sonnerie de son téléphone sécurisé retentit à cet instant.

– Thomas ?

– Bonjour, monsieur Teelaney. Allez-vous bien ?

– Peut-être vais-je aller encore mieux lorsque vous m'aurez annoncé vos avancées.

– Oh, ne nous montons pas la tête. Néanmoins, j'ai pensé que vous deviez vous impatienter. Les McGee et leurs parents directs semblent hors de cause. Une enquête discrète auprès de leurs relations n'a rien donné. Pas d'absence suspecte juste après l'enlèvement, pour aller cacher l'enfant par exemple. Dans l'ensemble, des vies de famille ou de célibataires tout ce qu'il y a de classique.

– Cependant, vous voyez le mal partout, m'avez-vous confié un jour, Thomas.

– Certes, monsieur Teelaney, je suis un flic. Et voyez-vous, dès que je fouine, je trouve le mal presque partout. Désespérant, mais d'une certaine façon rassurant. Ainsi je ne cherche pas en vain. Vous et moi le savons, monsieur Teelaney : l'être humain réserve parfois d'éblouissantes surprises. Toutefois, elles sont rares.

– En effet, murmura Rupert, soudain triste.

– Donc, le mal est peut-être chez les McGee, ou du moins y était. Je n'ai aucune certitude pour l'instant, je vous préviens. Je vais creuser.

– Quoi ?

– Qui, plutôt. Les McGee ont réorganisé leur temps de travail pour pouvoir s'occuper de leur fille. L'un reste à la maison le vendredi, l'autre le lundi. Ils font des heures supplémentaires les autres jours. Ils engagent donc des baby-sitters. L'actuelle, une certaine Mary Curtis, semble au-dessus de tout soupçon. Il s'agit d'une dame de soixante-sept ans, qui arrondit sa mince retraite en gardant des enfants. Elle est veuve, mère et grand-mère, aucune vilaine casserole accrochée à ses basques. Le genre qui se trouve mal lorsqu'elle écope d'un PV pour stationnement interdit. Là où les choses pourraient peut-être devenir plus intéressantes, c'est au sujet d'Emily Mercer.

– Qui est-ce ?

– La baby-sitter que les McGee ont employée, au noir, bien sûr, lorsque Karina avait trois ans, ce qui implique qu'elle se souvenait sans doute un peu d'elle. Emily Mercer n'est restée chez eux que quatre mois. Elle leur a raconté qu'elle voulait faire le tour du monde et donc gagner un peu d'argent pour son long voyage.

– Et ?

– Au noir, payée en liquide chaque semaine, monsieur Teelaney. En d'autres termes, les McGee n'ont jamais vérifié son identité. Or Emily Mercer n'existe nulle part dans l'État du Massachusetts. Problème, je ne trouve aucune trace d'elle dans le fichier national de Sécurité sociale. J'ai élargi mes recherches en lui attribuant un âge qui allait de vingt à cinquante ans. Même chose. *A priori*, il s'agit donc d'un nom d'emprunt. Plusieurs explications sont possibles, certaines bénignes, d'autres moins.

– Lesquelles ? demanda Rupert.

– Elle se planquait d'un mari ou d'un petit ami dangereux ou de parents insupportables. Ou alors, elle a un commis un délit grave ou un crime et son casier judiciaire n'est plus vierge. Et/ou elle préparait un sale coup.

– Karina ? Il y a un an ?

– Pourquoi pas ? D'ailleurs, il a fallu que ma collaboratrice – qui n'a jamais entendu parler de vous, je vous le garantis, une merveille pour obtenir des confidences – insiste, pousse un peu Mme McGee dans ses souvenirs. Elle n'avait pas pensé une seconde à la fille en question, dont elle a dit le plus grand bien.

– Qu'allez-vous faire à partir de là, Thomas ?

– Malheureusement, pas grand-chose, et c'est aussi pour cela que je vous appelais. Mes possibilités légales s'arrêtent ici. Je vous l'avoue sans détour, monsieur Teelaney : nous ne retrouverons pas cette fille par les moyens classiques. Elle utilisait une fausse identité et il n'existe aucune trace officielle d'elle. Nous avons bien sûr une description de Mme McGee : il s'agissait d'une femme d'une bonne trentaine d'années, peut-être quarante ans, châtain clair aux yeux bleus, de taille et de corpulence moyennes, mais les colorations, les lentilles et les régimes amaigrissants ne sont pas faits pour les chiens. En revanche, elle a pu laisser de l'ADN ou des empreintes digitales dans l'appartement, dans un petit coin un peu protégé des produits nettoyants. Les deux persistent longtemps. Cependant, c'est du ressort de la police. Certes, pour vous plaire, j'ai des… liens avec des labos privés, et puis, il suffit de payer. Cela n'aurait cependant aucune valeur juridique.

– Je vois. Il faut que je réfléchisse, Thomas, et que j'en parle au Dr Silver. Néanmoins, il n'est pas exclu que j'accepte avec gratitude votre dernière proposition.

– À votre service, monsieur Teelaney. Rien ne me rend plus heureux que de satisfaire mes clients.

Thomas Bard prit congé. Rupert hésita. Attribuer toute sa concentration à une chose à la fois. Il ramassa la lettre et chaussa ses lunettes.

Il lut, relut et ferma les yeux de bonheur. Il n'en avait jamais douté. Cependant, la foi est une chose, la connaissance en est une autre. Il embrassa la lettre et la reposa avec soin, caressant ses plis du bout des doigts.

Déguster le bonheur.

Base militaire de Quantico, États-Unis, octobre 2008

Installée seule à une table ronde, Diane terminait une part de tiramisu. Elle vit Erika Lu se diriger vers elle au pas de charge, sa blouse blanche pliée sur le bras, preuve qu'elle n'avait pas pensé à l'ôter avant de sortir de son domaine. À juste titre, les blouses de laboratoire étaient interdites dans la cafétéria ou dans les aires de détente, afin d'éviter la dissémination de risques biologiques. Pas peu fiers de leur appartenance à la caste scientifique, certains s'étaient fait tirer l'oreille, tant ils aimaient se montrer dans les attributs de leur savoir. S'ils l'avaient pu, ils seraient venus déjeuner leur masque de chirurgie pendant sur la poitrine, la charlotte toujours sur la tête et le stéthoscope autour du cou, même si ce dernier se justifiait peu dans leur univers consacré à la mort.

La légiste se planta devant la psychiatre et déclara d'un ton enjoué :

– On m'a dit que je vous trouverais ici. Je crois que vous aimez les sacs de nœuds ? Vous allez être servie !

– J'en salive d'avance.

– Vous me suivez ?

Docile, Diane lui emboîta le pas, oubliant de rapporter son plateau. Un bon prétexte puisqu'elle répétait ce manquement au règlement une fois sur deux.

Elles s'engouffrèrent dans l'ascenseur désert. Diane se fit la réflexion idiote qu'Erika ne sentait rien, ni parfum, ni crème, ni déodorant. Tout aussi bêtement, elle déclara :

– Vous ne mettez pas de parfum ?

– Non, vous non plus d'ailleurs, ce qui m'arrange lors de vos visites. Vous ne pouvez pas savoir à quel point un nez est utile dans un labo ou une morgue. L'odorat a d'ailleurs été très longtemps un précieux outil de diagnostic. Pas mal de maladies donnent des odeurs particulières. L'odeur de pain frais de la typhoïde, l'odeur d'étal de boucher de la fièvre jaune, celle du raifort qui peut signaler une atteinte hépatique, celle d'ail des intoxications aux métaux lourds… J'ai eu un prof de bactériologie qui pouvait reconnaître un nombre considérable de bactéries à l'odeur de leurs cultures. Enfin, je devrais plutôt dire « remugle », dans ce cas, car rares sont les bactéries qui sentent la rose ou la violette ! Il n'avait pas besoin d'une batterie de tests enzymatiques ni d'ADN. En d'autres termes, il ne faut pas gâcher notre nez par des odeurs fortes, même plaisantes.

– Le progrès n'est pas toujours un atout.

– Faux, pour qui sait s'en servir. Ne me dites pas que vous êtes néophobe ! Cela étant, il convient de ne pas oublier les vieilles astuces qui peuvent se révéler utiles.

Elles étaient parvenues devant la lourde porte qui défendait l'univers d'Erika Lu. Celle-ci pianota sa combinaison sur la serrure numérique, tout en enfilant à nouveau sa blouse. Un claquement se fit entendre.

– Venez, Diane. De toute façon, je vous ai préparé un petit mémo que je vais vous envoyer par e-mail. Par quoi commence-t-on dans la jungle des indices ? murmura Erika.

– Peu importe. Je préfère largement la jungle au désert que nous avons traversé jusque-là.

– Les débris, d'abord. Rien de très significatif, ce que l'on trouve en général dans une voiture, notamment sur les tapis de sol : des fibres textiles qui peuvent provenir de n'importe qui et avoir été abandonnées il y a longtemps, du moins depuis le dernier passage d'un aspirateur. À part cela, de la poussière, du sable, des gravillons, des débris végétaux, bref, selon moi, nous n'en tirerons rien de concluant, mais on peut pousser l'analyse si vous le souhaitez, proposa la légiste.

– Voyons d'abord le reste. Car je sens, j'espère que vous ménagez le suspense…

Un sourire futé étira la jolie bouche, puis :

– Moi aussi, j'ai besoin de mes trois minutes de gloire, plaisanta Erika. Le cahier de gribouillis du petit Chase, une mine ! Anthea… Anthea Stein, vous savez, ma super-technicienne, a téléphoné aux parents du gamin. Elle s'étonnait que le cahier soit au sol, à l'avant. Réponse, il n'avait aucune raison d'être là. L'enfant était installé à l'arrière, sanglé dans son rehausseur. Les Morgan ont pris la voiture du mari pour se rendre à la police. On a retrouvé une quantité d'ADN différents dans le véhicule de la mère, ce qui n'est pas étonnant. On a donc procédé par élimination. Anthea a remarqué une large trace en haut de la couverture du carnet.

– Et ?

– Quelques belles cellules épithéliales mêlées à de la sueur. Selon moi, Chase a frappé à l'aide du cahier la personne qui tentait de l'embarquer, sans doute en plein visage. Il a dû lui échapper des mains et atterrir à l'avant. C'est là que ça devient très intéressant : l'ADN de cette personne possède de grandes similitudes avec celui de l'enfant, et encore plus avec celui de la mère. Il s'agit de l'ADN de l'oncle et du frère, dans cet ordre.

– Le frère de Claire Morgan ?

– Hum… Enfin, c'est prématuré. Je parle d'un homme puisque nous sommes partis sur l'hypothèse d'un tueur. En réalité, pour l'instant, nous avons le degré de parenté, mais pas le sexe, c'est en cours.

Diane la considéra un instant, digérant les informations. Elle commenta :

– Vous êtes vraiment bonne !

Un autre sourire amusé :

– Je suis encore meilleure, puisque je n'ai pas fini ! Les techniciens du Boston PD ont retrouvé une minitouffe de poils. Un chat roux, poils très fins, comme sur la scène du meurtre de Barbara Styler. Le tissu des banquettes de la Ford est très électrostatique, d'autant qu'il s'agit d'une vieille bagnole. Vous savez, le genre qui aspire le dos de votre corsage lorsque vous vous relevez. Heureusement, les Morgan n'ont pas les moyens de s'offrir un intérieur cuir, le cauchemar des sciences légales : en matière de transfert de fibres, ça ne retient pas grand-chose. Et… la grosse surprise, c'est qu'il s'agit du même chat. Un abyssin !

– Vous n'auriez pas son nom et son adresse, par hasard ? plaisanta Diane.

– Malheureusement pas. Cela étant, les fédérations d'élevage d'animaux de prix sont devenues encore plus tatillonnes qu'avant sur la « qualité » génétique des petites bêtes. Le président de la Fédération américaine des abyssins m'a expliqué leurs avancées. Certains spécimens primés peuvent coter cinq mille à sept mille dollars. L'objectif des fédérations est de lutter contre la fraude pour garantir l'excellence de la race. Empêcher la consanguinité excessive, par exemple les croisements ascendants-descendants. Fliquer des éleveurs peu scrupuleux qui sont tentés d'attribuer une portée lambda à un géniteur champion national ou mondial, parce que évidemment les prix ne sont pas les mêmes. Dans d'autres cas, il s'agit de repérer, dans une race connue pour présenter une tare génétique, des sujets porteurs. Si vous saviez le marché que ça représente, c'est fou. Quand je pense que j'oublie de brosser ma vieille angora…

– C'est l'avantage des bouledogues : poil ras. Remarquez, je la brosse parce qu'elle ronronne de bonheur et que ça m'amuse. Et donc ?

– Et donc, ils ont fait mettre au point des sondes ADN. Comme les tests de paternité dans l'espèce humaine. Ça existait déjà dans la détection d'autres fraudes, le cuir de maroquinerie, par exemple. La vachette est beaucoup moins onéreuse que le pécari, on peut donc vérifier s'il s'agit bien du second.

– Ça existe pour les chiens, remarqua Diane.

– En effet, notamment en cas de morsures. Ainsi que vous le savez, 80 % des morsures graves ayant occasionné une hospitalisation d'urgence sont dues à des humains. Cependant, les victimes préfèrent souvent affirmer qu'elles ont été agressées par un animal, surtout lorsque le mordeur est un proche, un amant dans le feu de l'action par exemple. Il s'agit des chiffres de New York. Cela étant, je doute que la situation soit très différente ailleurs.

– Ah… la phobie du chien dangereux. Le nombre de décès qu'ils occasionnent est presque négligeable statistiquement comparé aux décès provoqués par les hommes, volontairement ou accidentellement. Écrasant.

– Et si les gens voulaient bien élever leurs enfants et dresser leurs chiens, nombre de nos problèmes seraient résolus. D'accord, ça demande du temps, beaucoup d'énergie et on risque de rater son feuilleton à la télé ou sa partie de jeu vidéo. Moche, ça !

– Erika, Erika, on va vous accuser d'être réactionnaire ! Bienvenue au club, ironisa Diane.

– Je ne suis pas réactionnaire. Je suis logique, par profession et par passion. La logique se moque de la couleur politique. Quoi qu'il en soit, il s'agit du même chat.

– Peu probable que, depuis le temps, il s'agisse d'un transfert indirect et encore moins de poils provenant des vêtements d'un étranger croisé dans la rue ou dans le métro.

– Juste. Le ravisseur « fréquente » ce chat, si je puis m'exprimer ainsi. C'est peut-être le sien, celui d'un proche, que sais-je. Et… la dernière surprise. Il y avait également quelques poils noirs mêlés aux roux. Nous pouvons supposer qu'il s'agit du même transfert passif provenant du ravisseur.

– Un autre chat ?

– Non, l'ADN est formel : un lapin angora. Vous savez, ces petits lapins adorables qu'on offre aux enfants pour éviter d'acheter un chien. Il en existe de sidérants, avec des oreilles en forme de cornes de bélier, d'autres qui ressemblent à de gigantesques papillons.

– Une vraie ménagerie ! remarqua Diane.

– En effet, et je me dis que ça pourrait devenir une piste.

– Hum... les amateurs d'animaux ou les gens qui travaillent avec des animaux. La combinaison de protection s'explique alors. Du moins dans un endroit bien tenu : animalerie haut de gamme pour particuliers, labos, hôpitaux, vétérinaires... Erika, merci, vraiment.

Boston, États-Unis, octobre 2008

Un pas de géant. Le pas de géant. Bientôt. Enfin le pas, le véritable, celui dont on se demande depuis des années si on pourra l'effectuer sans tomber, sans mordre à nouveau la poussière.

Humer cet air saturé de pollution urbaine en songeant qu'il s'agit de la chose la plus précieuse du monde. Écouter le vacarme de cette foule pressée par des urgences, pour la plupart sans réelle importance, en se convainquant que la vie se trouve aussi là. Se dire que l'on fait partie d'un tout. Sortir enfin de cet intenable isolement, si sournois qu'on n'en prenait pas conscience. Son cerveau dans une prison bâtie par d'autres.

Bientôt, il allait falloir parler, expliquer, fermement. Bientôt, il ne faudrait pas hurler, sangloter. Bientôt, le monstre serait acculé et lâcherait prise. Il reculerait. Il apprendrait dans le sang qu'il avait perdu. Bientôt était la vie, son commencement. Étrange de songer que l'on avait cru vivre jusque-là. Un leurre. Un insupportable leurre imposé par les autres, ceux qui avaient construit la prison du cerveau pour l'empoisonner, l'empêcher de se souvenir.

Son cœur s'emballa, cognant dans sa poitrine à faire mal. Le souffle lui fit défaut. Répéter encore et encore les paroles, les mots du commencement de la vie. Il était hors de question qu'ils restent toujours otages du passé, verrouillés dans sa gorge.

Des mots pour défaire le pire cauchemar d'entre tous : le mensonge, l'oubli. Des mots pour réparer la corrosion causée par un venin injecté des années plus tôt.

Bientôt seraient les mots. La guérison serait les mots.

Bientôt, mais, avant cela, il fallait aller chercher les enfants afin de les conduire où les mots n'étaient que douceur, merveille et amusement.

Là-bas, les mots ne tuaient pas. Là-bas, aucun venin ne parvenait. Là-bas, nul poison n'endormait l'esprit afin de le détruire complètement.

Roxbury, banlieue de Boston, États-Unis, octobre 2008

Terence et Claire Morgan se tenaient serrés l'un contre l'autre sur un canapé, tels deux petits oiseaux résistants à une tempête malfaisante. L'inverse des McGee. Ils faisaient face ensemble. Ils avaient plus de chances de s'en sortir, de ne pas couler à pic sans espoir de retrouver l'air libre, quelle que soit l'issue. Comme s'il se sentait le besoin de la défendre, Terence Morgan asséna :

– Écoutez, ça fait vingt fois que je le répète. Claire a bouclé les portières. Elle n'est pas restée absente plus de six minutes, dans une rue de Beacon Hill, le quartier le plus résidentiel et le plus fliqué de Boston !

– Monsieur Morgan, personne ne vous accuse de rien. Ni votre femme, les rassura Mannschatz.

Diane évacua le souvenir de son rendez-vous avec son gynécologue, le Dr Medford. Être ici, maintenant, rien d'autre. Elle passa en revue le salon du pavillon assez modeste situé dans une banlieue sans grand charme de Boston. Le genre de banlieue dans lequel on ne réside pas si on a les moyens d'acheter ailleurs. Des meubles disparates, pas très jolis, sans doute chinés dans des bric-à-brac, ces hangars où l'on trouve tout, peu cher, de la vaisselle dépareillée, des bouquins improbables en édition de poche, des tableaux hideux en série – nu de femme bleue à oreilles pointues, alanguie sous un clair de trois lunes, ou gitane mutine découvrant un sein généreux –, des têtes d'animaux empaillés, des ustensiles si abîmés que cuisiner avec relève de la tentative d'empoisonnement. Pourtant les Morgan étaient parvenus à insuffler quelque chose de joyeux, de chaleureux dans leur univers de manque d'argent. Claire, sans doute, avait peint un lourd vaisselier aux formes indéfinies d'une frise amusante de pâquerettes. Le canapé fatigué sur lequel ils étaient installés était recouvert d'un jeté aux couleurs vives qui dissimulait son vilain velours usé et lui rendait une indéniable vitalité. Le sens et le goût des objets, faire du neuf un peu joli avec de l'ancien assez laid. Un talent.

N'y tenant plus, Claire posa la main sur la cuisse de son mari et demanda à Diane d'une voix tendue :

– Vous êtes psychiatre du FBI, c'est cela ?

– En effet.

– Vous pensez que…

– Non, je ne pense pas.

La panique que tentait de juguler Claire Morgan était palpable, dans le débit de ses paroles, dans son torse qui s'inclinait pour repartir vers l'arrière, dans cette langue qui humectait ses lèvres, dans son incapacité à fixer Diane, son regard se perdant à droite puis à gauche.

– Ils n'ont pas demandé de rançon. Nous attendions. Bon, comme vous pouvez le supposer… nos moyens sont très limités, mais nos familles… Enfin, on se serait arrangés. Nous sommes très unis. Mes parents ont un peu d'argent, mes beaux-parents aussi… pas des fortunes, mais… Et mon oncle, ma tante nous auraient aidés. Ils ont pas mal d'argent. Des gens géniaux. Ma tante, c'est un peu ma deuxième mère.

Diane y alla de son couplet bien rodé sur les enlèvements d'enfants, un couplet lénitif. Ce que devait entendre une mère, des parents, pour l'instant. Un couplet que, pourtant, aujourd'hui, soutenait une sorte de lueur. Pas un espoir,

Diane se l'interdisait. Elle usait d'assez de drogues légales entre l'alcool et le tabac, sans oublier les neuroleptiques, pour se refuser la plus dévastatrice de toutes : l'espoir. Il s'agissait juste de logique. Si Chase avait été enlevé par sa tante, peut-être était-il toujours en vie. Karina aussi. Elle posa la seule question qui l'intéressait :

– Vous avez une sœur, madame Morgan ?

– Avais. Euh… pourquoi…

– Avais ?

– J'avais un frère aussi. Tous deux décédés.

Diane parvint à dissimuler son étonnement. Erika avait été formelle : un des ADN étrangers de la voiture provenait de la sœur de Claire Morgan. Certes, il avait pu y être laissé des années auparavant.

– Dans quelles conditions ?

– Mon frère Paul s'est éteint d'une leucémie, il avait vingt-deux ans, il en aurait trente-six aujourd'hui. Un chagrin terrible pour nous tous. C'était un être lumineux. Vous savez, une sorte d'adorable lutin, pas vraiment de ce monde. Il s'est… évaporé peu à peu. Seul lui n'avait pas peur.

Les larmes montèrent aux yeux de Claire, qui tourna la tête vers son mari. Terence déposa un baiser sur son front et murmura un « Je t'aime » à peine audible.

– Et votre sœur ? insista Diane.

Le joli visage sans apprêt se fit plus dur. Claire déclara :

– Je préfère ne pas l'évoquer, si ça ne vous ennuie pas.

– Si, ça m'ennuie beaucoup, rétorqua la psychiatre d'un ton dont elle regretta l'autorité.

– Pourquoi ma sœur ?

Daine n'hésita qu'une fraction de seconde.

– Parce que nous avons retrouvé son ADN dans votre voiture. Plus exactement sur le cahier de votre fils, celui dans lequel il écrit. Certes, il peut avoir été abandonné auparavant et…

– Non, l'interrompit Claire d'un ton presque méchant.

– Non ?

– Je n'ai pas revu ma sœur aînée, Laura, depuis plus de douze ans. Elle est morte il y a trois ans.

Ne voyant pas ce qu'impliquait l'information, Claire conclut :

– Il est donc impossible que vous ayez retrouvé son ADN sur le cahier de Chase.

– Comment est-elle morte, quel âge avait-elle ? intervint Gary Mannschatz de cette voix apaisante qu'il réservait aux témoins de sexe féminin malmenés par les circonstances.

Claire serra les lèvres et baissa les yeux. Terence répondit à sa place d'une voix distante :

– Ce n'est pas très clair. Elle avait trente-cinq ans.

Un court silence s'installa. De l'étage leur parvinrent des rires d'enfants. Terence se sentit obligé de préciser :

– On... Enfin, on leur a dit que Chase se trouvait chez mes parents, de petites vacances...

Une sorte d'agacement avait envahi Diane Silver. Rien à foutre de leurs ennuis de famille. Elle recherchait Chase et Karina. Elle voulait Chase et Karina. Elle força la sécheresse de son ton et demanda :

– Monsieur et madame Morgan, je recherche des enfants kidnappés, dont votre fils, et je n'ai pas de temps à perdre. Eux non plus. L'ADN de Laura Morgan se trouvait sur le cahier de brouillon de Chase. Nous pensons qu'il s'est débattu et l'a frappée avec. En d'autres termes, elle était présente ce soir-là, dans Beacon Hill. Vous nous annoncez qu'elle est morte depuis trois ans, mais vous ignorez au juste de quoi. Je veux la vérité et tout de suite ! Il s'agit peut-être de notre unique chance de retrouver Chase.

Claire jeta à son mari un regard dans lequel se mêlaient colère et tristesse. Il l'encouragea d'un signe de tête. Elle prit une longue inspiration puis :

– Laura était l'aînée. Elle avait deux ans de plus que Paul et trois ans et demi de plus que moi. Elle a toujours été très... sensible... très émotive...

– Vous voulez dire fragile psychologiquement ? traduisit Diane.

Claire Morgan la fixa et hocha la tête en signe d'acquiescement avant de poursuivre :

– La mort de Paul l'a encore plus affectée que moi, et pourtant, j'étais dévastée. Elle a… beaucoup changé, arrêté ses études, s'est renfermée sur elle-même. Ensuite, elle a décidé de faire le tour du monde. Nous avons reçu quelques cartes, de courtes lettres… assez impersonnelles, dont la dernière où elle annonçait son retour aux États-Unis. Je l'ai revue deux fois ensuite. Elle était glaciale, fermée, presque agressive, tout en affirmant qu'elle se sentait mieux, qu'elle allait bien. Elle avait rejoint une communauté, dans le Maine.

– Une secte ? demanda Mannschatz.

– C'est ce que nous croyions, mes parents et moi. Ils ont essayé de la localiser, sans succès. La police ne pouvait rien faire. Elle était majeure. Nous n'avons plus jamais eu de nouvelles, hormis il y a trois ans, l'annonce de son décès, à la suite d'une « grave infection ». Rien d'autre. Une lettre tapée à la machine ou à l'ordinateur, sans adresse d'expéditeur. L'oblitération indique Portland, dans le Maine. Je l'ai gardée, si vous voulez la lire.

– Nous allons même l'emporter, déclara Diane.

À l'évidence, Claire Morgan refusait d'assembler les bouts épars de la consternante charade. Ce fut Terence qui résuma d'un ton tendu et métallique :

– Attendez ! Vous insinuez que Laura ne serait pas morte et qu'elle aurait enlevé Chase ?

– C'est une possibilité que nous allons tenter de vérifier. Je vous conseille la plus grande discrétion pour l'instant, vis-à-vis de tout le monde, même de vos parents respectifs.

Claire se leva d'un bond, plaquant les mains sur sa bouche, fondant en larmes. Des larmes de soulagement. Elle cria presque :

– Ah, mon Dieu, pourvu que vous disiez vrai ! Laura ne ferait jamais de mal à un enfant. Elle les adorait, les animaux aussi.

Une idée traversa l'esprit de Diane de façon si fugace qu'elle fut incapable de l'analyser. Elle s'entendit demander :

– Quel est votre nom de jeune fille, madame Morgan ?

– Faulk.

– Le prénom de vos parents ?

– Margaret et Phillip.

– Maggie. Vous connaissez les amies d'enfance de votre mère ? Une certaine Emma Crampton ?

– Emma ? Bien sûr. (Un peu perdue par ces questions dont elle ne comprenait pas la raison, Claire ajouta :) Enfin, vous savez, ma mère les avait un peu perdues de vue… trois enfants, une maison, des petits jobs à droite et à gauche pour améliorer l'ordinaire… ça ne laisse pas beaucoup de temps, j'en sais quelque chose.

– En effet.

Au volant de la voiture de location qui les ramenait à l'aéroport de Logan, Gary Mannschatz sifflotait, battant la mesure en dodelinant de la tête. Diane se fit la réflexion idiote qu'elle n'avait jamais entendu quelqu'un siffler aussi faux avant, au point qu'elle était incapable de reconnaître l'air. Elle ne s'enquit pas de la raison de sa soudaine bonne humeur, elle la connaissait : ils avaient un début de piste, la vraie chasse commençait pour lui et Bard, et une chance existait que les enfants soient encore en vie.

Diane s'autorisa à repenser à sa visite chez le gynécologue. Le Dr Medford s'était montré si rassurant mais si évasif qu'elle n'avait pas cru un mot de son discours. Peu importait. Ils n'auraient pas les résultats de la biopsie avant une bonne semaine. Peu importait. Seuls comptaient en ce moment les deux enfants et la future victime, car une autre allait mourir, Diane en était certaine. Le Dr Medford avait évoqué une hystérectomie avec un tel luxe de précautions qu'elle s'en était étonnée.

– Docteur Silver, nombre de femmes vivent très mal ce qui, à leurs yeux, s'apparente à une ... amputation, une perte partielle de leur identité féminine. C'est bien souvent un traumatisme pour mes patientes, avait précisé le gynécologue d'un ton à la fois doux et grave.

– J'ai eu le seul enfant que je souhaitais, docteur Medford. Mon utérus m'était devenu totalement indifférent, du moins jusqu'à ce qu'il décide de me faire la peau.

Cet abruti d'utérus n'aurait pas raison d'elle ! Elle était assez grande pour y parvenir toute seule, si elle le décidait, et quand elle le déciderait.

Elle lança soudain à Mannschatz :

– Gary, dès que nous serons arrivés à Logan, je veux que vous appeliez Gavin Pointer. Qu'il mette en place une surveillance constante autour des Faulk. Constante et discrète.

– C'est la vraie cible ? Le tueur est Laura Faulk ?

– Je n'ai pas encore de certitudes. Tant de choses semblent improbables dans cette histoire... je prends juste des précautions. Ce qui est certain, c'est qu'on a retrouvé des poils du même chat abyssin sur Barbara Styler et sur la banquette arrière de la Ford des Morgan, en plus de l'ADN de Laura. Donc, d'une façon ou d'une autre, elle est liée à au moins un meurtre.

Campagne de Nouvelle-Angleterre,
États-Unis, octobre 2008

Assise sur la banquette arrière du break, Karina, quatre ans, attendait avec impatience le réveil de Chase, cinq ans.

Ils s'étaient fréquemment arrêtés depuis leur départ, pour déjeuner, se dégourdir les jambes, s'amuser.

Chase avait un peu pleuré, réclamant sa maman et son papa. Leur tatie, la dame qui conduisait, les avait rassurés. Ils allaient dans un endroit magnifique, pour quelques semaines de vacances.

Karina avait d'abord été un peu inquiète. Mais tatie Laura était si gentille. En plus, elle avait sorti de son sac des photos où elle se trouvait en compagnie de la maman de Chase. C'était donc bien leur tatie. Au fond, Karina n'était pas mécontente de ce petit intermède. Plus d'interminables parties de Memory, qui ne l'amusaient plus du tout dès que son père s'en mêlait. Plus de listes de mots qu'il fallait reconnaître. Et puis, tatie avait souligné que, dans le magnifique endroit où ils se rendaient, il y aurait plein d'autres enfants avec lesquels jouer, des balançoires, des tourniquets, des poules et des oies et plein de chats, de chiens et même des lapins qu'ils pourraient nourrir. Tatie s'occupait d'animaux. Elle les gardait en pension.

Chase, qui n'avait jamais eu à reconnaître des cartes, ne connaissait pas très bien la différence entre une poule et une oie. Karina s'était fait un plaisir de lui expliquer, ce qui lui avait valu plein de compliments de la part de tatie. Elle avait ensuite précisé que les oies pouvaient devenir agressives et qu'il fallait être prudent lorsqu'on les caressait. Elle avait raconté des tas d'histoires fascinantes sur les animaux et Chase avait arrêté de pleurer. Car il s'agissait du métier de tatie. Elle s'en occupait lorsque leurs maîtres étaient en déplacement ou alors lorsqu'ils étaient très malades et avaient besoin de soins constants. Elle avait précisé que les pensions de vétérinaire étaient très chères. Karina avait jugé qu'il s'agissait d'un métier merveilleux, parce que, après, les animaux étaient rétablis.

La fillette avait maintenant hâte de découvrir cet endroit qui semblait bien plus amusant que l'aquarium de Boston où la traînait papa. C'était chouette de regarder les évolutions des poissons, des langoustes, des dauphins et des otaries. Mais ça devenait très vite barbant de réciter leurs noms et tout ce que son père lui avait appris de leurs habitudes.

Karina était quand même un peu inquiète. En réalité, elle n'avait presque jamais joué avec d'autres enfants, et ignorait en quoi ces jeux consistaient. À l'évidence, tatie lui expliquerait. C'est donc rassérénée qu'elle attendait le réveil de Chase, regardant la route bordée de hauts arbres qui roussissaient au fur et à mesure qu'ils remontaient vers le nord.

Laura demanda de sa voix douce :

– C'est magnifique, n'est-ce pas, ma chérie ? On a l'impression de parcourir tout l'automne en quelques heures quand on part de Boston pour le Maine. On passe du vert des feuilles au roux comme tes beaux cheveux puis au jaune.

Karina acquiesça d'un « oui, oui », tonitruant qui lui valut un mignon :

– Chut, ma chérie, ne réveillons pas Chase. S'il dort, c'est qu'il en a besoin. Une fois que vous serez bien installés, je devrai m'absenter quelques jours… pour le travail. Mais plein d'autres gens adorables vont s'occuper de vous, dont James, il est si gentil. Il adore les enfants. Il a très envie de vous parler. Il connaît des tas d'histoires amusantes, tu vas voir, tu vas beaucoup l'aimer.

Le ton de tatie changea et Karina y perçut quelque chose, comme lorsque les grands ont du chagrin.

– Je suis si contente, si soulagée que nous soyons réunis. Oh, ma chérie… Rien n'est plus précieux qu'un enfant. On leur fait tant de choses… Euh… Enfin, je veux dire, les adultes devraient être beaucoup plus gentils, tu vois.

Bientôt des mots pour réparer la corrosion causée par le venin injecté des années plus tôt.

Bientôt seraient les mots. La guérison serait les mots.

Grâce à James, elle avait sauvé ces enfants, les pauvres, innocents chéris.

Base militaire de Quantico, États-Unis, octobre 2008

Diane avait étalé sur son bureau différentes photos de famille confiées par Claire Morgan. Elle n'y cherchait rien de particulier, si ce n'était une sensation, peut-être. Elle se saisit de celle représentant Paul, le frère tant aimé. Il devait avoir une quinzaine d'années sur le cliché. En maillot de bain, assis sur le sable, lèvres serrées, il souriait, fixant l'objectif en plissant des paupières sous la vive lumière, se protégeant les yeux de sa main en visière. Diane comprit aussitôt le commentaire de Claire, « un lutin ». Le visage à la fois sérieux et doux, des membres bien trop grêles pour le volume de sa tête, des épaules maigres. Elle passa ensuite à une photo de Laura envoyée à ses parents lors de son tour du monde, la dernière selon Claire, celle que Diane allait confier à Erika afin que son logiciel la vieillisse. Elle devait avoir environ vingt-cinq ans et posait dans une ample robe de cotonnade qui ne dissimulait pas son extrême maigreur. En arrière-plan, une végétation luxuriante et la silhouette élégante et compliquée d'un temple asiatique. Elle tenait son chapeau de paille à la main et esquissait un sourire forcé. Tout dans la posture impliquait l'effort. Celui de rester debout le temps de la photo, celui d'envoyer à ses parents une preuve de sa survie. Diane détailla le visage émacié, les cheveux châtains mi-longs, les yeux rendus plus immenses par le creux des joues.

Cette femme était-elle vraiment une tueuse de la pire espèce ? Diane ne doutait plus qu'elle était la ravisseuse des enfants. Se pouvait-il que cette femme au visage fiévreux d'anorexique ait massacré des couples, des femmes qui évoquaient sa mère, avec une fureur mêlée d'une parfaite minutie ? Se pouvait-il que Margaret Faulk et son mari aient abusé de leur fille aînée, et pourquoi pas de leurs deux autres enfants ? Cependant, Claire semblait éprouver une véritable affection pour ses parents.

Un détail, un détail crucial lui échappait. Réfléchir. Son cerveau savait, même si elle avait oublié.

Diane écrasa au creux de sa paume le gobelet en plastique dans lequel ne restait plus qu'une mousse beigeasse ponctuée de petits cristaux de café lyophilisé mal dissous, du plus mauvais effet.

Elle fit un net paquet de toutes les photos étalées, ne conservant que celle de Margaret Faulk, en short et tee-shirt mauves, avançant le long d'une allée de jardin, l'air rêveur, un peu absent. De taille et de corpulence moyennes, les cheveux châtains entretenus par une teinture, coupés au carré, les yeux noisette, un visage plaisant, sans traits remarquables.

Diane fixa le cliché durant de longues secondes, en attendant, elle ne savait trop quoi, une sorte de révélation, peut-être. Elle arracha un dossier de son casier et en extirpa les photos de toutes les victimes. Des photos d'avant. Voir les sourires, les éclats de rire de ces femmes mortes dans d'infinies souffrances, juste parce qu'elles évoquaient autre chose au tueur, à la tueuse, lui tira un soupir de consternation. Durant la demi-heure qui suivit, elle chercha, son regard passant des visages des mortes à celui de Margaret. Barbara Styler, une grande femme puissante, aux épaules bien dessinées, cheveux blancs, ligne prononcée des maxillaires. Michelle Grant, une ravissante miniature, blonde, traits fins et peau laiteuse. Susan Carpenter, un visage dont la sévérité était encore renforcée par des lunettes peu flatteuses, de petits yeux au regard sombre et intense, un grand nez volontaire, un front haut que mettait en valeur une coupe de cheveux très courte. Eve Damont, ses magnifiques cheveux argentés et bouclés, ses yeux bleus, son visage détendu de femme comblée. Emma Crampton, petite, menue, brune, yeux noisette, le regard d'une femme malmenée par la vie que, pourtant, la haine ou l'aigreur n'avait jamais gagnée. Rien de saisissant n'en ressortait. Ces femmes n'avaient rien en commun, si ce n'était leur tueur, ou tueuse. Surtout, rien chez elles n'évoquait Margaret Faulk. Or, et si l'on admettait que Laura soit coupable de ces massacres, si l'on partait du principe que c'était sa mère qu'elle avait voulu faire payer d'horrible façon, cela supposait un déclencheur à sa crise de haine. Elle n'avait pas choisi ces femmes par hasard. Une rencontre, et le déclic s'était produit. Ces femmes étaient devenues le substitut de sa mère. Elle les avait ensuite pistées, avait élaboré son plan avec minutie, avant de frapper. Quel déclic ? Une phrase que sa mère aurait répétée ? Des gestes ? Parce que, à l'évidence, il ne s'agissait pas d'une ressemblance physique.

Exaspérée, la psychiatre jeta un regard sur sa montre. Il était plus de vingt-trois heures. Elle repêcha le portable à carte dans son vieux sac à dos et composa le numéro de Nathan/Rupert.

Environs de Boston, États-Unis, octobre 2008

Dégustant à petites gorgées un jus de mangue et de kiwi, installé dans le grand salon qui ouvrait sur la pénombre conquérante du parc, Nathan enclencha la fonction haut-parleur de son téléphone mobile sécurisé. Dès qu'il avait décroché, dès qu'elle avait murmuré « Nathan ? » de cette voix lente et grave qu'il adorait, il avait perçu son soulagement. Il lui avait relaté les trouvailles de Thomas Bard au sujet d'une certaine Emily Mercer, avant-dernière baby-sitter de la petite Karina McGee. En échange, elle avait narré les derniers résultats d'Erika Lu et sa rencontre avec les Morgan.

– Vous êtes certaine de vos informations ?

– Erika ne se trompe jamais, Nathan. Elle est formelle : l'ADN de la salive retrouvée sur le rabat de l'enveloppe ayant contenu la lettre annonçant son décès est celui de Laura Faulk, retrouvé également sur la feuille en compagnie d'une pléthore d'autres. Erika a établi un mini-catalogue. Nous allons procéder par élimination grâce aux ADN de la famille Faulk et de Claire et Terence, tous ayant lu et relu cette lettre. Nous verrons quels ADN étrangers restent, en dehors de celui de Laura. Il y a donc une bonne chance pour que les deux enfants soient encore en vie puisque nous savons qu'il s'agit de la même ravisseuse.

– La tueuse ?

– Je n'ai pas encore de certitude. Toutefois, avec son passé, cette fragilité psychologique évoquée par sa sœur, ça devient assez probable.

– Si l'on en revient à votre première hypothèse, cela sous-entendrait que les Faulk, ou du moins la mère, se sont rendus coupables d'inceste ? Sur Laura ? demanda Nathan d'un ton où perçait l'incrédulité.

Un soupir consterné lui répondit d'abord. Puis :

– Je partage vos réserves. Ça ne tient pas vraiment la route. Les viols mère-fils sont déjà rares, alors sur une fille… Or, c'est à la mère qu'il – ou elle, Laura – en veut mortellement…

– Et l'enveloppe de préservatif retrouvé dans l'escalier ? insista Nathan.

– Un leurre, sans doute. Je m'en veux d'avoir mordu à l'hameçon. Notre fameux tueur au masculin n'avait commis aucune erreur. Pas même les poils de chats retrouvés sur certaines victimes puisque, sans l'animal, on ne peut pas remonter jusqu'à lui. À elle. Pourquoi aurait-il perdu un tel indice ?

– Tout le monde y a cru.

– Je ne suis pas tout le monde.

– Ça cadrait avec l'hypothèse d'un homme sexuellement abusé dans son enfance. Un préservatif était logique.

Un bref silence durant lequel lui parvint le souffle excédé de Diane, puis :

– Tout se brouille davantage, Nathan.

Une voix amicale mais ferme lui parvint :

– Diane, Diane… Rentrez chez vous, tapez-vous un excellent whisky, descendez dans votre tête. Je n'ai aucune inquiétude, il serait donc grotesque que vous en ayez. Votre cerveau peut tout. J'ai une confiance aveugle en lui. Servez-vous de vos neurones, ce sont les plus puissants que je connaisse. Je vous embrasse. Je vous accompagne en pensée.

Appelez-moi dès que vous en ressentez l'envie, de jour comme de nuit. Je suis toujours là pour vous.

– Nathan… Il faut que vous trouviez cette fille, Laura Faulk. Vous avez reçu la photo scannée que je vous ai envoyée ce matin ? Attention, j'ai fait surveiller – chez nous, on dit « protéger » – les Faulk jour et nuit, sans les avertir, parce que je ne serais pas étonnée que Laura ne les lâche pas d'une semelle.

– Pour passer à l'acte sur sa mère ?

– Tout juste. Laura pistait sa sœur Claire. Sans cela, comment aurait-elle su où et quand embarquer son neveu Chase ? Ça dénote un sacré sang-froid de sa part, et ça ne me rassure pas. Je crois qu'elle est terriblement déterminée et que rien ne l'arrêtera.

– Je vois. Oui, j'ai bien reçu la photo.

– Elle date d'il y a une petite quinzaine d'années. Nous sommes en train de la vieillir grâce à un logiciel. Cela étant, elle a pu changer radicalement d'apparence physique, surtout si l'on part du principe qu'elle se planque depuis l'annonce de son faux décès. Sa… communauté, secte, se trouverait dans le Maine… Il peut aussi s'agir d'un autre bobard. Ce qui est certain, c'est qu'elle côtoie des animaux. Aussi utile que d'affirmer qu'elle arrose ses jardinières de géraniums ! Je vais téléphoner aux McGee, envoyer des techniciens afin de réaliser des prélèvements. On peut retrouver l'ADN de cette Emily Mercer, et peut-être qu'il s'agira de celui de Laura. Les McGee seront désireux de nous aider. Je n'aurai pas besoin de mandat, même si j'en demanderai un *a posteriori* pour légitimer les preuves et éviter toute contestation. Ça devrait aller très vite.

Un « Ah ! » satisfait lui parvint, puis :

– Le retour de vos neurones… Je jubile. Je m'y colle tout de suite.

Nathan était heureux, apaisé. Il termina son jus de fruits qui lui sembla encore plus délectable qu'à l'accoutumée. Il jeta un coup d'œil à sa montre. Parfait. Avec le décalage horaire, il était sept heures du matin en France.

Il traversa la vaste demeure plongée dans le silence nocturne, vidée de toutes les présences qui concouraient durant le jour à sa perfection.

La nuit, ses heures préférées. Celles où chaque sens prend une acuité que le vacarme diurne, la pleine lumière, les agitations humaines lui font perdre. Une subtile odeur de gardénia lui parvenait de la grande salle à manger qui ne servait guère puisqu'il recevait peu. Les vases dont Nancy renouvelait presque quotidiennement les fleurs. Un sourire aux lèvres, il rejoignit sa salle de travail, pianota sur quelques touches de son clavier et ouvrit un fichier audio qui recevait les conversations s'échangeant en ce moment, très loin d'ici :

– Victor, chéri… tu ne manges pas assez le matin. Tu es en pleine croissance.

– J'ai pas faim, maman, il est trop tôt.

– Tu as ton cours de karaté ce soir, tu ne vas jamais tenir. En plus, tu boudes les trois quarts des plats à la cantine…

– C'est trop dégueu… Euh, pardon, pas top, quoi…

Victor et Sara prenaient leur petit déjeuner, en France, dans l'ex-appartement des Baumier.

Frédéric Baumier n'avait fait aucune difficulté pour confier un jeu de clefs à Nathan, avant que Sara ne signe le compromis de vente. L'ingénieur était totalement conquis par son nouveau patron, son intelligence, sa gentillesse, sa générosité. Nathan lui ayant expliqué qu'il souhaitait aider clandestinement une ancienne relation amoureuse, quittée fort discourtoisement, Baumier avait jugé « honorable » qu'il contribue à l'achat de l'appartement en faisant baisser le prix et en lui restituant la différence de la main à la main.

Il était donc parfaitement normal que l'Américain souhaite visiter le futur lieu de vie de son ancienne conquête.

L'installation des appareils avait été fort simple et, à moins que Sara ne se débarrasse un jour des magnifiques bibliothèques en hêtre ou des meubles de la cuisine américaine, elle ne découvrirait jamais les minuscules micros espions, dits « émetteurs infinis ». Une tactique que Nathan avait déjà utilisée pour contrôler, de façon illégale quoique très efficace, quelques super-cadres de son empire qu'il soupçonnait d'indélicatesse à l'encontre des intérêts Teelaney.

La plupart des gens ignorent à quel point il est aisé d'écouter leurs conversations les plus privées, téléphoniques ou autres. Des appareils performants se vendent sur Internet et des conseils s'échangent sur des forums.

Nathan était presque certain que la chercheuse sauterait sur cette affaire immobilière. Il y avait veillé. Dans le cas contraire, il aurait déconnecté la liaison avec les micros espions, suivre les conversations d'inconnus ne l'intéressant pas le moins du monde.

– Écoute, chéri, je vais glisser deux barres nutritives dans ton sac à dos. Ne les oublie pas.

– Promis, maman, déclara le fils de Sara dans un petit rire.

Son fils. L'ADN de Victor était formel, une preuve presque superflue puisque Nathan n'en avait jamais douté. Prétextant le Zippo oublié sur la table, il était à nouveau entré dans ce troquet situé non loin du lycée, dans lequel ils avaient discuté. Il avait récupéré le verre dans lequel Victor avait bu un Coca.

Il se souvint de son bonheur lorsqu'il avait décacheté la longue enveloppe blanc cassé et prit connaissance des résultats. Son fils. Ce fils sur lequel il avait toujours veillé de loin. Cette tordue adipeuse de Louise n'aurait jamais dû le menacer, ce pauvre type d'Edgar West – le mentor canadien – n'ayant été que le déclencheur. Quant à Sara, elle devait la vie sauve au fait qu'elle se révélait être une mère remarquable et qu'un jeune enfant a un impératif besoin de la force que communique une mère aimante. Nathan en savait quelque chose.

Il eut une pensée émue pour Angela Rolland et Élodie Menez, les efficaces collaboratrices de sa paternité. Les deux jeunes femmes étaient techniciennes dans des centres d'insémination artificielle. Élodie avait été plus difficile à convaincre qu'Angela, mais l'amour, aidé par les petits cadeaux, était venu à bout de ses réticences. Après tout, on pouvait choisir dans de nombreux pays un donneur de sperme sur catalogue, pourquoi pas l'inverse ? Nathan/Rupert refusait une déception, un enfant en quelque sorte « approximatif ». Il ne pouvait y avoir qu'un héritier Teelaney, qu'il provienne des États-Unis ou de France. Ah, les Français et leur manie des règlements ! Cependant, Nathan aimait tant ce pays.

Ne pouvait être donneur de sperme, de façon strictement anonyme, qu'un homme de plus de quarante-cinq ans, père d'au moins deux enfants et cela avec l'accord de sa compagne. Ne pouvaient bénéficier d'une insémination artificielle que des femmes mariées. Sara, par exemple. Il était hors de question que le futur héritier Teelaney naisse de n'importe quelle femme. Elle devait ressembler un peu à Nathan, être belle, et surtout posséder une vaste intelligence. Bref, être capable de concevoir un enfant aussi parfait que possible. Certes, Louise prouvait que la génétique humaine demeurait un mystère parfois réjouissant, parfois dévastateur. Cela étant, la moitié des gènes de Louise provenait d'Éric.

Le hasard avait fait le reste.

Avant de subir l'orchidectomie nécessitée par un cancer des testicules, Éric avait demandé à ce que son sperme soit congelé. Lorsque Sara avait souhaité un deuxième enfant, Angela, risquant très gros, avait interverti les codes-barres qui identifiaient les paillettes de sperme parce que Sara Heurtel correspondait aux exigences posées avec tendresse par le bel amant américain. Il aurait pu s'agir d'une autre femme, pourvu qu'elle possédât les caractéristiques souhaitées par Nathan/Rupert. Victor Teelaney avait été conçu, prenant la place de Victor Heurtel. Nathan/Rupert soupira de satisfaction. Après tout, il en est de même dans toutes les espèces animales. Le mâle le plus apte fait souche, ses gènes se propagent. Les autres s'écartent.

Encore un point commun qu'il partageait avec Diane et qu'elle ignorait. Tous deux avaient choisi le deuxième parent sur un profil génétique probable. Il ne lui avait pas menti, lors de sa première visite, en lui avouant qu'il avait un fils qu'il voyait. Il avait si souvent suivi Victor du regard sans que l'enfant s'en aperçoive. En réalité, il avait eu de la même façon plusieurs descendants. Toutefois, seul Victor le comblait, seul lui existait, puisque Nathan avait retrouvé chez le garçonnet tant de lui-même à son âge. Son unique fils. Son fils adoré.

Bien sûr, Nathan/Rupert avait dû se débarrasser d'Éric Heurtel, cette nuit-là, sur ce pont. Victor ne pouvait pas avoir deux pères, deux modèles, Nathan souhaitant plus que tout devenir celui de l'enfant. Autant qu'il oublie au plus vite l'autre, l'homme qui n'avait pas vraiment contribué à sa naissance. Le puissant 4 × 4 conduit par Nathan avait percuté la moto d'Éric, la poussant vers la rambarde.

Les choses deviennent faciles lorsque l'on dispose de beaucoup d'argent et que l'on est parvenu à se défaire de cette morale peureuse et étriquée qui retient les autres.

Nathan voulait. Il obtenait. Il en serait toujours ainsi. Victor l'apprendrait un jour, lorsqu'il serait devenu Rupert Teelaney, quatrième du nom.

Certes, il faudrait convaincre Sara Heurtel que son mari n'était pas le père de son fils. Il faudrait qu'elle accepte l'idée que Victor était l'héritier de l'empire Teelaney.

Et si elle refusait ? Si elle s'opposait au projet de Nathan pour son fils ?

Il était bien sûr exclu d'envisager une action en justice. Beaucoup trop dangereux. Le FBI et la police française comprendraient immédiatement qui était au juste Rupert Teelaney, troisième du nom.

Ne resterait qu'une option à Nathan : que Sara libère définitivement la voie. Il détesterait lui faire du mal. Vraiment.

Base militaire de Quantico, États-Unis, octobre 2008

– Vous avez passé la nuit à la base ? s'enquit Mannschatz en réprimant un bâillement.

– La folle vie de jeune fille est terminée pour moi, ironisa Diane. J'ai charge de famille, maintenant. Un bouledogue qui a besoin de sa ration quotidienne de câlins.

– Le général Lionel Parry vous cherchait.

– À sept heures et demie du matin ? Il paie les heures sup ?

– J'ai pas trop envie de le lui demander. Il me fait pas l'effet d'un franc rigolo. Bon… j'ai eu le sentiment qu'il n'était pas ravi. Au sujet de l'enquête.

– Ah ouais ? Eh bien, qu'il s'y colle ! fulmina Diane sans lever le ton.

– Écoutez, le prenez pas de cette façon, docteur. Il a les médias aux fesses, des gars des homicides du Boston PD qui défendent leur pote Gavin Pointer et qui insinuent que ce n'était pas la peine de lui tomber sur le poil pour parvenir à des résultats si médiocres, sans compter ce que je ne sais pas.

– Sans blague ? Pointer est depuis plus de deux ans sur cette affaire, sans résultat, moi, depuis moins de trois semaines, durant lesquelles nous avons considérablement avancé, même si nous naviguons à vue.

– D'accord, mais nous n'avons pas vraiment fait preuve de transparence, enfin, je veux dire…

Un regard glacé l'épingla et il se tut, pressentant l'imminence de la tempête.

– Vous voudriez quoi, Mannschatz ? Que j'appelle chaque matin Pointer pour lui faire mon rapport ? C'est moi qui dirige cette enquête, pas l'inverse. Lâchez-moi avec vos enfantillages sur le mode « la grande famille des flics », parce que je peux vous garantir qu'il ne vous porte pas non plus dans son cœur, Mike et vous ! Ce que veut Gavin Pointer, c'est réussir, qu'on pense qu'il est le meilleur. Ce que je veux, c'est coincer le tueur, ou la tueuse, et éviter qu'il ou elle ne fasse d'autres victimes. Je ne joue pas à qui pisse le plus loin.

La remontrance porta, et Mannschatz baissa les yeux.

– Vous énervez pas, docteur. Sur le fond, vous avez raison. C'est juste que sur les formes…

– Je me fous des formes, Gary. Si les formes m'importaient, j'irais cirer les pompes de Parry. J'ai mieux à faire.

– D'accord, d'accord… Il n'en demeure pas moins que Mike s'est dévoué. Il est allé voir Parry pour le calmer. Il devrait nous rejoindre.

Diane alluma une cigarette afin de juguler sa colère. Au demeurant, deux des trois paquets qu'elle fumait quotidiennement n'avaient pas d'autre fonction. Mike Bard entra sans même songer à frapper. Il souffla en secouant la tête.

– Le gros savon ? s'enquit son partenaire.

– Pas vraiment, mais tu me dois une bière.

– Qu'est-ce qu'il s'est échangé ? demanda à son tour Diane.

– À votre avis ? Pourquoi il n'était pas mieux informé de nos avancées ? Et, d'ailleurs, y avait-il des avancées ? Et pourquoi avait-il le sentiment que notre enquête piétinait… Ce genre de trucs, auxquels j'ai répondu par « Oui, monsieur », « Bien, monsieur », « Je suis d'accord, monsieur », « Je n'y manquerai pas, monsieur ». Le grand classique, quoi.

– Bon… Eh bien, ça ne nous gâchera pas la journée ! se félicita Diane, sous le regard un peu médusé des deux autres.

Exhalant une longue bouffée de fumée, elle exigea :

– Passons aux choses vraiment importantes. La surveillance des Faulk ?

– En place, jour et nuit, discrète mais rapprochée. Nous avons envoyé deux gars de chez nous pour épauler les flics du Boston PD, expliqua Gary. Ils sont prêts à intervenir à la moindre alerte.

– L'enquête de routine ?

– Rien, ou alors c'est à désespérer de l'espèce humaine. Des gens bien, de partout. Aucune histoire, aucune rumeur. Des vies qui n'ont rien d'exceptionnel, mais sympas. Ils participent à plein d'associations caritatives.

– S'occupant d'enfants ? demanda Diane d'une voix un peu sèche.

– Pourquoi ?

– Les fauves se rapprochent toujours de la viande. Si je puis me permettre cette métaphore. Les pédophiles deviennent moniteurs de colonies de vacances, éducateurs, etc. Les déséquilibrés à gros problèmes sont très intéressés par la psychologie… J'ai même reçu des cours de psychiatrie criminelle, tordus mais pas mal ficelés, de la part de tueurs en série qui souhaitaient m'expliquer à quel point je me fourvoyais à leur sujet.

– Pas grand-chose dans le cas des Faulk : une association de parrainage pour des enfants victimes de mines antipersonnel. À l'autre bout de la planète. Sans cela, des trucs pour la sauvegarde des orchidées indigènes. Bon, rien à voir avec les orchidées tropicales, elles sont très modestes et les gens les cueillent sans se rendre compte qu'ils mettent les espèces en danger. Ça rend Kim, ma femme, complètement folle, précisa Mannschatz. Plein d'autres trucs de ce genre, sans rapport particulier avec les enfants. Les vieux, les malades, la pollution, la réfection d'une maternité pourrie, le fric qu'on dépense pour la guerre alors que chez nous les gens ne peuvent pas se faire soigner correctement s'ils n'ont pas d'assurance privée, voyez…

– Hum… Cela étant, on a piqué des prêtres pédophiles et des gens qui œuvraient tant pour la communauté qu'on leur aurait donné le Bon Dieu sans confession. Ne jamais croire les humains. Toujours chercher où se trouve leur véritable intérêt, leur motivation. Ce sont parfois des gens véritablement bien. Souvent de minables salopards. Quoi qu'il en soit, je suis presque certaine que leur fille Laura les piste. Depuis trois ans sans doute, date de son prétendu décès. C'est à ce moment-là qu'elle a décidé de passer à l'action. C'est à peu près à cette période que les meurtres de couples ont commencé. Quelque chose, je ne sais pas quoi, a servi de déclencheur en elle. L'envie de massacre. Elle ne s'arrêtera plus jusqu'à avoir tailladé sa véritable victime, *a priori* sa mère, Margaret Faulk.

– Donc, selon vous, ce serait bien elle la tueuse ? demanda Bard.

– Je n'ai pas encore de certitude, avoua Diane en écrasant son mégot d'un geste vindicatif. Toutefois, il s'agit de la raison pour laquelle je n'irai pas rendre visite aux Faulk. Si Laura se trouve dans les parages, je ne veux pas qu'elle me repère.

– Ça pourrait peut-être la dissuader de passer à l'action, remarqua Gary.

– Je veux qu'elle passe à l'action et qu'elle soit arrêtée, parce que je veux récupérer les enfants.

– D'accord, les Faulk sont surveillés, mais c'est un pari risqué, argumenta Mannschatz.

Diane lui jeta ce regard navré qu'elle réservait aux idioties et contra :

– De toute façon, ce serait reculer pour mieux sauter. Si l'on considère sa détermination – et s'il s'agit bien de la tueuse –, elle frappera un jour ou l'autre. Les flics ne protégeront pas les parents à vie, nous non plus. (Un mince sourire étira ses lèvres et elle précisa :) De surcroît, si les Faulk ont abusé sexuellement de leurs enfants, je vous avoue que leur meurtre éventuel ne me coupera pas l'appétit. (Son ton se fit sérieux et péremptoire, et elle répéta :) En revanche, je veux ces enfants ! Mike, Gary, localisez cette fille. Elle a sans doute planqué les gamins dans sa communauté. Enfin, il existe bien une liste des sectes tenue à jour par la Sécurité nationale !

– Ouais, on va commencer par là, approuva Bard. Toutefois, si nous avons affaire à une communauté peinarde, sur laquelle ne pèse aucun soupçon de maltraitance, de trafic en tout genre ou d'activités antiaméricaines, elle ne sera pas répertoriée. Les gens ont le droit constitutionnel de se regrouper, pourvu qu'ils obéissent aux lois et qu'ils n'emmerdent pas le monde. Si vous saviez le nombre de communautés qui existent dans ce pays !

– Je m'en doute. Un coup de chance, sait-on jamais ? Une fois n'est pas coutume. Je nous fais peut-être une poussée de paranoïa... Je suis certaine que Laura ne fera pas de mal aux enfants... Toutefois, un membre de sa secte pourrait prendre peur, vouloir faire disparaître des... « preuves » incriminantes.

– Et descendre les gosses, termina Bard.

– Un suicide collectif n'est jamais exclu, suicide imposé dans le cas d'enfants ou de membres soudain récalcitrants...

– On est certain que la communauté est installée dans le Maine ?

– Laura peut avoir menti, là comme ailleurs.

Feignant d'avoir oublié une information sans grande incidence, Diane poursuivit d'un ton neutre :

– Ah... tant que j'y pense... J'ai demandé à Erika Lu d'envoyer à nouveau la petite Anthea Stein à Boston, chez les parents de Karina McGee.

– Chez les McGee ? s'étonna Gary.

– Hum... à la recherche d'indices, d'ADN qu'aurait pu abandonner une certaine Emily Mercer, leur avant-dernière baby-sitter, une dame bien mystérieuse dont on ne retrouve la trace dans aucun fichier.

– Et comment vous avez entendu parler d'elle ? Le Boston PD ? s'enquit Bard dont la soudaine tension n'échappa pas à la profileuse.

Au fond assez amusée par sa curiosité mâtinée d'inquiétude, elle biaisa, adoptant un ton de minauderie qui ne convainquit personne, venant d'elle :

– Ah, chaque femme a ses petits secrets, cher Mike. Notre charme, paraît-il !

Bard ne releva pas. Il ne le pouvait pas en présence de son ami et partenaire Gary Mannschatz. Gary ignorait que son grand copain travaillait au noir pour son frère, Thomas Bard, enquêteur très privé, afin d'offrir la meilleure institution à son fils autiste. L'argument qu'avait donné Mike à Diane se tenait. Il avait commencé sa très discrète collaboration avec son frère au moment où se formait son binôme avec Gary, à une époque où il ne lui faisait pas complètement confiance. Aujourd'hui, il n'osait plus avouer à son partenaire qu'il travaillait sur des affaires privées, de peur d'être taxé de stupides cachotteries. Diane se foutait des atermoiements de Mike Bard. Il devait apprendre une règle fondamentale : on ne mord jamais la main qui vous nourrit. Ça lui ferait les pieds de comprendre qu'il avait été exclu d'une mission confiée à son frère Thomas, dans le cadre d'une enquête dirigée par Diane, parce qu'il s'intéressait trop aux motivations de Rupert Teelaney, troisième du nom. Thomas, son frère, avait compris qu'on ne posait pas de questions à un très riche client. On se contentait de répondre, vite et bien, aux siennes.

Les deux super-flics la quittèrent peu après. Elle s'absorba de nouveau dans la contemplation des photos. Sans résultat. La certitude qu'elle passait à côté d'un détail crucial l'exaspéra contre elle-même.

Réfléchis, Silver. Sers-toi de tes neurones ! Arrête de penser à ces enfants. Tu ne les retrouveras pas si tu ne réfléchis pas. Ils ne sont pas Leonor. Ils ne compenseront pas la perte de ta fille. Les sauver n'allégera en rien ton impardonnable faute vis-à-vis d'elle. Tu dois les récupérer pour eux. Tu resteras toujours coupable de ton apathie bien élevée, civilisée, lorsque ce tordu de Ford, aidé de Susan Brooks, a enlevé Leonor. Sers-toi de ta tête !

Un coup asséné contre la porte de son bureau la fit sursauter. Mike Bard entra à son invitation.

Le grand flic resta planté au milieu de la pièce aveugle, assez exiguë, sans aucune décoration. Diane prit le temps d'allumer une cigarette et lança :

– Ça vous ennuie, n'est-ce pas ?

Il ne s'agissait pas de persiflage, juste d'une nécessité de logique.

Il se laissa choir sans un mot dans le fauteuil qu'il avait abandonné quelques minutes auparavant.

– Mike, je n'ai jamais eu aucun contact avec votre frère Thomas. J'ignore donc ce qui motive ses… choix, décisions. J'ai juste téléphoné à Rupert Teelaney. Il me fait une cour assidue dans l'espoir de participer à mes enquêtes. Je me méfie de lui, je me méfie de tous les gens que les tueurs en série fascinent. Toutefois, étant entendu notre pénurie de moyens, il m'est utile. Très. Votre frère a envoyé une ses collaboratrices chez les McGee. Quelqu'un qui sait réveiller les souvenirs des gens, les conduire de façon douce dans leur mémoire. Vous connaissez aussi bien que moi les difficultés que pose la mémoire humaine, expliquant qu'il faille prendre les témoignages avec circonspection. Elle emprunte des chemins étranges, différents pour chacun, et on ne peut la brusquer si on souhaite en obtenir quelque chose d'exploitable. Le couple, Mme McGee plutôt, s'est soudain souvenue de cette baby-sitter, partie du jour au lendemain. Elle en conservait une excellente impression. Je me demande s'il ne s'agit pas de Laura Faulk.

– Thomas ne m'a pas contacté, murmura Bard d'un ton dépité et surpris. Il s'agit pourtant d'une de vos enquêtes. Il sait bien que je travaille pour vous.

– Hum…

– Hum, quoi ?

– Hum… que voulez-vous que je vous dise ? Je vous le répète, je n'ai jamais eu de contacts avec votre frère. Mes rapports avec Teelaney se limitent à une séduction prudente et très intéressée. J'ai besoin de lui, je lui lâche en contrepartie deux ou trois informations sans conséquence. Cela étant, Mike… profiter du beurre et de l'argent du beurre est un privilège dont fort peu d'entre nous peuvent jouir. Teelaney, peut-être. Ni vous ni moi, c'est certain.

– Qu'est-ce que vous entendez par là, au juste ? demanda Mike, presque agressif.

– Rien, si ce n'est que je me mets à la place de votre frère, qui sert les intérêts de gens très riches. Ses clients refusent qu'on leur demande des comptes à partir du moment où ils ne contreviennent pas à la loi, ou alors ils sont assez futés pour le faire avec discrétion. Vous m'avez balancé à la figure votre participation aux missions de votre frère, après cette… conclusion de l'affaire Susan Brooks. Une menace, un moyen de pression, n'est-ce pas ? Or, vous travaillez au noir pour Thomas, vous êtes donc dans l'illégalité. Vous ne pouvez pas surfer entre les deux mondes. Pas simples, les arbitrages, lorsqu'on souhaite rester honorable, n'est-ce pas ? Vous ne pouvez pas utiliser votre frère Thomas pour le FBI, ni l'inverse, parce que, dans un cas comme dans l'autre, c'est vous qui y resterez.

– Et vous conseillez quoi ? demanda Bard, bras croisés sur la poitrine, dans une attitude de défense.

– Choisissez, une fois pour toutes, en fonction de ce qui est essentiel pour vous, mais sachez qu'on n'obtient rien sans rien. Il vient toujours un moment où des gens comme nous doivent baisser la culotte devant plus puissant qu'eux. Je me fous de montrer mon cul, encore faut-il que ça en vaille le coup à mes yeux. Vous ne parvenez pas à faire la part des choses ? Eh bien, collez votre fils dans un mouroir pour débiles. Vous souhaitez qu'il reçoive les meilleurs soins ? Ayez la reconnaissance du ventre ! Vous, du moins, avez la possibilité de gagner assez d'argent pour qu'il soit traité en être humain. Faites votre choix. Vous travaillez sur une mission confiée par votre frère ? Vous ne travaillez plus pour le FBI. Vous bossez pour le FBI ? Thomas ne doit rien en savoir.

Mike leva sa grande carcasse et l'examina quelques instants avant de déclarer :

– Je me demande si je ne vous déteste pas.

– Mais non. J'ai raison et vous le savez. Vous êtes comme la plupart des super-agents de ce super-endroit. Vous croyez qu'on peut lutter contre le crime en restant complètement moral ? C'est faux. La seule chose qui importe, c'est l'efficacité. Entre deux maux, toujours choisir le moindre. Mike, nous fonctionnons sur une ahurissante comptabilité : le moins de victimes torturées et tuées possible. Pour le reste, à la grâce de Dieu, s'Il existe, et je ne le crois plus. Choisissez. Mettez un terme à votre paranoïa au sujet de Teelaney. Il est sans doute fêlé, mais on s'en fout puisqu'il nous offre son fric. Cela étant, je mets ma main au feu que le gentil myope, zen, bouddhiste, végétarien non fumeur, non buveur n'a vraiment rien d'une menace, même s'il est gonflant.

Mike la considéra un instant puis déclara :

– Ouais. Ouais, vous avez raison. Je me suis un peu emballé. Vous connaissez les flics. On se méfie de notre ombre. On cherche toujours des mobiles obscurs et coupables aux agissements des autres. Je vais téléphoner à Thomas, m'expliquer. Je lui ai foutu les boules avec cette histoire de Susan Brooks, en le tannant au sujet des motivations de Teelaney. Du coup, il a cru que je n'étais plus fiable. Or, j'ai besoin de ce fric et je sais que Thomas ne ferait jamais rien d'immoral.

Tu as tort, Bard, songea Diane. *Thomas est capable d'immoralité dans son métier tout en restant honorable dans sa vie. C'est mieux que nombre d'entre nous.*

Lorsque le grand flic eut refermé la porte derrière lui, Diane Silver demeura à son bureau, coudes plantés sur la plaque en Plexiglas.

Elle voulait cette tordue. Elle l'aurait préférée morte, une économie pour le contribuable et pour l'humanité. Toutefois, la priorité était de retrouver les enfants. Il la lui fallait donc vivante et disposée à parler.

Laura avait-elle des excuses recevables ? Pas ces contes à dormir debout que servent les avocats défendant des violeurs, tortureurs, tueurs multirécidivistes, à défaut d'autres arguments. Un véritable traumatisme expliquant qu'elle ait basculé vers la déviance meurtrière ? Un viol répété par des parents ?

Quelque chose ne cadrait pas. Elle passait à côté de la solution qui se trouvait à sa portée.

Fredericksburg, États-Unis, octobre 2008

Un jappement surpris et mécontent salua la première sonnerie du téléphone. Silver-l'autre se redressa sur le lit, prête à charger sur l'intrus, achevant de tirer Diane de son coma chimique.

– À trois heures vingt du matin, ça ne peut être que vous, Erika !

Un rire bas, puis :

– Gagné !

– Vous ne dormez jamais ?

– J'ai fini par convaincre mon organisme qu'il s'agissait d'une perte de temps considérable, plaisanta la légiste.

Reprenant son sérieux, elle poursuivit :

– Pour une fois, nous avons eu de la chance et les choses se sont révélées simples. Un miracle. Anthea Stein s'apprêtait à passer la journée à quatre pattes pour fouiner dans tous les coins de l'appartement des McGee. Inutile. Elle a récupéré une de ces minuscules brosses à cheveux de voyage appartenant à ladite Emily Mercer. Vanessa McGee l'avait enveloppée dans un sachet en plastique, pensant que son ancienne baby-sitter passerait la récupérer. Pour l'anecdote, elle a retrouvé la brosse au fond du panier à jouets de sa fille, Karina.

– Comment cela ?

– Un petit larcin de fillette ! La brosse est en plastique pailleté. Les gamines adorent en général le lamé ou le strass ! Ça fait jeune fille.

Un sourire. Cet été-là, Leonor, âgée de six ans, avait décidé qu'elle voulait des sandales à talons en lamé or. Il avait fallu toute la persuasion de Diane pour qu'elle accepte des chaussures plus adaptées à son âge.

– Chère Diane... Quelques magnifiques cheveux, châtain plutôt clair, naturels.

– Je suppose que pour vous « magnifiques » signifie qu'ils possédaient leurs bulbes ?

– Tout juste, et la réponse est : Emily Mercer et Laura Faulk sont une seule et même personne !

– Donc, elle a bien enlevé Karina. Mais pourquoi elle ? Il n'y a aucun lien de famille *a priori*.

– Peut-être juste par facilité ? La fillette la connaissait et a dû la suivre sans trop protester.

– Je n'y crois pas. Emily/Laura avait une excellente raison. Du moins à ses yeux. Il faut que je rencontre Vanessa McGee, seule... d'abord pour la rassurer un peu, cette fois-ci avec plus de sincérité. Je n'osais pas m'y risquer avant d'avoir le résultat ADN.

– Et ensuite ?

– Ensuite, il s'est produit quelque chose chez les McGee, durant la période où ils ont employé Laura.

– De quel ordre ?

– Un truc qui a déclenché une pulsion protectrice chez Laura. Elle a kidnappé ces enfants pour les protéger.

– De leurs parents ? De brutalités, d'un inceste ?

– On en revient toujours là.

– Vous pensez que Patrick McGee...

– Ça m'étonnerait. D'un autre côté, je ne jurerais pas du contraire ! Merci, Erika. Vous êtes vraiment un atout.

Quartier général du Boston Police Department,
États-Unis, octobre 2008

Gavin Pointer l'avait fait entrer dans la même petite salle d'interrogatoire que la fois précédente.

Au soulagement avait fait place la colère. Vanessa McGee était blême jusqu'aux lèvres. Elle se leva et feula, mauvaise :

– Vous êtes malade ! Patrick est peut-être un lâche et un pauvre type, mais ce n'est pas un dégénéré ! Violer sa fille de quatre ans ? Faites-vous soigner d'urgence. Encore des trucs de psy à la con !

– Madame McGee, un peu de retenue, intervint Pointer d'un ton presque menaçant.

– De la retenue ? Vous rigolez, là ? Et ça fait quoi de moi ? Une mère indigne qui fermait les yeux pendant que son mari violait sa fille ?

– Ce ne serait pas la première fois, madame McGee, loin s'en faut, rétorqua Diane. Il existe même des mères qui poussent leur fille dans le lit du père afin d'avoir la paix.

Vanessa McGee serra les mâchoires, semblant sur le point de la frapper. Elle asséna d'une voix tremblante de rage :

– Je ne resterai pas une seconde de plus, à supporter ces… ordureries !

D'une voix cassante et sèche, Diane ordonna :

– Asseyez-vous ! Au cas où vous n'auriez pas compris, madame McGee, notre seul but est de retrouver Karina en vie. Si vous le préférez, nous pouvons effectuer une nouvelle enquête auprès des voisins et des gens qui rencontraient Karina, en évoquant carrément les abus sexuels, cette fois. Vous n'ignorez pas que même lorsqu'un tel soupçon est infondé, il persiste. Je vous conseille donc de collaborer et de changer de ton !

Diane perçut l'effort que fournissait l'autre femme pour ne pas l'injurier. Vanessa se laissa retomber sur sa chaise, et articula, soulignant chaque mot d'un petit cognement d'index contre la table métallique :

– Karina n'a jamais été victime du moindre geste déplacé, vous m'entendez !

– Admettons. Qu'est-ce qui aurait pu faire croire le contraire à Emily Mercer ? Gardez à l'esprit qu'il s'agit d'une déséquilibrée.

– Rien... Absolument rien..., affirma Mme McGee.

– Il y a nécessairement quelque chose, réfléchissez. Un détail, même subjectif. Je ne sais pas... vous ou votre mari avez-vous l'habitude d'embrasser, de câliner Karina alors que vous êtes nus ?

– Quand elle était bébé. On affirme qu'il faut que les enfants sentent la peau de leurs parents. Mais certainement pas à quatre ans, ne serait-ce que pour éviter des questions un peu prématurées sur les différences anatomiques.

– Quand les petites filles ont des frères, les questions de cet ordre surgissent très vite, observa Diane.

Vanessa McGee écarquilla soudain les yeux, ouvrant la bouche de stupéfaction avant de débiter :

– L'herbe ! C'est impossible, nous lui avions expliqué.

– Quelle herbe ?

– Un matin, avant que je parte travailler... Emily était déjà là... Elle enlevait à Karina la couche de nuit qu'elle portait la nuit. En fait, ma fille a été propre très tôt, se sentit-elle obligée de préciser. Toutefois, un petit accident de nuit… Emily a crié. Je me suis précipitée. Le fond de la couche était rosé, du sang… J'ai un peu paniqué. Je suis partie aux urgences pédiatriques avec ma fille.

– En compagnie d'Emily ?

– Non. J'ai téléphoné à Patrick qui se trouvait déjà au labo. Il nous a rejointes.

– En d'autres termes, Emily Mercer n'a eu que votre version, pas celle du médecin, résuma Diane.

– Que voulez-vous dire ?

– Rien, poursuivez.

– Une histoire idiote, plus de peur que de mal. Le dimanche d'avant, nous avions été pique-niquer. Karina a eu envie de faire pipi. Dans la nature. Un bout d'herbe très sèche, coupante, a pénétré dans son vagin. Ça l'a éraflé. D'où ce petit saignement. Le pédiatre l'a retiré. Il nous a expliqué que cela se produisait parfois, avec différents corps étrangers. Il paraît qu'il leur arrive de constater aussi des saignements importants, parce que la petite fille imite en douce maman et avale ses contraceptifs.

– Je sais. En d'autres termes, Emily s'est mis en tête que Karina avait été victime d'abus sexuels.

– C'est idiot, se défendit Vanessa McGee, maintenant affolée. On lui a expliqué… il s'agissait de quelques gouttes de sang, vraiment pas grand-chose…

– À ses yeux, c'était amplement suffisant. Elle s'est convaincue que vous souhaitiez avant tout éviter le scandale et que vous optiez pour le silence. Selon elle, Karina était en grand danger.

– Enfin…

– Je suppose qu'elle vous a quittés peu après ?

– Euh… Oui, vous avez raison.

– Elle n'a plus lâché Karina des yeux, ou presque. Jusqu'au moment où elle a pu l'enlever. Pour la protéger. Comment se comportait-elle ?

– C'était une femme très douce, effacée, qui ne parlait pas beaucoup. Elle s'occupait parfaitement bien de ma fille, un don avec les enfants, sans doute.

Diane remarqua que Karina n'était plus que « sa » fille. À ses yeux, le père avait failli, le père n'existait plus.

– Elle est folle ? demanda Vanessa McGee, les larmes aux yeux.

– Elle ne fera jamais de mal à l'enfant. Son but est inverse, la calma Diane. Et, pour répondre à votre question, elle est lourdement déséquilibrée. Cela étant, je sais maintenant qu'un déclencheur a cristallisé ce déséquilibre.

– Mais pourquoi nous ?

– Un hasard, selon moi. Emily avait besoin de travailler, de gagner un peu d'argent afin de séjourner à Boston quelque temps. C'est tombé sur vous.

Claire Morgan patientait dans le bureau de Pointer lorsqu'il raccompagna Vanessa McGee vers la sortie.

Elle avait maigri et des cernes d'un mauve malsain soulignaient ses yeux. Elle n'attendit pas d'être installée pour lancer d'une voix nerveuse, où se mêlaient espoir et panique :

– Vous l'avez retrouvé ? Chase. Vous avez du nouveau ?

– Pas encore, mais nous approchons, mentit Diane.

– Asseyez-vous, madame Morgan, proposa Gavin Pointer d'un ton affable.

Diane Silver concédait une certaine finesse à l'enquêteur, qui lui portait un peu moins sur les nerfs. Il avait compris qu'il était préférable de ne pas intervenir au cours des entrevues de Diane et des témoins. Elle soufflait le chaud et le froid, alternant compassion et autorité désagréable. Pointer avait senti qu'elle n'agissait pas au gré de son humeur mais pour pousser son vis-à-vis dans ses retranchements. De fait, Gavin Pointer écoutait avec attention, certain qu'il apprenait une des techniques d'interrogatoire de la profileuse. Son attitude avec Claire Morgan changea du tout au tout : elle devint amicale, l'appelant par son prénom.

– Claire, je n'irai pas par quatre chemins, et je vous prie de pardonner ma brutalité. Mon excuse est que nous avançons, mais qu'il nous faut maintenant aller très vite. Je vous demande donc de me répondre avec une absolue franchise. Mentir nous retarderait.

La surprise se peignit sur le visage aux traits tirés. Claire Morgan bafouilla :

– Bien sûr… euh… Mais…

– Je ne peux pas vous relater les autres pans de l'enquête. Toutefois, Chase n'est pas le seul… concerné, si je puis dire. À l'évidence, tout tourne autour d'un souvenir d'inceste.

– Pardon ?

– Laura aurait-elle été victime d'inceste, perpétré par un adulte ? Ou vous, votre frère ?

Un souffle sidéré :

– Quoi ? Jamais… Enfin… c'est dingue ! Vous ne connaissez pas mes parents ! Mon père mettrait son poing dans la figure de son meilleur ami s'il apprenait qu'il est coupable d'une chose pareille.

– Dans la famille ? Des oncles, même des tantes, de grands cousins…

Claire Morgan était si assommée par la nature des questions qu'elle ne ressentait même plus d'indignation.

– Jamais de la vie ! Ma famille… Ce sont tous des gens remarquables. Pas des pervers, pas avec des enfants ! Enfin, je suis bien placée pour le savoir ! Mes grands-parents des deux côtés… Mes tantes et mes oncles nous ont assez gardés… et même une fois durant un mois… ma mère devait se faire enlever une tumeur au sein… bénigne… on ne nous l'a dit que plus tard, pour ne pas nous inquiéter. Je devais avoir cinq ou six ans… Je m'en souviens parce que c'est à peu près à cette époque que Paul est tombé progressivement malade… s'il y avait eu le moindre geste trouble, je ne l'aurais pas oublié. Et puis, ma mère nous a seriné toute notre enfance que, si un adulte voulait nous toucher dans certains endroits, il fallait aussitôt les prévenir, que cette personne était mauvaise et qu'elle aurait affaire à eux. Vous faites fausse route, docteur !

L'absolue sincérité de Claire Morgan ébranla Diane au point qu'elle mit un terme assez rapide à l'entrevue. Elle devait réfléchir. Selon toute vraisemblance, Margaret Faulk était l'objet de haine, la cible ultime.

Lorsqu'elle reprit un taxi pour rejoindre l'aéroport de Logan, les messages qui l'attendaient sur ses deux portables, dont le confidentiel, n'améliorèrent pas son humeur. Dans le premier, Bard l'informait qu'il existait plus de cent cinquante communautés répertoriées en Nouvelle-Angleterre et sans doute le triple n'ayant pas mérité de figurer dans ce recensement. De surcroît, rien ne prouvait que Laura n'avait pas menti. Il précisait que les différentes équipes qui veillaient sur les Faulk n'avaient rien aperçu de suspect. Dans le second message, Nathan regrettait de n'avoir aucune information intéressante à lui communiquer. Thomas Bard recherchait Laura Faulk et sa communauté, sans succès jusque-là. Il terminait en l'encourageant et elle effaça rageusement le message sans écouter la fin.

Rien à faire des encouragements ! Elle avait besoin d'un éclair de lucidité.

Boston, États-Unis, octobre 2008

Demain soir serait le pas de géant. Demain soir seraient les mots, les vrais mots, sans cris, sans larmes.

Demain soir, ceux qui avaient instillé le venin allaient payer. Ceux qui avaient blessé, souillé, saccagé allaient mourir.

Après les mots, ils ne pourraient plus vivre.

Imaginer leurs visages. Entendre les mensonges qu'ils inventeraient.

Ils avaient cru que le silence, l'oubli les protégeraient à jamais. Ils se trompaient. L'oubli n'existe pas. Des portes se referment, condamnant certains couloirs de la mémoire. Toutefois, il existe des clefs pour les rouvrir.

Laura les avait trouvées. James l'y avait aidée. James avait aidé tant d'êtres meurtris. Certes, la réouverture des portes à mémoire avait été douloureuse. Du moins s'agissait-il d'une souffrance de vie.

Petit pas par petit pas, petit mots par petit mots, James l'avait conduite avec douceur vers le souvenir.

Le souvenir était effroyable, si blessant. La mémoire avait longtemps saigné. Une hémorragie de souvenirs. Mais une hémorragie qui nettoyait le cerveau de son venin d'oubli.

Demain soir serait le pas de géant. Demain soir seraient les mots, les vrais mots, sans cris, sans larmes.

Elle essuya sans même s'en apercevoir les larmes qui dévalaient de ses yeux.

Une femme assez jeune s'arrêta sur le trottoir, la considérant d'un air de compassion, ne sachant si elle devait intervenir. Laura lui adressa un radieux sourire et murmura :

– Ne vous inquiétez pas, madame. Je suis très heureuse.

Fredericksburg, États-Unis, octobre 2008

Diane Silver jeta un dernier regard aux photos souriantes de toutes les victimes en mosaïque sur son écran et éteignit son ordinateur. Elle avala deux somnifères avec la dernière gorgée de son whisky et se leva, aussitôt imitée par Silver-l'autre qui ronflait de bien-être sous la planche à tréteaux de son bureau. La petite chienne fila vers la porte, son moignon de queue frétillant.

Diane s'arrêta devant le grand poster, murmurant :

– Maman est fatiguée, mon ange. Fatiguée et pas très satisfaite d'elle. Repose, mon bébé.

Elle déposa un baiser au coin du sourire coquin, caressa les pétales de l'énorme marguerite orange et éteignit la lumière.

Elle se dirigea vers la chambre. Silver-l'autre, heureuse que l'heure du repos précédé d'un câlin s'annonce, sauta sur le lit sans attendre l'autorisation de sa nouvelle maîtresse. Raide et digne, les oreilles dressées, elle s'assit sur « son » oreiller, ayant décidé que Diane pouvait bien lui en céder un.

Diane se déshabilla et se glissa entre les draps, pourtant certaine que le sommeil, si chimique fût-il, la fuirait encore une bonne heure.

Elle caressa d'un geste machinal le ventre tiède et musclé du bouledogue qui marqua son plaisir par une cascade de raclements de gorge. Elle aimait bien les bruits du chien. Ses ronflements, ses jappements, le crissement de ses griffes sur le parquet, seuls sons qui meublaient le silence de la maison. Un silence de vide. Pas un silence de paix.

Désireuse de plonger dans le sommeil au plus vite, elle s'interdit de penser à Yves, à Nathan, ou même à Sara Heurtel. Se focaliser sur de menus détails. Ce qu'elle avait choisi ce midi au self, les prospectus qu'elle avait trouvés dans son courrier en rentrant, dont l'un annonçait une braderie d'ustensiles de cuisine, l'autre, l'arrivée d'arbres fruitiers dans une jardinerie voisine. Michelle Merchant qu'elle avait acceptée en stage. La jeune agent bafouillait un peu moins de timidité en sa présence et semblait, en effet, intelligente. N'ayant pas le temps de s'occuper d'elle, Diane lui avait confié une tâche de secrétariat peu glorieuse : reporter dans un carnet les noms, les numéros de téléphone, les adresses, les fragments d'idées que Diane jetait un peu partout, sur des bouts de papier, des tickets de caisse, des cartes de magasin pour les fourrer ensuite au fond de son sac où ils se froissaient jusqu'à devenir illisibles. Michelle Merchant avait évoqué un répertoire électronique, à quoi Diane avait rétorqué : « Je fais partie des dinosaures très attachés au papier. On a retrouvé des tablettes de terre cuite ou des papyrus vieux de plusieurs milliers d'années. Je doute que ce soit le cas dans le futur avec les disques durs ou des clefs USB. » Ce soir, avant de rentrer, Diane était passée au supermarché afin d'acheter des boîtes pour la chienne. Elle avait longuement hésité sur les différentes saveurs, bien plus que lorsqu'elle achetait de quoi se nourrir. Elle s'était étonnée de trouver une marque proposant des repas végétariens. Les chiens et les chats n'entraient-ils plus dans la catégorie des carnivores ?

Enfin, elle sentit sa lucidité vaciller et s'installer cette désagréable période d'endormissement, lorsque tout commençait à se mélanger dans son esprit. Elle se laissa couler.

… Et mon oncle, ma tante nous auraient aidés. Ils ont pas mal d'argent… Ma tante, c'est un peu ma deuxième mère.

Emma a eu un grand amour tragique. Pas Bernard.

Margaret Faulk… très famille-famille… j'ai toujours été un peu plus proche d'Emma… Caroline… Vous voyez, c'est une femme géniale… Elle est bourrée de qualités, de talents…

Je devais avoir cinq ou six ans… Je m'en souviens parce que c'est à peu près à cette époque que Paul est tombé progressivement malade…

Beaucoup d'argent… pas le genre à l'étaler pour en foutre plein la vue. Un couple génial. Toujours prêts à rendre service, chaleureux.

Mes tantes et mes oncles nous ont assez gardés… et même une fois durant un mois…

Caroline Homer…

Diane se releva d'un bond et attrapa le poste de téléphone posé sur sa table de chevet. Michelle Merchant s'apprêtait à rejoindre sa chambre de la base :

– Retrouvez-moi le numéro de téléphone de Claire Morgan. Vite. Je crois qu'il est griffonné derrière un bon de réduction d'épicerie.

– Non, docteur. Je viens de le reporter dans le carnet. J'ai terminé à l'instant.

Piaffant de nervosité, Diane entendit le froissement des pages. Enfin elle obtint la réponse et raccrocha presque au nez de Merchant.

Alors qu'elle composait le numéro, une question resurgit dans l'esprit de Diane : pourquoi Bernard Crampton n'avait-il pas été abattu ? Parce qu'il ne s'agissait pas du véritable mari d'Emma aux yeux de Laura ou pour une autre raison, plus personnelle, voire une simple coïncidence, son déplacement ? Emma avait toujours aimé Gerald, le père décédé de son fils Jake. Était-ce ce qui avait sauvé M. Crampton ?

Plus tard.

Le répondeur des Morgan se déclencha. Criant, Diane débita :

– Répondez. Docteur Diane Silver, FBI. Répondez, à la fin !

Enfin un déclic, la voix endormie de Terence Morgan. Avant qu'il n'ait eu le temps de prononcer un mot, Diane Silver exigea :

– Le nom de la tante de votre femme, celle qui a gardé les enfants Faulk pendant un mois, lorsque Margaret a été opérée d'une tumeur mammaire ?

– Caroline Homer... C'est la sœur de Margaret. Je ne comprends...

Un : « Oh, bordel ! » lui parvint avant que la communication ne soit coupée.

Luttant contre l'affolement, Diane composa ensuite le numéro du portable de Gary. Elle tomba sur la messagerie et laissa un message d'urgence. La voix peu amène de Bard lui répondit après une bonne dizaine de sonneries. Haletant, elle ordonna :

– Mike, appelez Pointer, le Boston PD, surveillance rapprochée du couple Homer, l'oncle et la tante de Claire Morgan. Maintenant. Ils sont en danger. Je me suis plantée depuis le début.

– Vous avez...

– Pas le temps ! On se rejoint à la base. Récupérez Mannschatz. Prévenez le pilote. On part à Boston. Vite ! Et merde, avec ces somnifères, sans oublier trois whiskies tassés, je ne suis même pas sûre d'être capable de conduire !

– Bon, je passe d'abord vous chercher. Pas le temps d'avoir un accident. Dans la foulée, on embarque la chienne chez Mannschatz. Il vous l'a proposé, je crois. Ça fera plaisir à Kim.

– Vous êtes une mère pour moi !

– Faut bien !

Newton, environs de Boston, États-Unis, octobre 2008

Installé dans l'immense salon qui se terminait par une verrière sous laquelle avait été creusée la piscine, Alan Homer feuilletait un magazine consacré aux bateaux de plaisance, en sirotant son cognac.

Un léger choc sourd lui fit lever la tête. Cela devait provenir du jardin. Les chats du voisinage s'y baladaient à la nuit tombée afin d'y régler leurs comptes de félins. Parfois, les échos furieux d'une bagarre leur parvenaient.

Caroline était montée peu avant pour peaufiner, avait-elle expliqué, un compte rendu de conférence historique. Alan se contraignit à l'imaginer, s'énervant contre la lenteur de l'ordinateur, remontant ou descendant ses petites lunettes rectangulaires sur l'arête de son nez. Elle n'était jamais parvenue à s'habituer aux verres progressifs. Il se força à la voir, passant les doigts dans ses beaux cheveux argentés et frisés. Caroline était toujours une très jolie femme, petite, assez menue, d'une force gracieuse. Alan ne s'était jamais lassé de son sourire, de son magnifique regard d'un bleu intense. Il fit un effort pour oublier la légère moiteur abandonnée par la sueur au-dessus de sa lèvre supérieure, juste avant qu'elle ne quitte le salon.

– Bonsoir, mon oncle.

La voix qui résonna dans son dos le fit bondir du canapé.

– Je suis passée par la porte de la buanderie. Vous oubliez toujours de la fermer.

– Laura ? Mais…

– Tout juste. Laura n'est pas morte, manque de chance pour vous. Paul, lui, est mort. Après une interminable agonie. Elle est dans son bureau, l'empoisonneuse de vies ?

Laura s'interrompit. La fureur la gagnait, la crise de sanglots s'annonçait. Il ne fallait pas. Pas ce soir. Ce soir étaient les mots. Les mots définitifs.

– De quoi parles-tu ?

D'une voix vibrante de haine, elle cracha :

– Tu le sais parfaitement bien ! Elle a tué Paul à petit feu. C'est pour cela qu'il a eu cette leucémie. À cause de son venin. Il ne pouvait plus vivre. Elle l'a violé et Claire aussi. Tout le mois où nous étions chez vous. Moi, elle n'a pas osé. J'étais trop vieille. Un jour, la mémoire reviendra à Claire, comme ce fut mon cas.

Alan ordonna d'une voix autoritaire :

– Qu'est-ce que c'est que ces sornettes ? Tu te calmes, maintenant. Pourquoi as-tu fait croire à ton décès ? Tes parents étaient désespérés.

Elle ne parut pas l'entendre et menaça en se penchant vers le sac de sport posé à ses pieds :

– Il faut que la vérité soit exposée. Tout le monde sera au courant. C'est le seul antidote au venin. Deux pervers. Insoupçonnables. Le couple parfait ! Et mes cousins ? Vous leur avez fait subir la même chose ? Eux aussi, vous les avez forcés à oublier, n'est-ce pas ?

Lorsqu'elle se redressa, elle serrait dans la main un Beretta PX4 équipé d'un silencieux et d'une visée laser. Elle se rapprocha de son oncle, sifflant :

– Pervers, assassins !

Une voix éclata depuis la verrière, celle de Gavin Pointer :

– Lâchez votre arme ! Maintenant ! Je n'hésiterai pas à tirer. Laura Faulk, vous êtes en état d'arrestation pour meurtres avec préméditation, enlèvement et séquestration d'enfants.

Le canon de l'arme de Laura se leva, visant son oncle. Elle tourna légèrement la tête vers Pointer, tentant d'évaluer sa position, sa vulnérabilité. Une ombre fondit sur elle et le poing de Mannschatz percuta avec violence son dos, la propulsant à genoux sur le tapis. Pointer fonça et récupéra l'arme qu'elle avait lâchée avant de la menotter. Gary cria en direction de l'escalier de pierre qui menait à l'étage :

– Docteur, Mike, c'est terminé ! Vous pouvez descendre avec Mme Homer.

Suivie de l'historienne livide, la profileuse rejoignit le salon. Son arme toujours à la main, Bard fermait la marche. Diane Silver déclara d'une voix légère :

– Ah… pas de détonations. Nous allons avoir une longue discussion. Pointer, elle n'est pas arrivée à pied à cette heure, et elle n'a pas commis l'erreur de prendre un taxi. Sa voiture doit être garée à proximité. Que vos hommes la retrouvent et la fassent remorquer au Boston PD. Vous me la passez au peigne fin, chaque millimètre carré, avec le contenu du sac de sport. Analyse prioritaire. Aucune contestation ne sera admise. Nous passons avant tout le monde, ou les indices s'envolent pour Quantico dans la demi-heure et tintin pour la déclaration à la presse, conclut-elle, peste.

– Je me fous des médias. C'est pas un péché de vouloir être plus fort que ces tordus, non ? murmura l'enquêteur.

– Sûrement pas, concéda la profileuse, un peu radoucie. Vous m'embarquez ça au quartier général, poursuivit-elle en désignant Laura Faulk d'un geste. Interrogatoire immédiat. Lisez-lui ses droits. Gary, Mike, tenez un peu compagnie à Mme et M. Homer. Vous nous rejoindrez ensuite.

Caroline Homer s'était précipitée vers son mari et regardait sa nièce, un air d'effroi sur le visage. Elle balbutia :

– Laura… mais… Laura, c'est invraisemblable… Quel mal t'avons-nous fait ? Nous, et puis tes parents ?

Laura Faulk lui jeta un long regard haineux, sans répondre.

Quartier général du Boston Police Department,
États-Unis, octobre 2008

Depuis son arrestation, Laura Faulk s'était murée dans le silence. Elle avait obéi avec grande placidité aux ordres des policiers.

Diane lui avait demandé à maintes reprises où se trouvaient les enfants. En vain. Elle glissait sur la personnalité de la femme, ne parvenant pas à définir un angle d'attaque. Laura était intelligente, quoique noyée dans son raisonnement déviant.

Menottée à l'aide de ces liens de plastique ultra-résistants, la cheville entravée au pied de la table scellée au sol, elle souriait, le regard baissé, perdue dans son monde. Diane se fit la réflexion qu'elle avait des cheveux châtains magnifiques et une peau lumineuse qui respirait la santé. Physiquement, depuis la photo d'anorexique prise quelque part au bout du monde, Laura semblait avoir repris le goût de la vie. Et pourtant, la profileuse ne doutait pas de la maladie de son esprit.

– Laura, je sais que vous n'auriez jamais fait de mal à ces enfants. Il faut les rendre à leurs parents.

– Pervers, complices de pervers. Pauvres petits chéris... Ils sont saufs maintenant, protégés. Rien de vilain ne peut plus leur arriver. Plus de venin.

– Il n'y a jamais eu d'inceste. Karina n'a jamais été victime d'inceste, ni Chase, ni vous, ni Claire, ni Paul.

– Si ! hurla soudain Laura en lui jetant un regard fou et en abattant ses mains menottées sur la table. Karina... il y avait du sang dans sa couche... ce pervers l'a forcée. Son père, son père ! Et Claire... Elle n'a jamais voulu savoir non plus, jamais admettre... Le silence... Elle aurait empoisonné Chase par ricochet ! Peut-être que ses autres enfants sont déjà atteints, comme Paul...

Elle fondit en larmes, se couvrant les yeux de ses poings. Elle haleta entre ses sanglots :

– Paul, pauvre petit amour... Il est tombé malade juste après... Il avait peur. Ils lui ont fait croire que rien ne s'était passé... Mais je l'ai vue, cette vipère, cette perverse, je l'ai vue ! Je suis entrée dans sa chambre. Elle était allongée à côté de Paul sur le lit, elle avait soulevé son polo, elle le caressait. Dégueulasse, perverse ! Il m'a fallu des années pour m'en souvenir de nouveau.

– Il avait des crises d'étouffement, Laura. Elle l'apaisait, comme n'importe quelle femme, mère, l'aurait fait.

– C'est faux ! Vous mentez, vous aussi.

– Paul n'a jamais été victime d'abus sexuels, répéta Diane.

– Si ! La preuve. Il s'est fait cette leucémie parce qu'il ne supportait plus le silence, le venin dans sa tête. Je ne vous parlerai plus. Je ne parlerai plus à personne. La mémoire m'est revenue. Je sais.

Encore des trucs de psy à la con !

Diane Silver laissa échapper un soupir consterné : elle n'avait plus aucun doute. Le syndrome de la fausse mémoire. Les faux souvenirs induits, en général par un thérapeute, ou prétendu tel, qui s'appuyait sur de vagues sensations de l'enfance[1]. La glissade, la recomposition commençait. Une nuit l'enfant avait fait pipi dans son pantalon de pyjama. Il s'en était beaucoup voulu. Pourquoi ? Cette coulée tiède n'était-elle pas plutôt celle du sperme de son père abandonnant son lit après un acte impardonnable ? Sa mère lui avait nettoyé le sexe à l'huile d'amande douce parce qu'il était irrité. Il s'agissait, à l'évidence, d'un attouchement malsain déguisé en soin. Une réécriture redoutable, si convaincante. D'autant plus dangereuse qu'elle jetait le doute sur d'autres incestes, bien réels, ceux-là.

Les récentes découvertes sur la mémoire expliquaient encore mieux le processus. Nous possédons différents types de mémoires[2], dont une dite autobiographique, résultante des mémoires sémantique et épisodique, qui concerne notre passé et définit notre identité. Elle peut renfermer de faux souvenirs, auxquels nous croyons dur comme fer[3]. Ils peuvent être plus beaux, plus valorisants que nos souvenirs authentiques et nous aider à vivre : ce sont nos légendes. Il peut également s'agir de ce que l'on nomme les souvenirs-écrans, des inventions inconscientes, sorte de pare-feu qui protège en partie notre cerveau d'autres souvenirs destructeurs, parfaitement véridiques ceux-là. Enfin, une tierce personne peut avoir semé les germes d'un nouveau principe de cohérence en se servant de bribes de souvenirs épars, émotionnels et sensuels – les plus convaincants pour nous –, les manipulant au point qu'ils finissent par signifier tout autre chose. Dans ce dernier cas, la réelle conviction d'un « thérapeute » s'était ajoutée à un terrain psychologique

1. Il s'agit de l'une des préoccupations de la future loi qui devrait, entre autres, réglementer en France la profession de psychothérapeute.

2. La mémoire à court terme (qui ne stocke les informations que peu de temps) et la mémoire à long terme qui se subdivise en mémoire épisodique, mémoire sémantique, mémoire procédurale, mémoire perceptive.

3. Selon certaines études, un tiers des gens se seraient créé de faux souvenirs auxquels ils croient en toute sincérité.

précaire tel celui de Laura, et une fausse mémoire autobiographique s'était créée, refoulant, gommant la véritable. Certains professent que toutes nos maladies graves, dont le cancer, naissent d'un abus sexuel refoulé dans l'enfance qu'il faut exprimer haut et clair, en désignant les véritables responsables, et nient du même coup la biologie cellulaire.

Chaque jour de notre vie, des cellules dérapent, qui pourraient devenir cancéreuses si nos multiples lignes de défense ne les détruisaient pas aussitôt.

Laura n'avait jamais admis le décès de Paul. Il lui fallait un coupable.

Une peine soudaine envahit Diane. Pas pour Laura. Laura n'était pas une victime à ses yeux. Plutôt pour ce stupéfiant agencement qu'est le cerveau humain, d'une infinie puissance et pourtant si vulnérable parfois, si déformable, au point de devenir complètement dysfonctionnel.

– Laura, où se trouvent les enfants ?

Un sourire, un petit mouvement de tête. Diane n'en obtint plus rien durant le quart d'heure qui suivit.

Deux policiers conduisirent ensuite Laura dans une cellule temporaire.

Après son départ, Gavin Pointer lâcha un long soupir, dans lequel se mêlaient fatigue et inquiétude.

– On retrouve les gosses comment ? Je ne peux pas lui coller des baffes ou lui injecter du sérum de vérité.

– Dommage, commenta Diane, et il se demanda si elle était sérieuse.

Elle poursuivit, désagréable :

– Eh bien, c'est maintenant que vous me prouvez à quel point vos labos du Boston PD sont excellents. Je dors à l'Holiday Inn du centre-ville, dans Blossom Street. Je veux des résultats demain. Des résultats utilisables ! Je me fous que vos techniciens y passent la nuit.

– Oh, ça, j'en doute pas ! Vous agissez avec tout le monde de la sorte ou c'est un traitement spécial que vous me réservez ?

– Pourquoi, Pointer ? Vous pensez que vous méritez un traitement spécial ? (Elle marqua une pause, puis balança, mauvaise :) Et puis non, ramenez-moi cette tordue. Maintenant. La compréhension, la compassion n'ont pas fonctionné ? On passe à l'artillerie lourde.

– Écoutez, je pense qu'elle n'est pas dans son état normal et…

– Pauvre puce. Moi, ça fait douze ans que je ne suis pas dans mon état normal. Pourtant, je ne taillade pas de femmes. (Se parlant à haute voix, elle poursuivit :) Même si un thérapeute a fini par la convaincre que son frère et sans doute sa petite sœur avaient été victimes d'inceste de la part de leur tante, que le petit Paul en était mort, qu'il fallait verbaliser l'accusation devant la, les coupables, je doute fort qu'il l'ait encouragée à tuer. Ça vient d'elle. C'est une tueuse, même si elle est malade. Ramenez-la-moi.

Laura Faulk s'était réinstallée avec beaucoup de bonne volonté, maintenant ce petit sourire affligé qui donnait envie à Diane de la gifler. Une mauvaise tactique. La profileuse étala devant elle, avec calme, les photos de scènes de crime de toutes ses victimes, des visages de pulpe sanglante, des corps lacérés.

– Vous avez massacré toutes ces femmes qui n'avaient rien à voir avec Paul ou vous, ou votre famille. Ma conviction est que vous êtes une tueuse de la pire espèce qui se cherche des justifications. C'est du reste ce que j'expliquerai au jury. Non, Laura Faulk, vous n'êtes pas un ange vengeur. Vous êtes une simple tordue ! Une psychopathe qui se cherche des prétextes. C'est classique chez les sujets de votre genre.

Le doigt de Laura se posa sur la photo d'Emma Crampton.

– Elle. Elle était gentille. Je l'aimais bien. Elle avait eu tellement de soucis avec son fils Jake. Elle avait souffert. L'homme de sa vie était mort. J'ai cru qu'elle allait comprendre. Lorsque la mémoire m'est revenue, il y a un peu plus de trois ans, je l'ai appelée. Je lui ai expliqué. Elle m'a envoyée sur les roses, en me disant que j'étais dingue, que je racontais n'importe quoi, que je devrais avoir honte de moi. Complice de pervers, elle aussi.

– Laura, il n'y a ni complice ni pervers. Vous êtes… une tueuse…

– Vous ne comprenez rien. C'est lassant. Vous ne dites rien d'important. Vous ne savez pas, alors taisez-vous. J'ai cru, espéré, que vous seriez moins bête… j'ai eu tort. Je ne vous adresserai plus la parole. Vous êtes trop bornée.

Boston, États-Unis, octobre 2008

La sonnerie aigre du téléphone tira Diane d'un demi-sommeil. Elle n'avait pas pris de somnifère, dans l'éventualité où quelqu'un la réveillerait.

– Docteur Silver, c'est le réceptionniste. Je suis désolé, j'ai tout fait pour le dissuader, mais il a tiré son badge du Boston PD.

Certaine qu'il s'agissait de Gavin Pointer, Diane proposa d'une voix cotonneuse :

– Qu'il monte dans cinq minutes. Faites envoyer une soupière de café très fort.

La psychiatre se leva, ramassa les mignonnettes de vodka et de whisky, qu'elle avait bues quelques heures plus tôt à même le goulot, pour les balancer dans la corbeille de la salle de bains. Elle se passa de l'eau glacée sur le visage, se brossa les dents à la va-vite et s'arrosa d'une généreuse dose de déodorant avant de sauter dans ses vêtements de la veille. La douche serait pour plus tard.

Gavin Pointer frappa à la porte de sa chambre. Il annonça :

– Le café arrive. J'ai fait ajouter quelques toasts. Toujours se remplir l'estomac dès que l'occasion se présente. On ne sait pas quand surgira une nouvelle opportunité.

– Vous auriez dû être girl-scout, Pointer.

– Je viens d'une famille de femmes. Une mère et trois sœurs. Je sais même recoudre un bouton.

– J'y penserai pour mes chemises. C'est gentil.

Étrangement, et alors qu'il l'avait insupportée lors de leur première rencontre en jouant au grand flic propriétaire de son enquête, elle finissait par le trouver presque sympathique.

– Vos deux agents, Mike et Gary, sont au quartier général.

– Déjà ?

– Ben, ils ont dormi là-bas. On a quelques chambres, enfin, des piaules, plutôt. Vu le nombre de nuits qu'on y passe.

Un coup frappé à la porte. Pointer récupéra le petit chariot sans même remercier le garçon du service d'étage.

– Hum. Je suppose que vous avez des résultats pour moi.

– Plus tard. On petit-déjeune et on fonce. D'ailleurs, j'ai promis de rien vous communiquer.

– Pardon ?

– Ouais. Le directeur de nos labos, le Dr Anthony Bianci, n'est pas fâché de vous river le clou. Vous avez ébouriffé les plumes de quelques-uns de ses techniciens en leur balançant l'excellence de Quantico à la figure. On est très bons aussi, vous savez. Ni sucre, ni lait, je suppose ? demanda-t-il en servant le café.

– Vous plaisantez ? Deux sucres. (Elle hocha la tête d'un air désolé et acheva :) Je crois bien que votre directeur de labo et moi n'allons pas nous aimer. Dommage.

Pointer soupira et déclara, sérieux :

– Vous prenez un peu les gens à rebrousse-poil, docteur.

– Merci de cette contribution avisée au sujet de mes carences relationnelles. Le problème, voyez-vous, c'est que les préséances de cour de récréation, j'ai passé l'âge.

Le silence s'était installé entre eux, dans la voiture de service qui les menait au quartier général du Boston PD. L'aube se levait sur la ville, et la circulation était encore à peu près fluide. Le visage tourné vers la vitre, Diane détaillait les immeubles de brique rouge, flanqués de leurs échelles d'incendie rouillées qui servaient surtout de balcon et de jardinet aux occupants, les rues étroites, pour certaines encore pavées. Une très jolie ville, au charme européen. La ville préférée de Nathan, après Paris. Ne pas penser à Nathan pour l'instant.

Un conflit, éventuellement âpre, avec le fameux Anthony Bianci ne la gênait pas. Il ne fallait cependant pas qu'il la retarde. Il aurait aussi pu l'amuser, mais le temps lui faisait défaut. Elle se décida donc en faveur d'une neutralité polie, sauf si l'autre lui marchait sur les pieds.

Elle ne s'attendait pas du tout à découvrir un monsieur très soigné, jusqu'au brushing impeccable qui sculptait sa chevelure blanche, aux mains manucurées – une petite élégance que les hommes ont perdue, la jugeant trop féminine –, aux lunettes cerclées de métal. Il se leva lorsqu'elle pénétra dans une vaste salle de réunion où Mannschatz et Bard étaient déjà installés, et avança à sa rencontre, mains tendues. Un sourire amusé et sans agressivité aux lèvres, il se présenta et déclara d'une voix courtoise :

– Je suis honoré, chère docteur Silver. Bien sûr, nous connaissons tous votre excellence, et vous rencontrer me remplit d'aise. Surtout, ne m'en veuillez pas pour ce petit enfantillage. Toutefois, deux ou trois de mes techniciens et ingénieurs souhaitent vous prouver leur valeur. (Ses mains fines s'envolèrent et il ajouta en pouffant :) Ah, les ego, les ego ! Mais bon… Étant entendu ce qu'ils sont payés dans les labos publics, il leur faut de petites gratifications par ailleurs. C'est humain.

Diane sourit, un vrai sourire, et approuva :

– Lorsque, le cas échéant, on ne se gêne pas pour dire aux gens qu'ils se foutent du monde, il convient de ne pas oublier de les complimenter s'ils font du bon travail.

– Tout à fait ! Et je pense que nous allons avoir droit à vos compliments, se réjouit-il. Nous sommes en train de terminer l'inventaire de tous les ADN retrouvés dans la voiture, certains humains, d'autres animaux. Nous allons comparer ceux d'origine humaine à ceux des deux enfants. Toutefois, si j'ai bien compris, votre priorité est de savoir d'où vient le véhicule, lequel est immatriculé dans le Massachusetts, au nom d'un certain James Madison. Une enquête à son sujet est d'ores et déjà en cours, et il semble qu'il ait déclaré le vol du véhicule il y a plusieurs semaines. En dépit du bonheur que j'aurais à vous raconter toutes nos petites trouvailles de la nuit, je n'ignore pas que le temps vous est compté. (Son élégant visage s'assombrit et il murmura :) Ah, mon Dieu… dès qu'il s'agit d'enfants… Affreux, affreux… (Retrouvant de sa jovialité, il poursuivit :) Je passe les résultats qui ne peuvent pas vous aider… Oui, nous avons retrouvé de la silice, de la poussière argileuse, des squelettes d'acariens, toute la panoplie classique. Mais, mais…

Il tira du mince dossier beige posé devant lui sur la grande table ovale une feuille de papier qu'il brandit d'un geste victorieux et qu'il tendit à Diane.

La profileuse examina le dessin du végétal de modeste allure, terminé de petites fleurs blanches, et s'enquit :

– Une fleur ?

– Non, non, non… enfin si, mais pas n'importe quelle fleur. *Diapensia lapponica* ! Rien de moins ! souligna-t-il, conquérant. Nous nous sommes focalisés là-dessus et nous sommes formels, grâce à l'ADN. Il existe des banques de données en végétal d'une éblouissante richesse.

– Et ? le poussa Diane.

– Il s'agit d'un végétal qui pousse dans les régions arctiques, sur des rochers ventés, ce qui les protège des accumulations de neige. Toutefois, on le retrouve également au nord de l'Écosse, en Scandinavie… ET au nord-est des États-Unis. Jolie présence répertoriée à Saddleback Mountain, sur le mont Washington, le Katahdin, qui se trouve dans le parc national Baxter, bref dans le Maine. Vous ne trouverez jamais *Diapensia lapponica* dans la région de Boston, ma chère.

Un court silence s'installa, que Diane rompit :

– De fait, vous êtes excellents, commenta-t-elle d'une voix douce. Dites-le de ma part, je vous prie, aux techniciens que mon manque de diplomatie aurait pu blesser. Revers de la médaille, si un jour les labos de Quantico étaient débordés, je leur expédie nos échantillons.

Le Dr Bianci se leva et se précipita pour lui serrer les mains en s'exclamant :

– Oh, j'en connais qui vont ronronner de satisfaction ! Bien, si vous n'avez plus besoin de moi…

– Merci mille fois, docteur. Vous nous êtes d'une aide très précieuse.

Lorsque le directeur des labos eut refermé la porte de la salle de réunion derrière lui, Gavin Pointer se sentit obligé de préciser :

– Il est gay. Je ne commets pas d'indiscrétion. Il est sorti du placard voilà bien longtemps.

– Et ? demanda Diane, d'un ton plat.

– Ben… Euh… Je…

– Vous m'auriez appris qu'il était débile léger, toxicomane ou alcoolique lourd, je me serais inquiétée pour la fiabilité de ses résultats. Là, je ne vois pas trop l'intérêt de cette précision… D'autant que je n'avais pas l'intention de l'épouser.

Pointer baissa le nez, gêné, et Bard réprima un sourire. Mannschatz, que l'insolence cinglante de la psychiatre réjouissait toujours autant, intervint :

– En tout cas, ça réduit considérablement le volume de la meule de foin, cette… chose-machin. Faut que je note le nom. Ça intéressera Kim. C'est une vraie passionnée de botanique, elle touche un max, précisa-t-il d'un ton vibrant d'admiration. Il s'agit donc bien d'une communauté installée dans le Maine. Mike et moi, on reprend tout de zéro. Katahdin… c'est pas très loin de Millinocket, ça ?

– Une cinquantaine de bornes, à peine, renchérit Bard.

– Il y avait une sorte de secte à proximité ? demanda Gary à son partenaire.

– Ouais, mais j'ai des doutes. Il s'agissait d'un truc christique – pas le genre dangereux, juste illuminé – qui pense que le Christ est un extraterrestre et que le Deuxième Avènement surviendra quand Sa soucoupe volante se posera à nouveau sur Terre, à Millinocket, justement. On va téléphoner à toutes les forces locales de police. Même si cette communauté n'est pas répertoriée dans les sectes « sensibles » par la NSA[1], les gens du coin savent toujours qui vit sur leur territoire et comment.

– Faut juste espérer que ça ne prenne pas un temps fou, remarqua Gary. Mais maintenant, je sais qu'on va y arriver.

– On peut vous aider, proposa Pointer.

– Géant, commenta Mannschatz. Ça va être un travail de fourmis et on ne veut surtout pas affoler les populations. On prend les bleds qui vont de *a* à *l* et vous vous chargez du reste de l'alphabet ?

– Ça marche, approuva Gavin Pointer.

Gary se tourna vers Diane, embarrassé d'avoir usurpé le rôle de chef :

– Euh, docteur, j'ai peut-être été hâtif. Enfin, ça vous va ?

– Bien sûr. J'accueille bras grands ouverts toutes les bonnes volontés. Le seul impératif est de retrouver les enfants, vivants. Donc, une fois que la communauté est localisée, on ne fait rien sans concertation, sans un plan très précis. Si les dommages collatéraux touchent des adultes de

1. National Security Agency, « Agence de sécurité nationale ».

la secte, tant pis. Pas les enfants, à aucun prix. Suis-je bien claire ?

Tous opinèrent.

– On rentre à Quantico ? intervint Bard.

– Au plus vite, confirma Diane Silver. Ma chienne me manque, même si elle est entre d'excellentes mains. D'ailleurs, ça m'inquiète un peu. Si ça se trouve, elle ne m'a pas regrettée.

Le commentaire lui valut un sourire approbateur et satisfait de la part de Mannschatz.

Lorsque les trois fédéraux furent partis, Pointer resta un moment dans la salle de réunion. Il s'en voulait et il n'aimait pas cela. Gavin Pointer s'était toujours appliqué à être le meilleur. Il ne s'agissait pas de vanité. Plutôt d'une envie de justifier sa vie. Il venait de la zone, son père s'était volatilisé alors que sa mère était enceinte de lui. Alors qu'il sentait qu'il allait mal tourner, il avait décidé de s'en sortir et de faire quelque chose dont lui et sa mère pourraient être fiers. Flic, ça ne demandait pas de trop longues études. Toutefois, il y avait flic et flic, et lui allait devenir un de ceux qu'on citait en exemple. Il n'avait jusque-là pas ménagé sa peine. Aujourd'hui, il n'était pas content de lui. Du tout. Il avait d'abord cru que les trois agents du FBI, si on comptait la profileuse, voulaient lui piquer son affaire, triompher à sa place. D'accord : il n'avait pas vraiment la possibilité de la ramener puisque, de fait, il s'agissait de crimes fédéraux et qu'il aurait dû faire suivre le dossier à Quantico dès que le deuxième meurtre de couple avait eu lieu. Il s'était absous en songeant que tous avaient été commis dans le Massachusetts. Au-delà de cette grave entorse à la procédure, Pointer admettait qu'il s'était planté. Ces deux agents et cette psychiatre ne cherchaient pas à tirer la couverture à eux. Ils se trouvaient sur une autre planète. Celle que Pointer aspirait à rejoindre. Une planète de mutants qui n'avaient rien à foutre de la gloire ou du fric, qui luttaient juste pour défendre un peu de lumière. Sa mère, décédée deux ans auparavant, appelait ces gens-là les « belles personnes ». Pointer voulait plus que tout devenir une « belle personne ». Certes, cette Diane Silver avait un caractère de chiottes et elle ne fournissait aucun effort pour qu'on l'apprécie. Toutefois, Pointer venait de comprendre un aspect fondamental : elle n'en avait rien à faire parce qu'elle était la meilleure dans son domaine, qu'elle était puissante. Elle n'avait pas besoin que les autres le lui répètent, parce qu'elle le savait, et que son but était plus important à ses yeux que tout le reste. Et son but était de protéger ceux qui n'avaient pas les moyens de se défendre, comme ces gosses. Gavin Pointer en vint à une conclusion assez déplaisante mais terriblement honnête qui le soulagea. Il avait un ego de petit mec, un ego pourri. Il avait cherché toute sa vie la bénédiction des autres. Cependant, elle est toujours insuffisante. Au fond, il voulait être comme Diane Silver, sans changement de sexe, et le charme en plus. Il voulait devenir assez puissant pour ne plus jamais avoir besoin d'en faire une tonne, pour se passer de l'approbation des autres. Lui, avec lui comme seul juge. Et il ne se ferait pas de cadeau.

Ça commençait maintenant. Ne jamais chercher la raison de ses échecs chez les autres. Toujours fouiller en soi-même : elle est là, quelque part. Être généreux. C'est la preuve qu'on est fort et qu'on ne craint personne. Comme Diane Silver.

Il sélectionna un numéro dans le répertoire de son portable :

– McDermid.

– Katherine ? Gavin Pointer. Écoute… tu m'as filé un bon coup de main sur cette scène, celle d'Emma Crampton. J'ai eu le sentiment que ça te tenait à cœur. Euh… c'est un compliment. Faut s'impliquer. Je me suis dit que ça t'intéresserait d'être briefée sur nos avancées avec le FBI, le

Dr Silver. On pourrait boire un café, ou manger un truc ensemble, je sais pas…

La réponse, au-delà de l'enthousiasme, ne tarda pas :

– Ah oui… Ça c'est super sympa… Vraiment super sympa… Quand tu veux… Maintenant, à midi… Ça me touche. Euh… j'apprécie vachement.

– Bon, on dit midi dans le hall. On ira bouffer une pizza ou un kebab. Là, j'ai des trucs à expédier.

– Ouais, génial. Surtout, si tu as besoin d'un coup de main, n'hésite pas. Entre les patrouilles, j'ai pas grand-chose à faire.

– Ta proposition tombe à pic. Un boulot bien barbant, genre passer des coups de téléphone les uns derrière les autres à toutes les forces de police du Maine pour aider les gars du FBI, ça te branche ? Il s'agit de localiser, discrètement, une secte ou une communauté. Faut pas affoler les locaux, d'accord ? La dernière chose qu'on souhaite, c'est qu'un gars du coin veuille jouer à Tarzan, qu'il les inquiète et que les autres déménagent les enfants.

– Bien sûr, je vois, répondit McDermid d'un ton intense. Super. Super génial. Là, je te suis reconnaissante, Pointer. En plus, j'ai un bon contact avec les gens. Ouais, je m'y colle entre les patrouilles. Vraiment, j'apprécie. Et donc, on collabore avec le FBI ?

Pointer réprima un sourire. Elle était assez touchante, fière de participer à une enquête fédérale.

– Ouais. Ils prennent le début de l'alphabet. Nous la fin. Écoute, je t'expliquerai mieux tout à l'heure, là, j'ai pas trop le temps.

Ils avaient finalement opté pour le petit restaurant qui proposait de gigantesques salades de homard ou de crabe, Gavin Pointer ayant souligné qu'engouffrer cinq fois par semaine de prétendues pizzas qui se résumaient à une énorme couche de fromage cuit bas de gamme, coloré d'une pellicule de sauce tomate, le tout sur un épais socle de pâte blanchâtre et molle, lui vaudrait un jour une impitoyable revanche de ses artères.

Ils s'installèrent sur le muret qui délimitait une langue de gazon plantée d'arbrisseaux assez robustes pour résister aux gaz d'échappement. Katherine McDermid réitéra ses remerciements à Pointer. Elle n'était pas sortie de l'école de police depuis très longtemps, mais son rêve était d'intégrer un jour la brigade des homicides. Participer à une enquête fédérale, même de loin, même si son rôle se limitait à passer des coups de téléphone, l'enthousiasmait.

Gavin Pointer lui relata les derniers éléments en insistant sur leur côté confidentiel. Elle l'écoutait avec une attention de bonne élève désireuse de décrocher un « A + ». Elle résuma :

– D'accord, donc, cette… chose…

– *Diapensia lapponica.*

– C'est ça, *Diapensia*, retrouvée dans la voiture de la tueuse-ravisseuse, ne pousse qu'au nord-est des États-Unis, enfin, en ce qui nous concerne.

– Juste, le Dr Bianci a précisé qu'elle était fréquente à Saddleback Mountain, bon, ça c'est à Rangeley, dans le comté de Franklin, sur le mont Katahdin, toujours dans le Maine, et sur le mont Washington…

– Le New Hampshire, dans ce dernier cas.

– Voilà, approuva Gavin Pointer. S'ajoute à cela que le FBI semble penser qu'il faut d'abord se concentrer sur le Maine.

– De *l* à *z*, ça veut dire qu'on se charge aussi du *l*, enfin, je veux dire inclus ?

– Euh… je ne sais pas.

– Non, parce que j'ai déjà commencé le débroussaillage à l'aide d'une carte, précisa McDermid en plongeant vers son sac posé à ses pieds.

Terminant sa Budweiser, Pointer remarqua qu'il s'agissait d'un très joli sac à main, classique et chic, qu'elle avait dû payer cher. Ou peut-être était-ce un cadeau. Il songea à cet instant qu'il ne savait même pas si elle était mariée ou si elle vivait avec quelqu'un.

Elle extirpa une feuille pliée avec soin et expliqua :

– J'ai fait la liste de toutes les forces de police, en commençant par les bleds en *m*. Je vais rajouter les coins en *l*, à toutes fins utiles. Ce soir, ma dernière patrouille se termine à seize heures et après, je n'ai pas grand-chose à faire, donc je peux m'y coller.

Pointer avait sa réponse : elle était probablement célibataire. Il réprima un sourire : si l'État du Massachusetts devait payer toutes les heures supplémentaires, notamment celles des célibataires ou des divorcés, il parviendrait sans doute au bord de la faillite.

Ils se quittèrent peu après avoir religieusement jeté leurs couverts et récipients en plastique et les cannettes de leurs boissons dans une poubelle municipale, McDermid rejoignant son affectation de quartier.

La sonnerie du portable de Gavin Pointer se déclencha au moment où il s'apprêtait à rentrer en coup de vent chez lui afin de prendre une bonne douche et de changer de chemise, avant de rejoindre McDermid au poste de Washington Street.

La voix précipitée de Katherine se déversa :

– Écoute, Gavin, je sais pas… euh… un truc m'est revenu… Quand j'ai inclus le *l* au cas où. Du coup, j'ai cherché dans les procès-verbaux…

– C'est pas trop clair, jusque-là, l'interrompit Pointer.

– Pardon… Donc, si j'inclus le *l*, il y a Lincoln, Maine. C'est pas très loin de Millinocket et du mont Katahdin.

– Ouais ? la pressa Pointer, parce qu'il venait de flairer la piste.

– Ce gars, un certain Steve Baldwin, est passé au poste il y a quelques mois. Attends, j'ai le procès-verbal sous les yeux, c'était le 29 mai 2008, exactement. Je m'en souviens parce qu'on était de garde à la réception avec Simmons, mon binôme. Tu connais Ted, désolée, mais il n'en a rien à foutre de rien, à part de ses magazines de pêche. Donc, ce gars, Baldwin, voulait porter plainte parce que sa petite sœur venait de se suicider – elle s'est pendue. Selon lui, c'était le résultat du bourrage de crâne dont elle avait été victime dans une communauté, non loin de Lincoln, Maine.

– Attends, ça peut être une coïncidence, observa Pointer dont pourtant la voix trahissait l'excitation.

– Non, triompha Katherine McDermid. Parce qu'elle l'avait accusé d'inceste. Lui, Baldwin. Le type était défait. Il affirmait que cette communauté pratiquait une sorte de thérapie à la con. Tu connais Simmons, ça l'emmerdait, il a fait « oui oui » et il a classé sans suite. La fille était majeure et il aurait fallu qu'il se bouge le cul et qu'il contacte les collègues du Maine. Je les ai pas appelés parce que je voulais d'abord ton avis.

– Tu as eu raison. T'as les coordonnées de ce Baldwin ?

– Ouais.

– Tu peux le contacter ? Qu'il rapplique au plus vite. Je veux lui parler.

– Si tu veux, je peux…

Il comprit qu'elle craignait d'abuser, de se faire jeter.

– Je pense que ce serait bien que tu participes à la rencontre. D'abord, une femme c'est toujours un atout, ça rassure les témoins, et ensuite, tu le connais déjà.

– Géant, je te remercie. Je l'appelle et je te tiens au courant.

Steve Baldwin était déjà installé dans la minuscule salle de réunion du poste de Washington Street lorsque Pointer entra. L'air tendu, il buvait un café en compagnie de McDermid. Assez désagréable, il balança à l'enquêteur :

– Ça fait plus de six mois que je suis venu. Personne ne m'a pris au sérieux. Ma jeune sœur est morte en me détestant. Elle m'a injurié, a sorti des horreurs. Elle est morte en les croyant. Je n'arrête pas d'y penser.

L'enquêteur détailla le grand homme, qui paraissait dans la bonne trentaine d'années, très brun, dont les joues s'ombraient d'une barbe de deux jours.

– Je suis désolé, monsieur Baldwin. Nous ne vous avons pas oublié. La preuve, à la première occasion, l'officier McDermid s'est souvenu de votre histoire. Les flics ont la mémoire longue. Simplement, le certificat de décès de votre sœur stipule « mort par suicide », elle était majeure et nous n'avions aucune raison d'intervenir. Je vous rappelle qu'elle a laissé une note que vient de nous transmettre la police de Lincoln, dans laquelle elle vous accuse formellement d'inceste répété sur sa personne, et vous désigne comme le responsable de son geste désespéré. Estimez-vous heureux, vous auriez pu être poursuivi. Selon moi, ils, les gens de la secte, ont laissé tomber parce qu'ils craignaient trop d'intérêt de la part de la police.

Tapant du poing sur son genou, Baldwin éructa :

– C'est faux, mais c'est faux ! Je… je ne comprends pas comment… Qui lui a mis un tel truc dégueulasse dans la tête !

– C'est pour cela que vous êtes ici. Il s'agit d'une enquête fédérale. Nous pensons que votre sœur n'est pas une victime isolée. Racontez-nous tout, s'il vous plaît.

Katherine posa une main compatissante sur l'avant-bras de l'homme, ajoutant :

– Nous sommes désolés pour votre perte, vraiment. Nous pensons que vous pouvez aider d'autres gens. Bien sûr, ça ne remplacera pas Naomie.

– Non, ça la remplacera pas. Toutefois, si ça peut aider d'autres gens fragiles, les empêcher de tomber dans les pattes de ces… J'ai… j'avais quatorze ans de plus que ma sœur. J'ai trente-six ans. Nos parents sont morts à un an d'intervalle, il y a quinze ans. Naomie avait donc à peine sept ans. Je me suis retrouvé tuteur. Ça a été un choc épouvantable pour elle, c'était encore le bébé à maman. Pour moi aussi, mais il fallait que je m'occupe de ma sœur et des biens. Je ne sais pas... J'ai le sentiment, comme ça, que tout s'est toujours à peu près bien passé. Naomie était assez timide, effacée... mélancolique. Les années ont passé. Alors qu'elle était très solitaire, j'ai eu le sentiment qu'elle commençait à se faire des copains... Elle avait l'air plus vivante, plus dynamique. J'étais content. Jusqu'au jour où elle est devenue extrêmement agressive avec moi. Je ne comprenais pas. Un soir, elle a fait une crise effroyable. Elle m'a accusé de l'avoir abusée sexuellement, du vivant de nos parents. J'étais assommé.

Il cria soudain :

– C'est faux ! Je n'ai jamais eu le moindre geste déplacé envers ma sœur... Bordel, ça m'aurait fait vomir. J'ai hurlé... Il n'y avait rien à faire. Je ne l'avais jamais vue ainsi. Rageuse, accusatrice, formelle dans son délire. Du délire, vous entendez !

Il passa la langue sur ses lèvres sèches et Katherine proposa :

– Un verre d'eau, monsieur Baldwin ? *A priori*, on vous croit. Bien sûr, on vérifiera, nous sommes flics, donc méfiants. Mais, *a priori*, on vous croit.

– Non, ça va, je vous remercie. Je vous remercie vraiment de m'écouter. Ça fait des mois que j'attends ça.

– Que s'est-il passé ensuite, monsieur Baldwin ? l'encouragea Pointer d'un ton doux.

– Deux jours après cette scène affreuse, elle avait quitté la maison, sans aucune explication. Elle m'a fait savoir par avocat interposé qu'elle voulait récupérer sa part d'héritage. C'était son droit le plus absolu, je ne m'y suis pas opposé. Pourtant, j'étais très inquiet. J'ai fait appel à un détective. Je pourrai vous donner ses coordonnées. Ce type a mené une enquête plutôt sérieuse. C'est ainsi que j'ai appris que Naomie avait rejoint une communauté dans le Maine, à la sortie de Lincoln, dont le… gourou était une sorte de thérapeute à la noix, un certain James Madison.

– Qui ? s'exclama Pointer, ce qui lui valut un regard surpris de McDermid.

– James Madison. Il a un cabinet à Boston, dans Beacon Hill. Je ne sais pas comment ma sœur est tombée entre ses pattes. Mais c'est lui le responsable de sa mort.

Jugulant son excitation, Gavin Pointer demanda d'une voix plate :

– Vous avez rencontré ce James Madison ?

– Non, j'ai essayé, je me suis fait jeter. Je suis monté dans le Maine. J'ai fait un scandale. Je les ai menacés. Ils s'en foutaient. Le pire, c'est que la loi est de leur côté. On ne peut rien faire. Tout ce que je suis parvenu à obtenir, c'est de rencontrer une certaine Emily Mercer, une adepte, gourou elle-même. Un mur, tout sourire. Vous sentez que tout ce que vous pouvez dire glisse sur elle. Je me suis énervé… j'ai failli la frapper. Elle était convaincue d'œuvrer pour le bien. Elle m'a balancé d'un petit ton supérieur : « Votre sœur a beaucoup souffert par votre faute. Elle est en paix maintenant, à l'abri. » Ensuite, elle a déclaré qu'elle porterait plainte si je continuais à les harceler. Six mois plus tard, j'ai appris que Naomie s'était suicidée. Je l'avoue, j'ai eu envie de les descendre, cette Mercer et ce Madison. Naomie était… enfin, c'était un petit oiseau… Elle n'était pas de taille à résister à un lavage de cerveau, surtout s'il se parait des allures de la tendresse.

Steve Baldwin fondit en larmes, des larmes d'homme, celles qui ont du mal à couler et produisent un bruit étrange évoquant une quinte de toux. Katherine hésita. Elle agrippa sa main et la serra entre les siennes. Pointer songea qu'il commençait à apprendre lorsqu'il s'entendit dire, en toute sincérité :

– Steve, je suis de tout cœur avec vous. J'ai trois sœurs que j'adore et si on leur faisait du mal, j'aurais aussi des démangeaisons dans le holster. Ne vous inquiétez pas. On va les coincer, le FBI et nous. Nous avons déjà arrêté Laura Faulk, votre Emily Mercer. Il ne nous manque que James Madison. Continuez, je vous en prie.

Steve Baldwin s'essuya les yeux et le nez d'un revers de main et poursuivit d'un ton heurté :

– Je n'ai même pas pu récupérer le corps. Elle avait écrit qu'elle s'en remettait à eux pour les funérailles. J'étais... j'étais écartelé entre la haine et le chagrin. Je me suis mis en tête que... enfin, un truc débile... que j'allais au moins leur pourrir la vie. J'ai commencé à la suivre, Emily Mercer... enfin, celle que vous appelez Laura Faulk. Elle était le plus souvent là-bas, dans le Maine, elle jouait sa suppléante. Toutefois, elle venait parfois à Boston. Je lui ai collé aux talons durant des jours. Dans les stations-service, les magasins, les supermarchés. Elle m'a fait jeter dehors à plusieurs reprises en prétendant que je la harcelais sexuellement. Il y avait toujours un gosse avec elle, pas nécessairement le même. J'espérais... Je ne sais pas trop ce que j'espérais, parce qu'elle n'en avait rien à foutre. Elle se sentait la plus forte et elle avait raison. Je ne pouvais rien puisque les flics s'en contrefichaient. Si, la tuer... À part ça...

Une soudaine impulsion saisit Pointer, qui se rua sur l'ordinateur de la petite salle de réunion. Il entra son mot de passe. Quelques touches sur le clavier. Les photos souriantes des victimes de Laura Faulk s'affichèrent. Se tournant vers Baldwin, il demanda :

– L'une de ces femmes vous rappelle quelque chose ?

Baldwin le rejoignit et se pencha vers l'écran. Il examina les clichés et pointa de l'index Eve Damont.

– Oui, celle-là... Dans un supermarché bio. Elle a cru que je n'étais pas net. Peut-être qu'elle a pensé que j'étais un voleur ou un truc de ce genre. Je pistais Mercer. Un petit garçon l'accompagnait. Si ça se trouve, ils lui ont aussi fait gober qu'il avait été violé par ses parents.

Steve Baldwin localisa ensuite de façon très précise la communauté, située à la sortie nord de Lincoln. Avant de partir, il remercia Pointer et McDermid avec un soulagement intimidé. Incertain, un peu gêné, il demanda à McDermid :

– Vous croyez que… enfin… de là où Naomie est… ?

– De là où elle est, elle sait maintenant que ses accusations sont fausses. On vous tient au courant, Steve. D'ailleurs, on aura sans doute besoin de votre témoignage.

– Ouais… J'attends ça avec impatience. Qu'il paie pour le mal qu'il a fait. Qu'ils paient tous les deux !

– On doit appeler le FBI. S'il vous plaît, pas un mot de notre entretien.

– Oh, vous pouvez compter sur moi. J'attends de vos nouvelles. Naomie doit reposer en paix.

La voix lente, grave, sans emphase, leur parvint de Virginie, Quantico :

– Bravo ! Vous êtes des bons, Pointer et McDermid. Le mandat est prêt. On cerne, on donne l'assaut en souplesse, on récupère les gosses et on avise ensuite. Notre groupe d'intervention d'élite est top, spécialisé dans la lutte antiterroriste et les prises d'otages. Le cas échéant, ils peuvent tirer dans le cul d'une mouche à trois cents mètres. Il y a pas mal de femmes parmi eux. Les femmes font des tireurs d'élite redoutables. Très patientes. Encore bravo.

Boston, États-Unis, octobre 2008

Trois enfants kidnappés par Laura Faulk en l'espace de quelques mois, dont Karina et Chase, l'autre fillette ayant été enlevée dans le Maine, avaient été retrouvés à l'issue de l'assaut. Seul dommage collatéral, la blessure à la jambe d'un des adeptes de la communauté, blessure destinée à l'immobiliser et à impressionner les autres, au moment où quatre d'entre eux tentaient de faire sortir les enfants pour les cacher ailleurs.

Les ordres de Diane Silver avaient été très clairs : « Je me fous que des adultes y restent, si besoin. Je veux les enfants sains et saufs. »

Les membres de la communauté étaient restés d'un mutisme affable, en dépit des six heures d'interrogatoire qui avaient suivi.

Les disques durs des ordinateurs, tous les documents trouvés sur place avaient été confisqués. Mannschatz et Bard les avaient épluchés. Certes, James Madison professait que tout conflit intérieur, toute maladie, provenait d'un abus sexuel subi durant l'enfance et oublié ensuite. Il utilisait certaines techniques pour raviver ces prétendus souvenirs, en fait pour les induire, tant il était convaincu de ce qu'il affirmait. Le *rebirthing*[1] et autres. Le seul détail sur lequel ils pouvaient le coincer était mince : il avait déclaré le vol de trois de ses véhicules en moins de deux ans, véhicules qui servaient maintenant de voitures de service à la communauté, dont celle qu'avait utilisée Laura. Une arnaque à l'assurance, peu de chose. Même son empreinte ADN identifiée par Erika Lu sur la lettre annonçant le décès de Laura ne leur était guère utile. Et quoi ? Il avait aidé une amie qui voulait se faire passer pour morte auprès d'une horrible famille qui la harcelait, car ce serait là la version de James et de Laura. Pas de quoi fouetter un chat. La seule déclaration que Laura avait accepté de signer, sans même souhaiter la présence d'un avocat, se résumait à quelques lignes qui protégeaient Madison : elle avait agi seule, il n'avait jamais su que les enfants avaient été enlevés.

Légalement, Diane Silver ne pouvait rien. Même le témoignage de Steve Baldwin ne lui servirait pas à grand-chose. Steve n'avait aucune preuve que sa sœur avait suivi une thérapie déviante avec Madison, thérapie ayant abouti à son suicide. Baldwin le pensait. Insuffisant face à un tribunal.

Ne restait à Diane que la mise en scène. Cependant, elle n'était pas certaine d'inquiéter Madison, d'autant qu'elle aurait juré qu'il ignorait tout des activités meurtrières de Laura Faulk, sa plus fidèle élève, qui risquait plus de trois cents ans de prison dans le Massachusetts, mais qui ne l'incriminerait jamais.

1. « Renaissance », une technique surtout réservée aux enfants qui a été interdite aux États-Unis à la suite d'un décès par étouffement. Il s'agit de faire revivre des expériences traumatiques, processus censé amorcer la guérison. Plusieurs variantes existent depuis de simples exercices de respiration amplifiée jusqu'à mimer la descente du bébé dans les voies génitales, en l'enveloppant dans des couvertures et en reproduisant les difficultés de l'accouchement.

La salle d'attente du beau cabinet de Beacon Street était meublée avec goût. Quelques sanguines étaient accrochées aux murs gris pâle. Sur une table basse à l'épais plateau de verre étaient alignées des piles de revues, surtout féminines, récentes, preuve d'un soin particulier, puisqu'il est fréquent en pareil lieu de n'avoir à sa disposition que des numéros vieux de plusieurs mois, en piteux état, souvenir du nombre de lecteurs qui les ont feuilletés. Installée dans l'un des beaux canapés en lin écru, Virginia Salter attendait qu'on l'appelle.

Elle n'avait croisé personne depuis son arrivée, une demi-heure auparavant, à l'exception d'une jeune secrétaire affable qui avait vérifié son rendez-vous.

– Il s'agit d'une première visite ?

– En effet.

– Comment avez-vous obtenu nos coordonnées ?

– Le bouche-à-oreille.

– C'est souvent la meilleure des publicités, avait précisé la jeune femme dans un sourire.

– C'est exact.

Virginia Salter s'était ensuite installée dans la salle d'attente.

– Madame Salter ? M. Madison va vous recevoir, annonça la secrétaire.

Un sourire chaleureux aux lèvres, James Madison se leva de son fauteuil de bureau pour venir à la rencontre de sa nouvelle patiente, mains tendues :

– Madame…

– Docteur. Docteur Diane Silver, FBI.

Elle se fit la réflexion qu'il était d'une rare banalité. Comment ce type avait-il pu pousser des êtres dans le délire ? De taille moyenne, de corpulence moyenne, ni beau ni laid, avec un visage d'inoffensive musaraigne au menton fuyant, il était la quintessence de l'individu qu'on ne remarque jamais. Peut-être était-ce l'explication de son besoin de puissance : la volonté d'exister en influençant d'autres gens. Le pouvoir. La priorité de notre espèce. Sans doute, aussi, Madison croyait-il dur comme fer à ce qu'il professait.

Le thérapeute se ferma.

– Sortez d'ici. Vous êtes chez moi. J'appelle la police, menaça-t-il en rejoignant son bureau.

– Mauvaise idée. Je vous fais convoquer comme témoin principal et suspect dans une enquête fédérale. Pas au quartier général de Boston, ce ne serait pas marrant. À Quantico.

Elle perçut son hésitation. Il contre-attaqua :

– J'ignorais que ces enfants avaient été enlevés.

– Vraiment ? Une de vos adeptes ramène trois gamins dans la communauté que vous dirigez et vous ne vous posez aucune question ?

– Laura n'est pas une adepte. Je n'ai pas d'adeptes. J'ai des patients, des gens qui ont besoin de mon aide. Laura a affirmé que ces enfants lui avaient été confiés par des membres de leur famille inquiets à leur sujet. D'ailleurs, vous avez sa déclaration, si j'en crois mon avocat.

– Et vous n'avez pas cherché plus loin ? Vous êtes d'une rare candeur. Asseyez-vous, monsieur Madison.

– Elle a prétendu à plusieurs reprises que ces… parents la contactaient pour prendre des nouvelles des enfants. Je n'avais aucune raison de soupçonner un acte aussi grave venant d'elle. Je ne suis coupable de rien et vous le savez.

Elle n'était pas certaine qu'il mente au sujet des enfants, et ce doute l'exaspérait. Elle attaqua :

– Madison… Je suppose que vous avez loué les services d'un ténor du barreau qui vous a rassuré. Hormis de fausses déclarations d'assurance, nous n'avons, en effet, pas grand-chose contre vous, et ça se soldera par une amende salée. Vous savez comme moi que Laura Faulk ne vous accusera jamais de rien, pas plus que vos autres *adeptes*, concéda-t-elle en insistant sur le dernier mot. Je ne suis même pas certaine que nous parvenions à vous inculper pour négligence coupable dans le cas des enfants. Tout cela me met de bien méchante humeur, avoua-t-elle d'un ton léger.

Un mince sourire aux lèvres, il la considérait. Il ne la redoutait pas, il se sentait fort. Erreur... Il ne l'était pas autant qu'elle. Elle pouffa :

– Ce que vous ignorez, Madison, c'est que vous venez de tomber sur une vraie carne, et je ne vais pas vous lâcher, jamais. Je suis revancharde, un vilain défaut, ironisa-t-elle. Un blog existe déjà. Vous ne connaissez pas cette ancienne adepte, revenue à la lucidité, qui dit pis que pendre de vous ? Normal, il s'agit de Virginia Salter, assise en face de vous. Faites un tour sur ce site, je m'amuse comme une folle. Il est intraçable, grâce aux informaticiens de la base. J'ai déjà pas mal de visites. C'est sympa. Ça fait tache d'huile, et ça va vous plomber votre réputation. Cool ! Ce n'est pas tout. Il ressort de notre enquête que vous êtes un beau parti, monsieur Madison. Vous possédez cette gigantesque ferme avec dépendances, entourée d'une centaine d'hectares dans le Maine, cet immeuble de Beacon Street, une des rues les plus chères de Boston, votre appartement en duplex étant situé juste au-dessus de votre cabinet – joli, luxueux, le cabinet... sans oublier un pied-à-terre à New York. J'ai donc conseillé à l'IRS un contrôle fiscal. Ils vont vous emmerder jusqu'à la garde. Il n'y a pas plus crampon que les impôts lorsqu'ils sont certains qu'on les dupe. S'ils prouvent la fraude fiscale – et je n'en doute pas –, c'est la taule, sans même évoquer une amende astronomique. Vous employez à l'heure actuelle une femme de ménage mexicaine qui se trouve de façon illégale sur le sol américain. Ce n'est pas civique. J'ai, bien sûr, été forcée de prévenir l'immigration. Sincèrement, je le regrette pour cette fille qui cherche juste à gagner sa croûte, mais bon... Je vais vous pourrir la vie à un point que vous n'imaginez pas, et jusqu'au bout.

James Madison ne triomphait plus. Cette femme était dingue, et il était certain qu'elle disait la vérité. Il tenta de temporiser :

– Écoutez… Je fais mon métier. Je rends service à beaucoup de gens. Je les aime et je les aide.

– Non. Non, non, non… vous influencez des individus faibles et en souffrance. À mes yeux, vous n'avez aucune excuse. Légalement, je ne peux rien, c'est un fait. Dommage pour vous, ça m'aurait calmée. Je vais donc agir officieusement, avec l'aide de mes petits camarades qui ne vous portent pas dans leur cœur. Votre vie va devenir un cauchemar.

Elle alluma une cigarette, ce qu'elle ne se permettait jamais en dehors de son bureau ou de chez elle.

– Euh… je ne supporte pas la fumée.

Gamine, elle vérifia :

– Vraiment ? Moi si, très bien.

Assise sur le confortable fauteuil réservé aux patients, elle lui souffla une longue bouffée au visage et gloussa :

– Des enfantillages. Dès que vous êtes mal garé deux minutes, votre voiture se fait embarquer. Vous cherchez à vous expliquer avec l'officier ? Insultes à agent assorties de menaces verbales. Votre parole contre la sienne. Deux mois de prison et une forte amende. Vous crachez votre chewing-gum dans le caniveau ? Cinq cents dollars d'amende pour abandon de déchets polluants. Vous avez bu deux verres chez des amis ? Conduite dangereuse en état d'ébriété, retrait du permis de conduire. La loi est insuffisante dans votre cas ? Cependant, elle peut devenir un outil d'emmerdements majeurs si on l'applique à la lettre.

Diane se leva et considéra la cigarette à moitié consumée qu'elle tenait entre ses doigts. Elle jeta un regard autour d'elle à la recherche d'un cendrier et haussa les épaules, faussement dépitée. Elle jeta le mégot incandescent sur la belle moquette épaisse, d'un gris à peine plus soutenu que les murs, et l'écrasa sous sa chaussure en répétant :

– Des gamineries, vous dis-je. Voilà, j'en ai terminé avec vous, monsieur Madison. Les représailles commencent maintenant.

Déstabilisé, il tenta :

– Vous n'avez pas le droit. C'est dégueulasse. Il s'agit de harcèlement policier !

Feignant le plus grand sérieux, elle admit :

– On en parle beaucoup, parfois à tort. Dans votre cas, c'est tout à fait justifié. Encore va-t-il falloir que vous le prouviez. (Elle termina avec un sourire gourmand :) De surcroît, je vais continuer à creuser depuis le jour de votre naissance. Je suis pugnace. Je finirai par trouver quelque chose. Dans l'attente d'une satisfaction, j'ai répandu la bonne parole autour de moi. Selon nous, les flics, votre influence délétère est d'une certaine façon à l'origine de meurtres monstrueux, de suicides, d'enlèvements d'enfants. À tout le moins, vous avez manipulé des esprits fragiles, instables. Au revoir, monsieur Madison.

Diane bluffait en partie. Quelques flics pisteraient James Madison dans l'espoir de lui coller la moindre broutille sur le dos. Cependant, leur surveillance se relâcherait vite, faute de temps. En revanche, elle n'abandonnerait pas la partie de sitôt. Elle le devait à Eve, à Emma et aux autres.

Paris, France, octobre 2008

Une sorte de vague malaise ne quittait plus Sara Heurtel, un malaise indéfinissable. Elle le faisait néanmoins remonter au moment où Victor avait décidé d'abandonner les cours de plongée au profit des arts martiaux. D'ailleurs, pourquoi cette soudaine décision ? Victor n'avait jamais été bagarreur ou agressif. Il faisait partie de ces garçons assez calmes qui se satisfont de vélo, d'un peu de foot et de lecture. Pas le genre petit casse-cou.

D'autant que son fils rentrait avec des bleus monstrueux sur les tibias et les avant-bras. Il s'était justifié en expliquant qu'il parait encore mal les coups. Préoccupée, Sara avait téléphoné, confidentiellement, à son professeur, qui avait admis que Victor en faisait un peu trop pour un débutant.

Surtout, le changement d'humeur de son fils la déconcertait. De trop lisse et faussement enjoué depuis le meurtre de Louise, le garçonnet était devenu un peu distant, mais franchement heureux, comme s'il dissimulait un secret qui le réjouissait. Sara avait entendu pas mal d'histoires sur la consommation de cannabis par les très jeunes, et s'inquiétait au point qu'elle avait discrètement fouillé la chambre de son fils, sans rien y découvrir de révélateur.

Victor sortit de sa chambre en claironnant :

– Je me douche et on dîne ensuite ? Ça fait drôlement transpirer, le karaté ! Mais je ne me redouche pas demain matin, prévint-il.

– D'accord, mon chéri. J'ai un peu traîné. Je prépare le repas.

Poussée par une impulsion, elle fonça vers la salle de bains et écouta l'eau se déverser dans la baignoire. Assez honteuse, mais après tout son seul but était de protéger son fils, elle se précipita vers la chambre de Victor et ouvrit son sac à dos, dont elle passa le contenu en revue. Pas de joint, pas d'odeur suspecte. Sans même réfléchir, elle récupéra son téléphone portable et consulta le journal des derniers appels. Un numéro inhabituel, qui revenait à trois reprises, retint son attention. Elle le mémorisa, rangea tout et sortit de la pièce.

Ils discutèrent de choses et d'autres, de leurs projets pour le week-end, de la prochaine interro de Victor pour lequel il ne se faisait pas de souci. L'heure du coucher arriva. Elle l'accompagna jusqu'à la porte de sa chambre et l'embrassa avant de rejoindre la sienne.

Sara ne tergiversa qu'une seconde et composa le numéro sur son téléphone.

Une série de déclics, différents fonds sonores musicaux, enfin une voix d'homme, une voix distinguée, grave et lente. Elle annonça en anglais, allemand, français, espagnol :

– Bonjour. Vous êtes sur un répondeur. Laissez votre message et vos coordonnées.

Sara lâcha l'appareil, son cœur s'emballant. Elle connaissait cette voix, ce très léger accent américain qui teintait les phrases en français.

Un vertige la déséquilibra. Elle sentit ses jambes céder sous elle et s'affala sur le rebord de son lit.

Nathan Hunter !

Nathan Hunter. Pourquoi, comment Victor possédait-il un numéro où le joindre ? Pourquoi l'avait-il appelé à trois reprises en quelques jours ?

Cent idées se télescopèrent dans son esprit. Appeler ce Patrick Charlet, cet inspecteur divisionnaire ? Non. Non, Victor risquait d'avoir des ennuis. En discuter avec son fils ? Il lui mentirait et deviendrait encore plus prudent, rendant ensuite toute surveillance difficile.

Elle repêcha son paquet de cigarettes dans son cartable de labo alors qu'elle avait promis de ne pas fumer dans la chambre. Mais après tout, Victor avait bien promis de la prévenir s'il soupçonnait l'ombre de Hunter. Pourquoi avait-il menti ? Pourquoi avait-il dissimulé de la sorte ? Hunter avait tué sa sœur, il ne l'ignorait pas. Or, s'il possédait ce numéro, c'est qu'il avait eu des contacts, quels qu'ils fussent, avec le tueur en série.

La colère se mêla à la panique en Sara, et elle résista à l'envie de débouler dans la chambre de son fils pour le sommer de s'expliquer.

Ses mains tremblaient tant qu'elle dut s'y reprendre à deux fois pour allumer une cigarette.

Elle exhala une longue bouffée de fumée.

Diane Silver. Il ne lui restait que la profileuse comme option. À l'évidence, le FBI disposait d'énormes moyens techniques. Sans doute parviendrait-il à localiser le détenteur du numéro qu'elle venait de composer.

Elle ouvrit son ordinateur portable et se connecta à Internet. Son message fut bref, assez vague pour être, le cas échéant, inutilisable contre Victor.

À : Dr Diane Silver
De : Dr Sara Heurtel
Objet : Nathan Hunter.

Dr Silver,

Un développement très inquiétant vient de survenir. Je pense mon fils en danger.

Je préfère en discuter de vive voix avec vous. Vous pouvez m'appeler demain à votre convenance.

Je ne tolérerai pas de dérobade de votre part.

Bien à vous.

S.H.

Suivaient ses numéros de portable et de fixe. Elle éteignit l'ordinateur, certaine qu'elle ne trouverait pas le sommeil.

Anne Guéguen se redressa, une barre lui sciant les reins. La nuit était tombée depuis longtemps. Elle avait passé la journée à trier, à scotcher des cartons, à remplir, à contrecœur, quelques sacs-poubelle. Lorsqu'elle découvrait un album photos, une boîte à chaussures rangée au fond d'un placard dans laquelle s'entassaient ses lettres et les œuvres enfantines et très laides qu'elle avait confectionnées, petite, pour son grand frère, elle fondait en larmes. Les magnifiques souvenirs de leur enfance affluaient. C'était toujours Yves qui récoltait les punitions, voire les claques de leur mère. Il se dénonçait, alors que le plus souvent Anne avait été l'auteur de la bêtise méritant une verte remontrance. Yves, merveilleux chevalier que n'avait pas même aigri un calamiteux mariage avec une peste taillée pour la compétition.

Anne, en dépit de son chagrin, avait insisté pour nettoyer l'appartement de son frère. Son prétexte avait été qu'elle habitait la banlieue parisienne alors que ses parents vivaient toujours dans la grande maison familiale de Bretagne. En réalité, elle ne voulait pas que sa mère erre dans les souvenirs de son fils abattu comme un chien. Les deux fils qu'elle avait portés et mis au monde lui avaient été repris. Se mêlaient à sa dévastation l'incompréhension et le refus. Chez son père aussi, même s'il s'efforçait de conserver une attitude maîtrisée, une piètre mascarade destinée à rassurer les autres.

Au fond, malgré sa peine féroce, Anne aimait se trouver ici, dans ce deux-pièces meublé avec austérité, fonctionnel, au milieu des objets de ce frère qui resterait toujours le grand homme de sa vie. Elle avait été la complice de son jeune frère Gaël, mais Yves avait toujours été à ses yeux le pivot, l'ultime référence. Au demeurant, elle l'admettait, sans doute cette admiration sans bornes, cet amour sans réserve avaient-ils été une des raisons de son divorce. Laurent, son ex-mari, n'avait rien d'un héros. Il en avait eu assez d'être sans cesse comparé, à son détriment, à Yves et, dans une moindre mesure, à leur père. Anne ne l'avait jamais fait exprès et son désir n'avait pas été de rabaisser son mari. Simplement, chacun de ses actes était si terne, si médiocre, alors qu'Yves à sa place aurait trouvé une solution géniale, étonnante, solaire, à son image. De fait, si le départ de Laurent avait été un choc, le décès d'Yves resterait le plus violent désespoir d'Anne. D'ailleurs, les souvenirs de son mariage s'estompaient alors que ceux de son enfance, de sa vie avec son frère reprenaient une netteté, une vigueur sidérante.

Un jour, alors qu'elle lui cassait les pieds depuis des heures, il lui avait tiré les cheveux. Elle avait fondu en larmes, pas tant parce qu'il lui avait fait mal mais parce que ce geste impliquait dans son esprit de fillette qu'il ne l'aimait plus. Affolé par les sanglots de sa petite sœur, il avait cassé sa tirelire pour lui offrir un énorme paquet de bonbons.

Anne pouffa. Elle se souvint des grimaces de singe qu'ils s'échangeaient à l'église, des petits péchés qu'ils inventaient tous deux, juste avant confesse, pour que le prêtre ne s'ennuie pas trop en les écoutant. Que pouvait-on avoir commis de très grave au fin fond de la Bretagne lorsqu'on avait respectivement six et onze ans ? Une vie magnifique, en effet. Autant l'avouer, sa vie d'après n'avait rien de très remarquable, ni de très heureux.

Elle attaqua la dernière bibliothèque, s'admonestant. Non, elle ne pouvait pas garder toutes les possessions d'Yves. Elle devait trier. Or, depuis le début, dès qu'elle jetait un souvenir dans un sac-poubelle, elle replongeait aussitôt la main pour le récupérer. Elle devait se faire violence pour éliminer la moindre trace de son frère.

Elle s'assit sur la moquette et ouvrit le placard situé sous la bibliothèque. Des rames de papier, des DVD, des CD vierges pour l'ordinateur. Elle s'étonna un peu. Jusque-là, elle n'avait rien trouvé concernant le travail de profileur de son frère, à l'exclusion d'une pléthore d'ouvrages de criminologie dont elle avait fait un carton pour les offrir parce qu'ils lui donnaient froid dans le dos. Sa tâche en serait simplifiée. Il s'agissait de choses neutres, qui n'évoquaient pas son frère. Pourtant, son regard tomba sur une petite boîte de cigares peu chers, peinte de fleurs, de façon assez maladroite. Son cœur se serra. Un de ses premiers cadeaux clandestins à son frère qui voulait jouer les jeunes hommes en fumant des cigarillos. Évidemment, ses parents n'en avaient jamais rien su. Elle saisit la boîte en bois. Quelque chose glissa à l'intérieur. Elle souleva le couvercle : une clef USB posée sur un papier. Elle déplia la feuille et lut au travers de ses larmes :

Maman, papa, Anne, mes chéris,

Anne va encore affirmer que je suis paranoïaque, mais si vous trouvez cette clef, c'est que je ne l'étais pas assez.

Je vous en conjure, ne tentez pas de lire ce qui se trouve dessus. C'est strictement professionnel et assez effrayant. Envoyez-la au Dr Diane Silver à Quantico. Elle saura quoi en faire.

N'oubliez pas : je vous aime du plus profond de moi.

Yves.

Anne rampa jusqu'au rouleau d'essuie-tout abandonné sur la moquette. Elle se moucha, s'étouffant dans ses sanglots. Yves savait-il qu'il allait mourir ? Pourquoi ?

Elle hésita. Désobéir à son frère ? Regarder ce qui se trouvait sur la clef USB ? S'il prévoyait sa mort, cela signifiait que son tueur n'était pas une simple petite ordure.

Non. Il s'agissait de la dernière volonté exprimée par son frère, par-delà la mort. Elle s'y conformerait. Demain, elle enverrait la clef par courrier express et appellerait Diane Silver afin de la prévenir.

Elle tairait sa découverte à leurs parents. Leur chagrin était assez immense comme cela. Mieux valait qu'ils continuent à croire à un monstrueux hasard.

Base militaire de Quantico, États-Unis, octobre 2008

Diane fixait la clef USB posée sur le plateau de son bureau, celle qu'elle attendait depuis l'appel d'Anne Guéguen, la veille. L'idée qu'Yves tentait de lui parler d'outre-tombe tournait dans son esprit. Un sentiment déplaisant, un peu superstitieux, presque inquiétant.

Yves serait-il mort si elle n'avait pas fait alliance avec Rupert/Nathan ? Sans doute avait-il des raisons qu'il considérait comme objectives de se débarrasser du grand flic français. Mais, si Diane n'avait pas pactisé avec lui, elle l'aurait arrêté et il croupirait derrière les barreaux, dans l'attente de son emprisonnement à vie, voire de l'injection létale.

Elle récupéra la clef, hésitant, la faisant tourner entre ses doigts. Encore quelques secondes de réflexion. Elle avait la liberté de la détruire sans prendre connaissance de son contenu.

Tu deviens lâche, Silver. Une minable. La ferme !

Elle repensa à sa conversation de la veille avec Sara Heurtel. Elle avait calculé le décalage horaire et composé le numéro du portable en songeant que la chercheuse devait être à son labo. L'échange, sans être agressif, avait été tendu.

Les révélations de Sara avaient laissé Diane sans voix. Elle se souvint de sa stupéfaction :

– Comment cela, votre fils possède un numéro qui lui permet de contacter Nathan Hunter ?

– Ça fait deux fois que je vous le répète. Il lui a téléphoné à trois reprises au cours des derniers jours. Vous pouvez le localiser, l'arrêter. Il paraît que ça se trace facilement, un portable.

– Sans doute. Cela étant, il existe des systèmes de brouillage très performants, des anonymiseurs, des relais tordus, ce genre de trucs. Ce que je ne comprends pas, c'est pourquoi votre fils ne vous a rien dit. Enfin, cela suggère qu'il a eu des contacts directs avec Hunter !

– Merci de votre interprétation. Je ne l'aurais pas déduit toute seule, avait pesté la Française, dont Diane percevait la peur. (Son débit était devenu plus heurté, elle avait avoué :) Je suis terriblement seule, docteur Silver, et j'ai la trouille pour mon fils. Une trouille affreuse.

D'un ton radouci, Diane avait suggéré :

– Je ne sais pas trop ce qu'il convient de faire. Il faut que je réfléchisse à toutes les implications. Il est hors de question de mettre votre fils ou vous-même en danger par une réaction trop hâtive. Je… La seule chose qui me vienne à l'esprit pour l'instant est de ne surtout rien révéler à Victor. Vous n'avez jamais découvert ce numéro. De mon côté… Il faut vraiment que je réfléchisse. Hunter est dangereux. Très. Je vous rappelle, vite. Je vais passer en revue nos possibilités. Éventuellement, nous contacterons Interpol et la police française. Jusque-là, je vous en supplie, ne tentez rien. Croyez-moi, ça n'a rien de méprisant, mais vous n'êtes pas de taille contre Hunter.

Pourquoi Nathan avait-il ressenti le besoin de se rapprocher de Victor Heurtel ? Nathan ne faisait rien au hasard. De cela, Diane était certaine. Était-ce pour lui un moyen de rejoindre Sara ? Avait-il conçu une sorte d'attachement sentimental pour elle ? Si tel était le cas, il se fourvoyait complètement sur la psychologie de la Française qui, en dépit du fait que sa fille voulait les tuer elle et son fils, ne lui pardonnerait jamais son meurtre.

Diane alluma une cigarette, se contraignit à la fumer jusqu'au filtre avant d'enfoncer la clef USB dans l'ordinateur portable qu'elle ne connectait jamais à l'intranet de la base.

Deux dossiers s'affichèrent, dont un dénommé « Diane, urgent ». Elle lutta contre les larmes. Anne Guéguen avait eu raison : Yves savait que sa vie était menacée et il avait prévu ce message à son intention. L'exécration qu'elle éprouvait pour elle-même crût encore.

Elle ouvrit le fichier et se força à lire, une main appuyée sur son cœur qui cognait à lui couper le souffle.

Ma Diane chérie,

Te dire d'abord que tu auras été un des moments les plus précieux de ma vie. Je ne te l'ai jamais avoué, mais j'ai été un peu amoureux de toi. Ça tombait très mal. Aussi ai-je décidé que l'amitié était préférable. Sans doute auras-tu compris que j'étais très sensible à la détresse de Sara Heurtel. Ne crois surtout pas que cela m'ait influencé dans mes jugements. J'ai eu un professeur féroce : toi. J'ai toujours appliqué tes leçons à la lettre.

Si tu lis ceci, c'est que je ne suis plus. Je fais sans doute preuve de paranoïa. Cependant, il m'est soudain venu à l'idée que Hunter pouvait tenter de me faire la peau. Je suis préparé, je sais à quoi il ressemble et je doute qu'il y parvienne, mais sait-on jamais ! Ma seule consolation est que, en ce cas, il n'aura pas le dernier mot, puisque tu es là pour moi.

Je crois, ma chérie, que tu as fait une colossale erreur. Tu sais où le localiser, n'est-ce pas ? Tu pourrais l'arrêter demain. Tu as décidé de lui accorder du temps afin qu'il fasse le « ménage » que tu ne peux pas t'autoriser. Qu'il élimine des tueurs en série qui seront un jour ou l'autre remis en liberté et qui recommenceront leurs vomitifs amusements. Sur le fond, je te comprends. Sur la forme, c'est une gigantesque aberration intellectuelle, un piège qui va se refermer sur toi et plus probablement sur moi. Hunter est un psychopathe, très intelligent, discipliné, qui a besoin de justifications à ses propres yeux puisqu'il refuse justement d'admettre qu'il n'est qu'un psychopathe. Il n'en demeure pas moins qu'il s'agit d'un tueur redoutable. Tu ne parviendras pas à le maîtriser et il va se servir de toi pour parvenir à ses fins : le meurtre.

Le deuxième fichier devrait te convaincre, je l'espère. Il ne s'agit pas de preuves. Il n'en existe pas. Hunter est trop futé pour en laisser derrière lui. C'est plutôt un lourd faisceau de présomptions et une série de points d'interrogation.

Diane, je t'en supplie, fais très attention à toi. Hunter ne doit pas te gâcher. En dépit de ton effroyable caractère, tu es l'un des plus beaux êtres que je connaisse, un être capable de sacrifice, de lutte acharnée, d'en prendre plein la gueule et de se relever pour que persiste un peu de lumière. Ils sont très rares, très précieux.

Je t'aime, ma Diane. Prends soin de toi et pense parfois à ton ami Yves qui veille sur toi de cette après-vie à laquelle tu ne crois pas.

Yves, toujours.

Non, Yves ignorait à quoi ressemblait Nathan lorsqu'il redevenait Rupert. Pour cette raison, Rupert/Nathan était parvenu à le surprendre et à l'abattre.

Diane fondit en larmes et son front heurta son bureau. Bras croisés sur la tête, elle resta là à sangloter, des souvenirs d'Yves, de leurs deux années passées ensemble à Quantico affluant dans son esprit. Yves et ses susceptibilités de geisha lorsqu'il préparait le café. Yves et son allure de grand benêt lorsqu'il feignait ne pas comprendre les perfidies de Pliskin au sujet de la profileuse. Yves et ses fautes d'orthographe, aussi nombreuses en anglais qu'en français, selon lui. Yves et sa passion pour la poésie. Yves à l'aise dans sa belle armure étincelante de chevalier. Yves et sa foi, exigeante, mais insolente et pleine de vitalité. Lorsque Diane, en profane, l'avait interrogé sur ce catholicisme qui la fascinait mais auquel elle ne comprenait pas grand-chose, il avait éclaté de rire en rétorquant : « Bien sûr que je suis coupable, même si je ne sais pas de quoi. Nous sommes tous coupables. Mais je m'applique tant que Dieu va en rester bouche bée ! Ou alors, c'est qu'Il est vraiment très difficile à contenter. » Elle avait songé qu'il était un peu dingue. Solaire, aussi.

Elle se redressa, songea à aller se passer le visage à l'eau froide. Cependant, elle risquait de rencontrer quelqu'un sur le chemin des toilettes, qui s'étonnerait du visage ravagé de cette teigne de psychiatre.

Elle se calma un peu et ouvrit le deuxième fichier. Un inventaire. Une série d'événements, suivis de dates, de lieux, parfois de numéros de dossiers.

Yves avait, entre autres, procédé à une recherche par mots-clefs dans tous les dossiers informatisés de la police criminelle, en entrant certaines caractéristiques de Nathan. Américain, parlant admirablement le français mais avec un très léger accent, grand, mince et musclé, cheveux raides, coupés au carré, châtain clair, yeux bleus.

Étaient bien sûr ressortis les rapports concernant Louise et Cyril, mais également deux autres. Deux jeunes femmes étranglées à l'aide d'un mince filin d'acier. Angela Rolland et Élodie Menez. Respectivement assassinées en octobre 1999 et en avril 2008. Des proches avaient offert une description de Nathan, assez approximative, en précisant qu'ils l'avaient à peine croisé et qu'il semblait peu désireux de socialiser. Nathan ne figurait pas comme suspect. Plutôt comme ancien amant, un éventuel témoin, si du moins la police parvenait à le localiser.

Yves avait assorti la dernière précision, la profession des deux jeunes femmes, d'une série de points d'interrogation et d'une parenthèse.

« Techniciennes dans deux centres d'insémination artificielle (Se sont-elles connues par l'intermédiaire de leur profession ? ? ? Est-ce ainsi que Menez a rencontré Hunter qui avait été l'amant de Rolland ? ? ?). »

Et soudain, Diane sut qu'Yves s'était trompé : ce n'était pas Sara Heurtel qui intéressait Nathan.

La psychiatre ferma les yeux. Une brutale compréhension venait de s'imposer à elle. Leonor avait été conçue ainsi. Grâce à une seringue de sperme. Pour une raison quelconque, Sara Heurtel avait eu recours à l'insémination artificielle. Rolland ou Menez s'étaient débrouillées pour que le sperme de Rupert Teelaney soit choisi. Il avait ensuite fallu qu'il s'en débarrasse. Une fois leur passion pour le bel Américain digérée, elles pouvaient parler par vengeance, en dépit des lourdes sanctions qui ne manqueraient pas de leur tomber dessus. D'autant qu'elles n'avaient plus aucune utilité puisque Nathan avait enfin son fils : Victor. Pour cette raison, il avait abattu Louise. Il se foutait qu'elle soit de la race des tueurs. Toutefois, elle menaçait son fils, et cela, c'était impardonnable. Pour cette raison, il s'était rapproché du petit garçon, en dépit des risques considérables qu'il prenait.

Pour cette raison, Sara Heurtel était gravement menacée. Nathan ne lâcherait jamais son héritier. Si Sara lui barrait la route, et Diane savait que tel serait le cas, il la liquiderait, sans l'ombre d'une hésitation.

Lorsqu'elle regarda sa montre, elle s'étonna : deux heures venaient de s'écouler, et elle ignorait où son cerveau les avait passées.

Elle tira son portable confidentiel de son sac à dos. Avant qu'il n'ait eu le temps de l'assurer de son bonheur de l'entendre, elle attaqua :

– Nathan, il va falloir que vous vous fendiez de quelques explications au sujet de Victor Heurtel.

– Comment cela ?

– Ne jamais me prendre pour une idiote, c'est une très mauvaise tactique ! Sara Heurtel a découvert un numéro sur le portable de son fils. Un numéro qui permet de vous contacter !

Un court silence, puis :

– D'accord. L'enfant était paniqué pour lui et sa mère, en grande partie à cause de votre ami Guéguen. Il fallait que je le rassure, que je lui explique que je ne leur ferais jamais de mal. C'est tout.

Elle admira la sincérité qui transpirait de ses mensonges. Du grand art. Les psychopathes intelligents sont de remarquables menteurs.

– J'ignore si Mme Heurtel a transmis cette... information à la police française, reprit Diane. Quoi qu'il en soit, vous nous avez mis en péril. Je n'aime pas cela ! Il faut que nous discutions de la conduite à tenir.

– Allons-y, proposa-t-il d'un ton doux et désolé.

– Pas au téléphone.

– Eh bien, venez.

– Non. Je ne tiens pas à ce que l'on me voie trop souvent chez vous. Ma version est que vous êtes un casse-pieds excentrique que je supporte et utilise parce que j'ai besoin de votre dotation.

– Où, Diane ?

– Je ne sais pas... un endroit un peu discret. Euh... à Harold Parker State Forest, sur le parking non loin de Steams Pond. On peut y pique-niquer en paix demain, disons... treize heures. Ce n'est pas trop loin de votre domaine.

– Bien sûr... Génial comme endroit, j'apporte un sublime pique-nique. J'adore les pique-niques. (Son ton changea, redevenant tendre et complice :) Merveilleuse Diane. Je ne veux aucun mal à Sara Heurtel ni à son fils, je vous le répète. Ce sont des agneaux. Comme vous, je suis un fauve qui chasse d'autres fauves pour protéger les agneaux.

Comme Rolland, comme Menez ? songea Diane. *Comme tous ceux dont je ne connais pas l'agonie ?*

Harold Parker State Forest,
environs de Boston, États-Unis, octobre 2008

Diane avait craint des ondées. Elles sont fréquentes et violentes en cette région, en cette période de l'année. Au lieu de cela, un joli soleil d'été indien réchauffait ce début d'après-midi. Arrivée un peu en avance, elle avait garé sa voiture de location sur le parking situé non loin d'un des étangs de cette magnifique forêt, principalement constituée de conifères et située à une trentaine de kilomètres au nord de Boston. L'endroit, aménagé avec intelligence, semé de petites aires de repos, sillonné de parcours de randonnées pour satisfaire les envies des visiteurs tout en conservant une sorte de force faussement naturelle, était peu fréquenté en ce jour de semaine. En revanche, les beaux week-ends, il grouillait de promeneurs, de chasseurs, de pêcheurs attirés par ses onze étangs sur lesquels les bateaux à moteur étaient interdits.

Diane s'était offert un café insipide allongé de lait à la buvette qui proposait hot-dogs, frites, chips nature, au vinaigre ou épicées, et toutes sortes de boissons et de trucs sucrés.

Assise à l'une des tables en bois, grisâtre d'intempéries, qui faisait face à l'étang, elle n'avait pas attendu longtemps.

Un bras avait enserré sa taille et des lèvres s'étaient posées dans son cou. Un rire gamin et un :

– Ouh, je pose le panier ! Lourd comme un âne mort.

Elle tourna la tête. Il était vêtu de blanc, à l'habitude, un plaid écossais jeté sur l'épaule. Elle se fit à nouveau la réflexion qu'il était très beau, si à l'aise sous sa peau d'homme, chacun de ses gestes puissant et tout à la fois élégant. Il l'étudia et commenta :

– Vous n'avez pas l'air contente, se désola-t-il tel un petit garçon pris en faute.

D'un ton dont elle n'essaya pas de gommer l'agacement, elle confirma :

– En effet, je ne suis pas contente. Vous prenez des décisions sans m'en avertir. Des décisions que je juge dangereuses pour nous deux. Nathan, je vous rappelle que si vous plongez, je fais aussi partie de la noyade. De surcroît, je me demande s'il ne s'agit pas d'un jeu pour vous. Rechercher la situation de risque pour savoir si vous parviendrez à vous en tirer. Et cela, je ne le tolérerai pas. Je ne joue pas ! Les enjeux sont beaucoup trop importants.

Une moue presque enfantine serra ses lèvres. Un détail dans son attitude, indéfinissable et à peine perceptible, confirma la suspicion de Diane, une suspicion assez récente.

– Je suis navré. Je n'aurais pas dû. Je vais vous expliquer ce qui… enfin pourquoi j'ai agi de la sorte. Sur le moment ça semblait une bonne idée. À l'évidence, j'avais tort. Vous préférez qu'on pique-nique ici ou…

– Non. Il n'y a pas grand monde mais… Suivons un chemin, trouvons une clairière tranquille. Pas trop loin. Je déteste marcher inutilement.

Ils empruntèrent un sentier qui contournait l'étang en sinuant. Au loin, de l'autre côté du plan d'eau, les aboiements d'un chien. Encore plus loin, l'écho étouffé de quelques détonations : des chasseurs ou des amateurs qui s'entraînaient au tir.

Diane marchait en silence, trois pas devant Nathan, se contraignait à ne percevoir que l'odeur un peu piquante des conifères, celle, plus lourde, de l'humus. Pas vraiment une contrainte. Son esprit n'était plus occupé que par les craquements des aiguilles et des brindilles mortes sous leurs chaussures et elle avait le sentiment que son cerveau avait abandonné sa tête. Nathan se décida à la rattraper et murmura en la fixant :

– Je sens que vous êtes vraiment en colère. Encore une fois, je suis désolé. Je n'aurais pas dû.

Ils quittèrent le chemin forestier et s'enfoncèrent entre les arbres. Ils s'installèrent quelques minutes plus tard sur le plaid. Nathan déballa le contenu de l'immense panier avec des exclamations ravies. Il commenta :

– C'est une surprise pour moi aussi. J'ai juste précisé un pique-nique pour deux. Ils ont cru qu'il s'agissait d'une rencontre galante. Ils sont trop mignons ! Ils désespèrent de me voir marié, perpétuant la lignée Teelaney. Oh... deux bouteilles de saint-estèphe... Sympa. Je saoule la dame, j'abuse d'elle ensuite, elle est forcée de m'épouser. Craquants, ils sont craquants, pouffa-t-il.

– Avant de réussir à me saouler pour abuser de moi, vous frôlerez le coma éthylique, plaisanta Diane. D'autant que je vous rappelle que, à quelques années près, je pourrais être votre mère.

Cette dernière réflexion n'avait rien d'une boutade et Diane l'avait calculée. La subtile modification du comportement de Nathan vis-à-vis d'elle au cours des dernières semaines l'avait intriguée. Le tout-puissant Rupert Teelaney, celui qui avait fait plier Casney, l'ancien directeur de Quantico, à son caprice, celui qui obtenait tout ce qu'il désirait, de gré ou de force, s'était peu à peu mis sous son allégeance. Elle avait d'abord cru qu'il tentait de la rassurer, de la charmer. Elle n'en était plus si certaine. Lui était venue l'hypothèse que Nathan était en train d'associer les deux femmes de sa vie, sa mère et elle, pour produire une sorte de chimère parfaite à ses yeux : une femme suraimante, protectrice, aveugle mais forte – une supériorité qu'elle avait sur sa mère, une victime – et capable de partager son âme avec lui. La suite lui donna raison et un déplaisant malaise l'envahit. Un autre.

Il la fixa avec un étrange sourire, très doux. Une ombre à la fois triste et tendre voila son regard si bleu. Il déclara, très bas :

– En effet, vous le pourriez, puisque j'ai autant confiance en vous que je l'ai eu en elle. Vous savez, ce genre de lien unique, lorsque vous songez que vous pourriez remettre votre vie entre les mains de l'autre, sans aucune appréhension ni arrière-pensée.

La soudaine certitude qu'il était parfaitement sincère figea Diane. Nathan se transformait en petit garçon, celui qu'il était juste avant la noyade de sa mère dans la piscine familiale. Le maître de l'empire Teelaney, le tueur, aspirait à rejoindre cette période d'innocence, cet état de grâce, dont il avait dû croire avant la mort de sa mère qu'il perdurerait toujours. Cela étant, ce volontaire infantilisme était assez cohérent avec ce que Diane savait de sa personnalité d'adulte. Nathan voulait, Nathan prenait. La vie de Rupert Teelaney n'était qu'un gigantesque et luxueux caprice parfaitement organisé que lui permettait son immense fortune et que justifiait sa psychopathie.

– D'un autre côté, je suppose qu'être ma mère vous empêcherait de devenir ma psy.

– Votre psy ? Mais je refuse d'être votre psy !

– En avez-vous vraiment le choix ?

– Vous avez une curieuse notion de la relation thérapeutique, ironisa-t-elle en s'efforçant à la légèreté.

– J'ai de curieuses notions de beaucoup de choses, pouffa Nathan en inclinant la tête sur le côté.

– De plus, j'ai trop… basculé de l'autre côté pour apporter une aide quelconque à un patient, ajouta Diane dans un murmure.

– De quel secours pourrait m'être un individu parfaitement sain et équilibré, bref, quelqu'un dont l'éventuelle compréhension de ce qui hante mon esprit serait, au mieux, théorique ? argua Nathan.

– Hante ?

– Un peu excessif sans doute. Disons : ce qui se balade dans ma tête.

Diane ne commenta pas. Elle en connaissait la nature, tout comme elle savait qu'il cohabitait de façon plutôt harmonieuse et agréable avec ses monstres, contrairement à elle qui les supportait, incapable de s'en débarrasser.

Il lui tendit un verre qu'elle refusa avec mauvaise humeur :

– Non, je ne bois pas seule. J'en ai marre d'être l'alcoolo de service. Même si c'est exact !

– Bon, ma Diane boude. Allez, comme je ne peux rien vous refuser, je vous accompagne. Faut-il que je vous aime pour faire une telle entorse à ma discipline !

Ils dégustèrent leurs verres en silence et attaquèrent une salade étonnante de quinoa aux fruits secs et aux minuscules lanières de légumes crus, rehaussée d'un délicieux mélange d'épices.

Diane fit dévier la conversation. L'idée qu'il puisse croire qu'ils possédaient des gènes communs, même métaphoriques, la hérissait. Elle exigea à nouveau des explications au sujet de Victor. Pourquoi Nathan avait-il ressenti l'impérieux besoin de se rapprocher du petit garçon ? Il répéta qu'il souhaitait juste le rassurer. Il mentait.

Deux verres et une délicieuse soupe froide de potiron au fenouil plus tard, le débit de Nathan se ralentissait. Il buvait si rarement que l'alcool lui montait à la tête. Diane, en revanche, aurait pu terminer les deux bouteilles sans montrer aucun signe d'ébriété. Elle le pressa encore de questions au sujet de Victor. Il lui fournit les mêmes éclaircissements, d'une voix plus traînante.

Elle serra les lèvres de mécontentement. Il pleurnicha :

– Vous m'en voulez, je le sens. Mais qu'est-ce que je peux faire pour réparer ma bêtise ?

À ses yeux, une « bêtise », comme celle que ferait un enfant, pour laquelle on le gronderait. Et puis, « maman » pardonnerait. Maman pardonnait toujours. Il ne s'agissait pas de bêtises. Il s'agissait de meurtres passés ou à venir, de tortures.

Très sèche, elle balança :

– Il fallait y penser avant ! Je ne peux pas m'associer avec quelqu'un qui risque de devenir un danger pour moi ! Si Sara Heurtel prévient la police française, on fait quoi ?

À genoux, il rampa sur le plaid et tendit les mains vers son cou en bafouillant, assez saoul :

– Diane, Diane… Un baiser. Je suis… mortifié. J'ai eu tort, bien sûr. Vous avez raison. Je ne recommencerai plus jamais ce genre de bêtise, vous avez ma parole. Un baiser, s'il vous plaît. Le baiser de la paix.

Elle le laissa s'approcher, poser la tête sur son épaule, enserrer son cou de ses deux bras. Elle songea qu'il pourrait l'étrangler, sans effort. Il était d'une force étonnante, ses meurtres d'hommes l'avaient démontré. Il ferma les yeux et chantonna « *You are, my lucky star… In life, you've helped me to get really far*[1] ».

La main de Diane glissa sur le plaid, jusqu'à son sac à dos. Oui, elle l'avait aidé à aller très loin. Elle l'avait aidé à tuer. Son ultime bonheur.

Une détonation. Les yeux de Nathan s'ouvrirent grand de stupéfaction, et il s'affala de tout son poids sur elle. Une deuxième détonation. À bout touchant, dans le dos. Elle n'était pas assez entraînée, assez forte physiquement, pour l'attaquer de face et à jeun, en pleine possession de ses moyens de prédateur.

1. « Tu es mon étoile de la chance. Dans la vie, tu m'as aidé à aller très loin. »

Un peu dégoûtée par ce corps, elle se dégagea d'un mouvement d'épaules, le repoussant. Nathan glissa sur le plaid, s'affalant sur le ventre. Mort. Nathan/Rupert venait de décéder. Elle n'en concevait aucune peine, aucun remords. Une femme en France ne devait pas mourir pour la satisfaction d'un psychopathe qui voulait récupérer son fils. Un grand flic français, un peu angélique, n'aurait jamais dû mourir. Ces deux techniciennes non plus.

Elle rangea dans son sac le Glock 22 que Nathan lui avait offert pour abattre Susan Brooks et se leva.

Une autre boucle venait de se boucler.

Elle regarda la tache rouge qui s'élargissait sur le lin blanc de la chemise. Le blanc. La couleur de la mort et du deuil dans nombre de civilisations. La couleur préférée de Rupert/Nathan.

Elle poussa le cadavre sur l'herbe, rangea les reliefs de leur repas dans le beau panier d'osier, roula en boule le plaid. Elle s'en débarrasserait plus tard. Un ménage approximatif d'indices, mais, au fond, elle s'en foutait. Elle venait de faire ce qu'elle devait faire, ce qu'elle aurait dû faire bien plus tôt.

La mort, simplement.

Peut-être la serveuse de la buvette fournirait-elle une description de la femme entre deux âges qui accompagnait le beau monsieur vêtu de blanc ? Diane s'en foutait. Mike Bard ferait le lien entre les projectiles qui avaient abattu Rupert Teelaney, troisième du nom, et ceux qui avaient tué Susan Brooks dans le désert du Nevada. Diane s'en foutait. Quelle décision prendrait alors le grand flic ? Diane s'en foutait. Comprendrait-il que ses vagues soupçons au sujet du gentil Rupert étaient fondés ? Diane s'en foutait. Au fond, elle était redevenue libre parce qu'elle était à nouveau seule. Une douloureuse liberté.

Elle était seule, véritablement. Tous ceux qui avaient compté étaient morts. Même son lien le plus organique, le plus viscéral, s'était distendu. Leonor reposait en paix, enfin.

Elle était un ange, un vrai. Certes, elle n'abandonnerait jamais sa mère, mais elle n'errait plus, n'attendait plus réparation. Elle ne s'installait plus sur l'épaule de sa mère.

Mais que racontait-elle ? Elle était athée !

Peut-on être athée par haine ? L'athéisme des êtres moraux est une réflexion paisible, pas un désir de vengeance. Punir Dieu en refusant de croire en Lui ! Quel pathétique et grotesque infantilisme.

Ne lui restait qu'une petite bouledogue. Celle d'Yves. Un petit être de tendresse qui ne comprendrait jamais rien aux affaires humaines. Tant mieux pour elle. Elles sont le plus souvent moches et sinistres.

Monastère Santa Teresa,
environs de Santa Fe, États-Unis, octobre 2008

Le désert. L'implacable élégance de ce lieu qui se moque des millénaires, des agitations humaines. Le désert est d'une belle hostilité, passive. Tout en lui vous invite à partir, vous en conjure. La négation de toute physiologie au point que l'on se demande comment de maigres arbrisseaux, de minuscules rongeurs peuvent y vivre. Quelle faute expient-ils en persistant dans un lieu qui se suffit à lui-même et ne souhaite nulle vie ? L'impression que la peau se rétrécit, qu'elle se craquelle. L'impression que l'air surchauffé, sec, vous brûle les poumons. La soudaine certitude que si l'on n'a pas prévu sa lutte contre le désert, la dissolution surviendra vite, le corps desséché tel celui d'un lézard. Étrangement, se mêlait à la conviction que cet endroit était létal une soudaine révélation : si je survis ici, je survivrai partout.

Silver-l'autre coulait des jours heureux en compagnie de Kim Mannschatz, la femme « artiste florale » de Gary, qui l'avait accueillie à l'instar d'un bébé. Silver-l'autre savait charmer. Elle avait fait la fête à Kim, frétillant de bonheur. Gary rayonnait de joie devant le plaisir de sa femme qui bêtifiait avec le bouledogue. Il avait murmuré d'un ton faussement ennuyé qui, pourtant, sentait la satisfaction :

– Bon, une fois que la petite chienne sera repartie, je sens qu'il va falloir que je m'exécute si je veux éviter les scènes de ménage ! Pas la peine de me creuser la tête pour le prochain cadeau d'anniversaire. Il est tout trouvé.

Diane avait précisé :

– C'est tellement gentil de l'accueillir. Je ne sais pas au juste combien de temps je serai absente. Trois jours ou un mois. Ça m'embêtait de la laisser dans une pension… j'avais peur qu'elle ne se sente abandonnée.

Kim l'écoutait à peine, plongée dans une partie de carotte couineuse en plastique avec la chienne, pattes avant allongées, le derrière en l'air. Diane se fit la réflexion qu'elle avait sans doute l'air aussi godiche lorsqu'elle jouait avec la petite bête, mais que, au fond, c'est lorsque nous abandonnons une maturité, le plus souvent usurpée et sans grand attrait, pour nous amuser avec des enfants ou des animaux que nous faisons acte d'intelligence.

Diane Silver coupa la climatisation de sa voiture de location et s'arrêta à dix mètres de l'entrée principale du monastère Santa Teresa. Elle prit une longue inspiration fraîche avant de sortir du véhicule. Un inamical voile de chaleur se plaqua contre elle, la faisant aussitôt transpirer, ouvrir la bouche pour mieux respirer, fermer les paupières, comme si le soleil prenait d'assaut ses globes oculaires. Et pourtant, la fin du mois d'octobre s'annonçait. Diane songea à la fournaise dévastatrice qui devait s'abattre ici au plein de l'été.

Elle avança vers la lourde porte renforcée de traverses et s'étonna de découvrir un Interphone. Elle se moqua d'elle-même. Les religieuses devaient posséder téléphones portables et ordinateurs.

La sœur portière entrouvrit le judas et Diane eut soudain une folle envie de se sauver, de remonter dans sa voiture, de foncer vers Santa Fe. Deux yeux marron la fixaient, intrigués.

– Euh… Docteur Diane Silver… J'ai rendez-vous avec mère Maria-Esperanza…

– Tout à fait, tout à fait, elle vous attend ! s'exclama une voix juvénile pendant que crissaient les verrous de l'autre côté des solides battants.

Une petite femme un peu ronde entre deux âges l'accueillit, lui serrant les deux mains avec effusion, comme si elle retrouvait une amie de longue date.

– Venez, venez. Je vous conduis.

Diane entra, suivant la robe noire.

Elles contournèrent un cloître fleuri au milieu duquel glougloutait une fontaine de pierre d'inspiration mexicaine. Le clapotis de l'eau apportait une fausse fraîcheur, bienvenue pourtant.

Le bureau de mère Maria-Esperanza était immense. Les stores avaient été baissés, laissant filtrer une lumière oblique dans laquelle dansait un ballet de fine poussière. Une femme assez grande, encore jeune, mince, aux yeux très bleus se porta à sa rencontre, un sourire aux lèvres.

– Docteur Silver, ma fille, que puis-je pour vous ? Votre appel fut un peu… vague, dirons-nous. Asseyons-nous.

La religieuse la mena par la main vers deux fauteuils de cuir qui avaient connu des jours plus luxueux trente ans plus tôt.

Le regard très bleu, plus foncé que le sien, se posa sur elle. Mère Maria-Esperanza déclara :

– Je vous écoute.

– C'est un peu compliqué… Je suis protestante. De naissance, madame… ma mère. J'ai perdu la foi, il y a… douze ans de cela.

Le sourire s'élargit. La religieuse plissa des paupières et affirma d'un ton doux :

– On ne perd jamais la foi lorsqu'on l'a eue. On l'égare, plus ou moins durablement. Dieu, c'est comme la bicyclette. Une fois qu'on tient sur la selle, on ne peut plus l'oublier…

Elle salua sa minuscule plaisanterie d'un pouffement gamin et reprit :

– Nous connaissons tous, ou presque, des moments de doute. Nous ne serions pas humains sans cela ou alors, nous aurions une vie idéale, et ce n'est, malheureusement, pas le cas de la plupart d'entre nous. Nous pouvons haïr Dieu parce que nous avons souffert au-delà de nos pires cauchemars et que nous pensons qu'Il aurait dû intervenir. Nous Le détestons avec chacune de nos fibres. Toutefois, cela signifie qu'Il est toujours à nos côtés.

– Et pourquoi n'intervient-Il pas ?

– Ma fille… Si je savais cela, je serais une sainte, une élue, et je ne suis qu'une servante qui dirige de son mieux un monastère perdu en plein désert. Je crois… c'est tout à fait personnel et probablement antidogmatique, que Dieu nous laisse libres. « Nous » signifie les gentils et les méchants. Le jugement viendra plus tard. Toujours selon moi, Dieu nous prête une âme pour une durée que nous ignorons. À nous de la faire fleurir ou de l'assécher. Il ne s'immisce pas dans nos petites vies. Savez-vous, ma chère, que soixante-dix pour cent des prières émises dans le monde concernent l'argent ? Une supplique à Dieu pour en obtenir davantage, par quelque moyen que ce soit. Vingt pour cent de ces prières demandent qu'un être proche décède, afin de récupérer l'héritage. Et vous voudriez que Dieu y participe ?

– Non, bien sûr… Cependant, il existe d'autres… situations…

– Je sais. Je sais qui vous êtes, vous et Leonor.

– Et vous êtes Alexandra, la sœur aînée de Vanessa McGee.

– Vanessa qui a retrouvé Karina, ma nièce, grâce à vous. Un immense merci. (Le beau regard très bleu se liquéfia.) J'ai prié jour et nuit pour que vous la récupériez vivante. Je pense que Dieu m'a entendue puisqu'Il vous a mise sur notre route. Je ne crois pas aux coïncidences. (Un autre sourire, puis :) Que vouliez-vous, ma fille ?

Diane la fixa. L'envie de fuir encore. L'envie de fondre en larmes, aussi. Mais les larmes étaient interdites puisque tous ceux qui avaient compté n'étaient plus.

– Ma mère… Je ne sais plus, je n'arrive plus à déterminer… me suis-je… Fourvoyée… Gravement ? Avais-je raison… je n'y arrive plus… tout est confus. La notion du temps me rattrape. Tout ce que j'aurais dû faire, que je n'ai pas fait. Tout ce que j'ai fait que je n'aurais peut-être pas dû faire.

La grande femme inclina le torse vers elle et expliqua d'une voix douce :

– Je ne suis pas prêtre et ne reçois pas de confessions. En revanche, si l'heure des confidences est venue pour vous, je suis prête à tout entendre.

– Il faut que je me repose, que je réfléchisse… à tout…

Diane se défendit, tout en se sentant idiote puisqu'elle n'était pas attaquée :

– … Je n'ai pas à avoir de remords. J'ai agi en toute logique, ainsi que le commandait la situation, même si elle m'a échappé.

– Ah, la logique, la raison. C'est très important. Mais, voyez-vous, lorsque j'entends des gens déclarer qu'ils n'ont pas d'états d'âme, je m'interroge. Que croient-ils ? Selon eux, quelle est la différence cruciale entre les mammifères supérieurs et l'Homme ? Les états d'âme, justement. Cela, et les pouces opposables. Vous savez, lorsque logique et conscience se contredisent et qu'on ne peut plus trancher sans y laisser des plumes, beaucoup de plumes. Le privilège de l'Homme et sa malédiction. Nier le remords, l'idée de la faute que l'on doit racheter, c'est nier son humanité.

Qu'est-ce qui caractérisait spécifiquement l'Homme ? Les philosophes dissertaient à ce sujet depuis des siècles, sans réponse satisfaisante aux yeux de Diane. Si elle en jugeait par son expérience, deux notions différenciaient l'Homme de l'animal : extrême intelligence et sadisme.

– Je pourchasse depuis dix ans des êtres qui ont évacué toute idée de faute envers l'autre. D'ailleurs, ils ne l'ont jamais eue. D'ailleurs, ils ne sont plus humains.

– Nous sommes tous coupables de quelque chose. Cependant, nous sommes tous aptes à la rédemption. Nous méritons tous le pardon si nous faisons amende honorable.

– Ma mère, certains êtres n'ont aucune envie de rédemption, ils s'en foutent. Ça les fait même carrément rigoler. Ils sont bien au-delà du pardon, croyez-moi. Ils se repaissent de ce que vous appelez « le mal ».

La tristesse envahit le beau regard tendre. Mère Maria-Esperanza murmura :

– Dieu jugera. Vous êtes la bienvenue parmi nous.

Diane la fixa en silence. Avait-elle véritablement envie de séjourner en ce lieu ? Était-ce ce dont elle avait un impératif besoin ? D'ailleurs, pourquoi s'était-elle précipitée ici, sur une impulsion ? Reprendre des forces avant l'opération et le traitement ? Expier le meurtre nécessaire de Nathan ? Demander pardon à Yves ? Se vider des souffrances d'Emma, d'Eve et de tous les autres, présents, passés, à venir ? Elle n'en avait pas la moindre idée.

Mère Maria-Esperanza trouva soudain la diversion qu'elle cherchait depuis quelques instants. Cette femme au regard de glace frayait depuis des années avec un monde dont elle n'ignorait pas l'existence mais qu'elle ne voulait surtout pas côtoyer.

– Venez que je vous fasse visiter nos serres et nos jardins. Nous sommes presque indépendantes et nous vendons à l'extérieur certains surplus de nos productions. Ah... Docteur Silver, ni drogue, ni alcool, ni cigarettes, ni téléphone portable, ni ordinateur. Aucune tolérance. Le silence, le recueillement, la méditation et le travail qui ne vous sera pas épargné. La prière, si vous le pouvez. Je vous le souhaite. Nos seuls ordinateurs servent à la gestion du monastère.

– Je... Je vous remercie. Je... il faut que je mette de l'ordre dans mon esprit, que je réfléchisse.

– Bienvenue, répéta la mère supérieure.

Photocomposition Facompo
Impression réalisée par

CPI
Brodard & Taupin
La Flèche

pour le compte des éditions Calmann-Lévy
31, rue de Fleurus, 75006 Paris
en décembre 2009

Imprimé en France
Dépôt légal : janvier 2010
N° d'éditeur : 14809/01 – N° d'impression : 55735